サードドア
精神的資産のふやし方

アレックス・バナヤン
Alex Banayan
大田黒奉之 訳

東洋経済新報社

サードドア
精神的資産のふやし方

アレックス・バナヤン
Alex Banayan
大田黒奉之〔訳〕

東洋経済新報社

The Third Door

The Third Door
by Alex Banayan

This translation is published by arrangement with Currency,
an imprint of the Crown Publishing Group,
a division of Penguin Random House, LLC
through Japan UNI Agency, Inc., Tokyo
The Equality Hurdles image is the copyright of Emanu,
published with permission.

この本を母ファリバと父デヴィッドに捧げたい
ここまで来られたのは、何もかも両親のおかげだ

そして僕の夢を現実に変えてくれた
カル・フスマンへ

人生、ビジネス、成功。
どれもナイトクラブみたいなものだ。
常に3つの入り口が用意されている。

ファーストドア：正面入り口だ。
長い行列が弧を描いて続き、
入れるかどうか気をもみながら、
99%の人がそこに並ぶ。

セカンドドア：VIP専用入り口だ。
億万長者、セレブ、名家に生まれた人だけが利用できる。
それから、いつだってそこにあるのに、

誰も教えてくれないドアがある。
サードドアだ。

行列から飛び出し、裏道を駆け抜け、
何百回もノックして窓を乗り越え、
キッチンをこっそり通り抜けたその先に――――必ずある。

ビル・ゲイツが
初めてソフトウェアを販売できたのも、
スティーヴン・スピルバーグが
ハリウッドで史上最年少の監督になれたのも、
みんなサードドアをこじ開けたからなんだ。

サードドア

もくじ

STEP 1

行列から飛び出せ

STEP 2

裏道を駆ける

STEP 3

インサイドマンを探せ

STEP 4

ぬかるみを歩く

STEP

5

サードドアを開けて

STEP 1

行列から飛び出せ

1

天井を見つめて

「さあこちらへ……」

うながされて大理石の床に踏み出し角を曲がると、ロビーがあった。床から天井まである窓がキラキラと輝いている。

下を見るとヨットが漂い、穏やかな風が海岸を包んでいる。マリーナを照らす午後の日差しが反射して、ロビーは明るい空の光に満ちていた。

僕はアシスタントにくっついて通路を進んだ。オフィスのソファには、最高にイカしたクッションが置かれている。コーヒースプーンまでもが見たこともないような輝きを放ち、会議室のテーブルなんて、まるでミケランジェロが彫ったみたいだ。

長い廊下に入ると、壁沿いに何百冊もの本が並んでいた。

「彼は全部読んだのよ」とアシスタントは言った。

マクロ経済学、コンピュータ・サイエンス、人工知能、ポリオの根絶。アシスタントは排泄物のリサイクルに関する本を取り出して僕の手に置いた。

汗ばんだ手でそれをめくると、ほぼどのページにも下線が引かれ、余白には殴り書きがしてある。僕は思わずにやりとさせられた。小学5年の子どもが書いたような字だ。

通路をずっと進んでいくと、「そこで待っていて」とアシスタントが言った。僕はじっとそこに立って、目の前にそびえ立つすりガラスのドアを見た。どれくらい分厚いんだろう。

触ってみたい気持ちを抑えて待っていると、ここに至るまでのあらゆることが脳裏をよぎった。プロデューサーの赤いスカーフ、サンフランシスコのトイレ、オマハに送った黒い革靴、モーテル6のゴキブリ。

そしてドアが開いた。「アレックス、ビルがお待ちよ」

彼は僕の正面に立っていた。ボサボサの髪で、シャツをズボンにたくし入れ、ダイエットコークを飲んでいる。

挨拶しなきゃと思ったが、言葉が出てこない。

ビル・ゲイツは「やあ、ようこそ」と言って微笑み、眉を上げた。

「さあ、入って……」

3年前、大学1年のとき、寮の部屋で

机に山と積まれた生物学の本に背を向けて、僕はベッドに寝転がった。勉強しなきゃとは思うが、本を見れば見るほど、ベッドにもぐりたくなってしまう。

右に寝返ると、壁にはUSC（南カリフォルニア大学）のフットボールのポスターが貼ってある。貼ったときはまぶしい色だったのに、今はくすんで壁の色になじんでいる。

僕は仰向けになって、何も言わない白い天井を見つめた。

〝いったいどこで間違ったんだろう？〟

物心ついたときから、僕は医者になるつもりでいた。ペルシャ系ユダヤ人の移民の息子として生まれたら、そうなるしかない。

母の子宮から出てきたときに、僕のお尻にはMD（医学博士）のスタンプが押されていた。小学3年生のハロウィンの日には、学校に手術着を身につけて行った。僕はそんな子どもだった。

学校では決してトップの成績ではなかったけれど、安定してBマイナスで、授業の要点をまとめたクリフノート（教科書ガイド）ばかり読んでいた。オールAじゃなかった分、常に目ざとくアンテナを張ってカバーした。

ハイスクールでは病院でボランティアをし、科学の追加授業をとるなど、「必須課題」をこなして点数を稼いだ。SAT（大学進学適性試験）の成績にも執着した。落ちこぼれたくないと必死になるあまり、自分にとって必要なことは何かなんて、考えることもなかった。

だから大学に入ったときには、そんな自分が1カ月後に、朝ベッドからなかなか起き出せなくなるなんて、思いもしなかった。疲れていたんじゃない。退屈していたんだ。

それでも何とか、重い足を引きずって授業には出席し続けた。黙って群れに従う羊のような気分になりながら、医学部進学課程の必須課題をこなしていった。

そして今、僕はベッドに寝転がって天井を見つめている。答えを探しに大学に来たっていうのに、湧いてくるのは疑問ばかりだ。

〝本当のところ、僕は何に興味があるんだ？　何を専攻したいんだ？　どう生きたいんだ？〟

僕はまた寝返りを打った。

生物の本は『ハリー・ポッター』シリーズに登場するディメンター《吸魂鬼》のように、生気を吸いとっていく。本を開くのが億劫《おっくう》になればなるほど、ますます両親のことが頭をよぎる。両親はテヘラン空港を突破して、難民としてアメリカに逃れてきた。何もかも犠牲にして、僕に教育を与えるために。

南カリフォルニア大学（ＵＳＣ）から入学許可が届いたとき、母からはお金に余裕がないから通わせられないと言われた。うちは貧しかったわけじゃないし、僕は高級住宅街のビバリーヒルズで育ったのだが、多くの家庭と同様に、うちの生活には光と影があった。

恵まれた地域に暮らしていたものの、両親は家のために二つのローンを抱えていた。家族旅行にも行けたけれど、旅行から帰ってくると「ガス止めます」という通知が玄関に貼られていることもあった。

母が僕を大学に通わせてくれたのは、父のおかげだ。入学手続期限の前日に、父が目に涙を浮かべて、生活のやりくりのために何でもするからと、ひと晩かけて母を説得してくれたのだ。

それなのに僕はこんなざまだ。ベッドに寝転がって本で顔を覆い、父に恩を仇で返している。

部屋の向こうに目をやると、ルームメイトのリッキーが小さな木の机に向かって宿題をしている。会計機みたいに口から数字を吐き出しながら。

彼がカリカリと鉛筆を走らせる音は、僕をあざ笑っているかのようだ。

彼の前には道が開けている。僕だって道が欲しい。でも目の前にあるのは道じゃなく、呼びかけても返事をしない天井だけだ。

そういえば、前の週末にこんなやつに会った。キャンパスから数マイル離れたところで、アイスクリーム売りのバイトをしていた男だ。

彼はリッキーみたいに机に向かい、リッキーみたいに数字を吐き出して、1年前に数学の学位を取得してUSCを卒業していた。大学の学位なんて、何の保証にもならない。そう理解し始めていた。

僕は教科書に背を向けた。〝勉強なんて絶対やりたくない〟

また寝返りを打った。

〝でもパパとママは僕が勉強に専念できるように、すべてを犠牲にしてくれたじゃないか〟

天井は沈黙したまま、何も答えてくれない。僕はうつぶせになって枕に顔をうずめた。

ミッションを始めよう

翌朝、生物の本を小脇に抱えて、とぼとぼと図書館に行った。

勉強しようにも、体内のバッテリーは切れたままだ。何か刺激をくれるきっかけがほしい。イスをひいて立ち上がり、ふらふらと伝記のコーナーに行ってビル・ゲイツの本を取り出した。ゲイツみたいな成功者の本なら、心に火をつけてくれるんじゃないか。

そしてそうなった——思いもよらないかたちで。

そこには、僕と同じ歳で会社を立ち上げ、世界で最も価値ある会社へと育て上げた男がいた。

彼は産業界に革命を起こし、世界一の金持ちになった。その会社、マイクロソフトのCEO（最高経営責任者）の座を降りた彼は、世界で最も寛大な慈善家となった。

ビル・ゲイツが成し遂げたことを考えると、エベレストのふもとに立ってはるか山頂を見上げている気分になる。

〝彼はいったいどうやって登頂の第1歩を踏み出したんだ？〟

僕はただそれだけを思っていた。そして気がつくと、成功者の自伝を次々にめくっていた。

スティーヴン・スピルバーグは、映画監督というエベレストの山頂にどうやって到達したのか。映画学校では認められなかった若者が、どうやってハリウッド史上最年少で大手スタジオの監督になれたのか。

19歳のレディー・ガガは、ニューヨークでウエイトレスをしながら、どうやってレコード契約にこぎつけたのだろうか。

僕は図書館に通いつめ、答えが書いてある本を探した。でも数週間が過ぎても、何も得るものがない。これだと思うような、人生の始まりに的を絞った本は1冊もなかった。

知名度もなくまだ無名で、誰と面会できるわけでもない。そんな時に、どうやって彼らはキャリアの足がかりを見つけたんだ？

そのとき、能天気な18歳の思考にスイッチが入った。

〝誰も書いていないなら、いっそ自分で書くのはどうだ？〟

バカな思いつきだ。期末のレポートだって1枚もまともに書けなくて、真っ赤に直されて返ってくるのに。やっぱりやめよう。そう決めた。

でも日を追うごとに、そのアイディアが頭から離れなくなった。僕の関心は本を書くというよりもむしろ、答えを探す旅――〝ミッション〟を開始することにあった。もしビル・ゲイツ本人と話ができたなら、きっと伝説の聖杯のようなすごいアドバイスをもらえるに違いない。

友人たちにこの考えを打ち明けてみた。天井を見つめていたのは、どうやら僕だけじゃなかったみたいだ。彼らも懸命に答えを知りたがっていた。

〝なら、みんなを代表して僕がミッションを始めてみようか?〟

ビル・ゲイツに連絡を取ってインタビューしたらどうだろう。時代を築いた有名人たちに会いに行き、その旅で得たことを本に書いて、同世代の人たちとシェアするのは?

問題は、どうやって費用を工面するかだ。あちこち回って有名人たちにインタビューするには金がかかるが、そもそも僕には金がない。授業料もあるし、成人式の費用だって用意しなくちゃいけない。何か方法はないだろうか。

0・3%に賭ける

秋の期末試験が始まる2日前の夜、図書館に戻った僕は気晴らしにフェイスブックをチェックした。すると友人が、賞品の正しい値段を当てるテレビ番組『プライス・イズ・ライト』の無料入場券についての記事を投稿していた。

この番組の収録は、大学からわずか数マイル先で行われている。子どもの頃、病気で学校を早退したときに家で見ていた有名な番組だ。客席から選ばれた人たちがその場で賞品を見せられ、値段を言う。実際の値段に一番近い値段を言った人が勝者となり、その賞品をもらえる。

僕は番組を最後まで見たことがなかった。どれくらい難しいんだろうか。

〝ひょっとして……ひょっとしたら、ミッションの資金が得られるかも〟

いや、バカげてる。番組の収録は明日の朝だ。期末試験の勉強があるだろ？

でもその考えが頭から離れない。これはひどい考えだと自分を納得させるために、最高のシナリオと最悪のシナリオをノートに書き出してみた。

最高のシナリオ
1 ゲットした賞品を売って、ミッションの資金を手に入れる。

最悪のシナリオ
1 期末試験に落ちる。
2 医大に上がる道を台なしにする。
3 母に嫌われる。

4　というか……母に殺される。
5　テレビで太って見える。
6　みんなにからかわれる。
7　番組にすら出られないで終わる。

勝率を計算しようとネットで検索してみた。客席にいる300人の中で勝つのは1人だそうだ。携帯で計算すると、確率は0・3パーセント。はいはい、だから数学は嫌いなんだ。

携帯の画面に映った0・3パーセントという数字を見てから、机に積まれた生物学の本に視線を移した。頭をよぎるのは、ひょっとして……という考えばかり。

誰かが僕の心にロープを巻きつけて、ゆっくり引っ張っているような気がした。

ここは冷静に行動しよう、勉強しようと心に決めた。

期末試験の勉強じゃない。『プライス・イズ・ライト』で勝つ方法を学ぶんだ。

2

プライス・イズ・ライト

『プライス・イズ・ライト』では、番組が始まるとすぐにナレーターが「さあ出番だ！」と登壇者の名前を呼び上げ、カラフルな服を着たキャラの濃い人がテレビ画面いっぱいに映し出される。演出では、彼らは客席からランダムに選ばれるかのように見える。でも明け方4時頃にグーグルで「『プライス・イズ・ライト』に出演する方法」を調べたら、ランダムな選出なんかじゃないことがわかった。

プロデューサーが事前に観客1人ひとりにインタビューして、ふさわしい人を選んでいるのだ。

もしプロデューサーがその人を気に入ったら、その人の名前はリストに書き込まれ、そのリストは離れて様子を観察している「影のプロデューサー」に渡される。

もし影のプロデューサーもその人を気に入れば、リストにあるその人の名前にチェックが入る。そうなれば合格ということで、ゲームに参加できる。

運じゃなく、ちゃんとした段どりがあったんだ。

スタンの赤いスカーフ

翌朝、僕はクローゼットを威勢よく開けて、手持ちで一番派手な赤のシャツとダボダボのジャケットを身につけ、蛍光イエローのサングラスをした。太った鳥のオオハシみたいに目立つ。完璧だ。

車でCBSスタジオに向かい、駐車場に停めて受付へと向かった。

誰が影のプロデューサーだかわからないから、誰とでも分け隔てないように接した。警備員とハグし、清掃員とダンスして、年配の女性たちにはお世辞を言った。ブレイクダンスも踊った。踊り方は知らなかったけど。

僕はスタジオ入り口の前にできた参加希望者の列に並んだ。列が進み、やっと僕の番が来た。

〝いた。彼がプロデューサーだ〟

僕は前の晩に、何時間もかけて彼のことを調べ上げた。名前はスタンで、参加者の選別が彼の仕事だ。彼の出身地や通った学校のことまで調べた。クリップボードを愛用しているが、決してそれを手に持つことはないことも。

そのクリップボードを持っているのは、彼の後ろに座っているアシスタントだ。お眼鏡《めがね》にかなった参加者がいると、スタンはアシスタントの方を向いてウィンクする。そして彼女がその人の名前を書き入れるのだ。

案内係が、僕ら10人に前に出るように合図した。スタンは僕らから3メートルほど離れて、1人ひとりの前を順番に歩いていく。

「名前は？　出身は？　仕事は？」

彼の動作にはリズムがある。公式には彼はプロデューサーだが、僕にはガードマンに見える。彼のクリップボードに僕の名前が記入されないと、中には入れないのだから。

そして今、そのガードマンが僕の正面に来た。

「どうも、アレックスといいます。ロスの出身で、USCの医学部進学課程の学生です」

「医学部進学課程？　じゃあ勉強漬けだね。『プライス・イズ・ライト』を観る時間なんてよくあるね」

「プライ……何？　ああ、それって僕が出る番組のこと？」

僕のジョークに、彼は愛想笑いすら浮かべなかった。

立て直さなくちゃ。前に読んだビジネス書に、体が触れ合えば関係が急接近すると書いてあった。ひらめいた。スタンに触れるべきだ。

「スタン、スタン、こっちに来て！　シークレット・ハンドシェイク（仲間うちだけのあいさつ）したいんだ！」

彼は目を丸くした。

「スタン！　さあ！」

彼が近づいてきて、僕たちは手を叩き合った。

「ダメダメ、そうじゃなくて。やり方が古いよ」

含み笑いをしたスタンに、僕はやり方を手ほどきした。彼はちょっと笑って、番組ではがんばってと言って去っていった。アシスタントにウィンクすることはなく、彼女がクリップボードに記入することもなかった。

そんな感じで終わるところだった。

それはまるで、目の前に夢があってあともう少しでつかめるというところで、それが砂のように指のすき間からこぼれ落ちて消えていくような瞬間だった。

もう1回チャンスがあれば、夢をつかむことができた。それがわかっているだけに、なおさら最悪だ。

自分でもよくわからないうちに、僕は腹の底から叫んだ。

「スタン！　スタアアアン！」

参加者全員がこっちを見た。

「スタアアアアアアン！　戻ってきて！」

スタンは走って戻ってきて、ゆっくりうなずき、「しょうがないなあ、君は。で、今度は何だい？」とでも言いたげな表情を見せた。

「えっと……ええっと……」

僕は彼の頭のてっぺんからつま先までを見た。彼の服装は、黒のタートルネックにジーンズ、赤い無地のスカーフだ。言葉が出てこない。

「えっと……ええっと………そのスカーフだけど！」

彼はけげんそうな顔をした。本当に言葉が出てこない。

僕は大きく息を吸い、ありったけの注意を集中させて彼を凝視しこう言った。「スタン、僕はスカーフのマニアで、寮の部屋には362本もあるんだけど、1本なくなってるんだ！　そのスカーフ、どこで手に入れたの？」

緊迫した空気が解けてスタンは吹き出した。僕のもくろみはお見通しのようで、僕が言った内容よりも、僕の必死さを笑っているようだった。

「ああ、それなら、このスカーフをあげるよ！」と彼はジョークで返し、スカーフを取って僕に差し出した。

「あっ、そうじゃなくて」と僕は言った。

「ただどこで手に入れたか知りたくて」

彼は一瞬微笑んでアシスタントの方を向き、彼女はクリップボードに何かを書き入れた。

値段は低めに

僕はスタジオ入り口の前に立って、ドアが開くのを待った。若い女性が歩きながら、僕らの様子と名札を見ているのに気づいた。後ろのポケットからラミネート加工のバッジをのぞかせている。きっと彼女が影のプロデューサーだ。

僕が彼女を見つめ、変顔を見せて投げキスをすると、彼女は笑い出した。それから、１９８０年代に流行ったスプリンクラーダンスをやってみせた。彼女はさらに笑い、僕の名札を見て、ポケットから紙を取り出しメモをとった。

僕は最高の気分になったが、そのとき気づいた。番組に出る方法までは徹夜で調べたけれど、肝心のゲームのやり方を知らないことに。

そこで携帯を取り出して、グーグルで「『プライス・イズ・ライト』のルール」を検索した。でもその30秒後に、警備員に携帯を取り上げられてしまった。

あたりを見回すと、警備員が全員から携帯を没収している。入場のための金属探知検査を終えた後で、僕はベンチにどしんと腰を下ろした。携帯がなきゃこっちは無防備も同然だ。

隣に座っていた年配で白髪の女性が、どうしたのと聞いてきた。

「バカだと思われるでしょうが……」と彼女に言った。「かなえたい夢があって、資金を得ようところまでやって来たんです。でも番組を最後まで見たことがなくて、携帯も取り上げられたので、番組がどう進行していくのかわからなくて――」

「あら、坊や」と言って彼女は僕のほっぺをつねった。

「私なんかこの番組を40年前から観てるのよ」

僕はアドバイスを求めた。

「まあ、あなたを見ていると、何だか孫を思い出すわ」

彼女は前のめりになってこう耳打ちした。

「値段は必ず低めに言うのよ」

彼女によると、ルール上、1ドルでも実際の値段を上回る値段を言ったら負けらしい。逆に、例えば1万ドル下回る値段を言っても、対戦相手がそれより低い値段を言ったら勝てるということだった。

彼女は説明を続け、僕は何十年分の番組の歴史を脳にダウンロードしている気分だった。するとひらめきがあった。

彼女にお礼を言って、左にいる男性の方を向いてこう言った。「どうも、アレックスです。18歳です。番組を最後まで通して観たことがないんです。アドバイスをいただけないでしょうか?」

それから別の人に声をかけた。また別の人たちにも。大勢の中に飛び込んで、参加者の半数近くに声をかけ、「クラウドソーシング」さながらに知恵を求めた。

さあ出番だ！

ついに、スタジオ入り口のドアが開いた。中に入ると、1970年代にタイムスリップしたみたいだった。ターコイズブルーと黄色の幕が壁から垂れ下がり、金や緑の電球がその垂れ幕の間で点滅している。後ろの壁に描かれているのはサイケデリック模様の花。あとはディスコのミラーボールがあったら完璧なのに。

テーマミュージックが流れ出し、僕は席に着いた。

ジャケットと蛍光イエローのサングラスをイスの下に置いた。オオハシみたいな外見はもういらない。さあ、ゲームの始まりだ。

僕は頭を垂れ、目を閉じて顔を手で覆った。神に祈る時間があるとすれば、今だろう。すると上の方から、低いガラガラ声が聞こえてきた。やたら語尾を伸ばしている。声はますます大きくなった。神の声じゃない。神は神でも、ＴＶの神の声だ。

はじまるぜえええ、ハリウッドのCBSにあるボブ・バーカー・スタジオから、『プライス・イズ・ライト』をお届けしまあああす！……司会はドリュー・キャリー！

そしてテレビの神が、最初の４人の出演者の名前を呼んだ。

僕は１人目でも、２人目でも、３人目でもなかった。きっと４人目だ。来るぞ。イスから立ち上がろうとしたけど……僕じゃなかった。

4人の参加者がそれぞれ解答者席についた。このラウンドでは、ハイウエストのママ・ジーンズをはいた女性が勝利し、ボーナスゲームに進んだ。ショーが始まって4分が過ぎ、空席になったママ・ジーンズの解答者席を埋めるために、神が5人目の参加者を呼んだ。

アレックス・バナヤン、さあ出番だ！

僕が客席から飛び出すと、一斉に笑いが起こった。みんなとハイタッチをしながら通路を進んでいくとき、まるで観客はみな僕の親せきのような気がしてきた。そこにいるいとこたちはみんな僕が何もわかっていないのを知っていて、この先に何が起きるか、ワクワクしながら待っているんだ。

席について息つく暇もないうちに、ドリュー・キャリーが神に聞いた。「次の賞品は？」

モダンなレザーチェアと長椅子！

「さあ、アレックス」とドリュー。

〝値段は低めに、低めにだ〟

「600ドル！」と僕は言った。

観客は笑い、別の参加者たちも値段を言った。実際の価格は1661ドルだった。

勝ったのは若い女性で、跳び上がって大声を上げた。大学のキャンパスにあるバーに行けば、彼女みたいな子が必ずいる。テキーラを一気飲みして、そのたびに「ウーーーー」と叫ぶような子。ウー・ガールだ。

ウー・ガールがボーナスゲームをやった後、次のラウンドが始まった。神の声だ。

ビリヤード台！

〝いとこが持ってたビリヤード台、いくらくらいだったっけ……〟

「800ドル！」と僕。

他の参加者たちは次々と僕より高い値段を口にした。ドリューが明らかにした値段は1100ドル。他の参加者たちの値段は、みんなこれより高かった。

僕がボーナスラウンドに進出だ！

「アレックス！」とドリューは声を響かせた。「さあこっちへ」

僕は解答者席からステージへと移った。ドリューは僕の赤シャツに付いていたUSCのロゴをちらりと見た。「ようこそ。USCに通っているんだね。何を勉強してるの？」

「経営学です」。反射的に僕は言った。半分は本当だ。経営学も勉強しているし。でも全国放送のテレビに出て、なぜ医学部進学課程という真実を言わなかったのだろうか。自分でも気づいていない本音がぽろっと出たのかもしれない。

それを気にする間もなく、神が僕のボーナスゲームの賞品を紹介した。

最新のスパ・セット！

このセットには、LEDライトのついた浴槽、滝、それに6人がけの寝椅子が含まれている。

大学1年の僕にとっては、まばゆい黄金みたいなものだ。寮の部屋にはどうにも似つかわしくない。値段なんてわからない。

8通りの値段を見せられた。正解を選べば、スパ・セットは僕のものだ。4912ドルを選んだが、実際の値段は……9078ドルだった。

「アレックス、少なくともビリヤード台は君のものだ」とドリューは言って、カメラに顔を向けた。

「チャンネルはそのままで。次は回転盤のコーナーです！」

CMに入って番組は中断した。制作アシスタントが直径約4・5メートルの回転盤をカートに乗せてステージまで運んできた。キラキラ点滅する明かりのついた、巨大なスロットマシンみたいなやつだ。

「あのう、すいません」と僕は制作アシスタントの1人に声をかけた。

「ごめんなさい、ちょっといいですか。誰がこの回転盤を回すんですか？」

「誰かって？　君だよ」

彼が言うには、最初のラウンドを勝ち抜いたママ・ジーンズ、ウー・ガール、僕の3人が回転盤を回す。これには5の倍数の、20種類の数字が書いてある。最大の数字は100だ。

3人の中で、一番大きな数字を出した人が、ショーケースという最終ラウンドに進める。最大の100を出した人は、追加で賞金ももらえるそうだ。

テーマミュージックが流れ出し、僕はポジションについた。ママ・ジーンズとウー・ガールに挟まれている。ドリュー・キャリーは歩み寄ってマイクを掲げた。

「ゲームを再開しましょう！」

ママ・ジーンズが最初だ。彼女が前に出て回転盤を回した……チッ、チッ、チッ……80。客席から歓声が上がる。これがかなり大きい数字なのは僕でもわかる。

次は僕だ。前に出て回転盤を回した……チッ、チッ、チッ……85！

客席から、会場を揺らすような大喝采が沸き起こる。

次はウー・ガールの番だ。結果は……55。

僕は「やった」と両手を挙げようとしたが、客席が静まり返っているのに気づいた。ドリュー・キャリーがウー・ガールにもう1回チャンスをあげたのだ。

彼女がもう一度回転盤を回す。ルールでは、2回の数字の合計が、僕が出した85より上で、かつ100を超えないなら彼女の勝ちとなる。彼女の数字は……またもや55だ。

僕が勝った！

「アレックス！」とドリューが叫んだ。

「君がショーケースに進出だ！　番組はさらに続きます！」

ショーケース

僕はステージ脇に案内され、壇上では、最終ラウンドのショーケースで僕と対戦することになる参加者がしのぎを削っていた。

僕らと同じように、最初のラウンドをこなし、ボーナスゲームに出て、回転盤のコーナーをクリアする。20分後、僕の相手が決まった。名前はタニーシャだ。

彼女の勝利は圧倒的だった。まるで品ぞろえが自慢の大型小売店コストコで、値札を調べるのに人生を捧げてきたみたいだ。

彼女は1000ドルの旅行カバンセットと、日本への旅行費1万ドルをゲットし、回転盤では100を出した。

そんなタニーシャと闘うなんて、旧約聖書に出てくる巨人ゴリアテに挑むダヴィデみたいなものだ。しかもダヴィデの僕には、頼みの武器である投石器もない。

最終ラウンドに入る前のCMの最中、僕は今までこの番組を観たことがなかったんだとあらためて実感した。客席の誰も僕がここまでくるとは思っていなかったから、ショーケースについてアドバイスをくれなかった。

タニーシャがやってきた。僕は握手しようと腕を伸ばした。

「がんばって」と僕は言った。

彼女は僕を上から下まで眺めてこう言った。「それはあなたの方でしょ」

彼女の言うとおりだ。こうしちゃいられない。

僕はドリュー・キャリーのところに行って両腕を広げ、「ドリュー、僕、あなたが司会していた

TV番組『フーズ・ライン・イズ・イット・エニウェイ?』が大好きでよく見てたんです！」と言って彼をハグした。

彼は後ろにのけぞり、けげんそうに片手でポンと僕を叩いた。

「ドリュー、ショールームってどんなコーナーだか教えてください」

「そもそも、ショーケースだよ」

彼は幼稚園児に語りかけるように説明してくれたが、僕が理解する前に再びテーマミュージックが流れ始め、僕はダッシュで解答者席に戻った。

マシンガンサイズの６台のカメラが僕の方に向けられる。目もくらむような白いライトが上から浴びせられた。左側ではタニーシャが踊っている。

〝ちくしょう、こっちは今晩図書館で勉強しなきゃならないのに〟

右側では、ドリュー・キャリーがネクタイを直している。

〝ヤバい、ママに殺される〟

音楽が大きくなった。僕は客席にいる、僕のほっぺをつねった年配の女性に気づいた。

〝集中だ。アレックス、集中しろ〟

「ゲームの再開です！」とドリューが切り出した。

「アレックス、タニーシャ、さあ始めよう！　グッドラック」

みんなと答える

神の説明が始まった。まずは僕の番だ。

ジェットコースターに乗って、いざアクション・アンド・アドベンチャーの世界へ！　まずは、カリフォルニアのマジックマウンテンへの旅！

僕は興奮のあまり、この説明を最後まで聞き取れなかった。

〝テーマパークのチケットってどれくらいだっけ？　50ドルか？〟

そのとき聞き逃したのは、それがVIP用の優待パスポートで、ペア食事代も込みだという情報だった。

次の説明では、「何とかかんとか、フロリダへの空の旅！」しか聞き取れない。飛行機のチケットなんて買ったことがない。

〝いくらだろう？　100ドル？　いや……数百ドルか？〟

またしても、レンタカーと一流ホテルに5泊付きというパッケージ部分を聞き逃してしまった。

さらに、体が宙に浮く無重力体験を！

これも遊園地の乗り物なんだろうか。

〝いくらだ？　もう100ドル足すか？〟

後でわかったのは、これはNASAが宇宙飛行士の訓練に使う装置で、15分体験するのに

5000ドルかかるということだった。

そして最後に……この素敵なヨットで大海原の冒険をご堪能あれ！

ドアが開いて、手を振るスーパーモデルと一緒に、輝くパールホワイトのヨットが登場した。ようやく気を落ち着かせてよく見ると、ヨットは比較的小さいもののようだ。

〝4000、いや、いっても5000ドルか？〟

またしても聞き逃したのだが、そのヨットは全長約5・45メートルの「カタリナ・マークⅡ」で、船内には居室と客室が備わっていた。

このショーケースで勝てば、一瞬たりとも退屈しないマジックマウンテンの旅、フロリダの休日、新品のヨットが待っている。正しい値段《プライス・イズ・ライト》をつけたなら、すべて君のものだ！

観客の喝采がスタジオの壁にこだました。吊り下がったカメラが前後に揺れる。合計額を計算すると、ある数字が浮かんだ。ズバリな気がする。僕は前かがみになってマイクをつかみ、ありったけの自信をかき集めてこう言った。「6000ドルだ、ドリュー！」

しーん。

客席がなぜ静まり返ったのか、わからない。僕はその場に立ち尽くし、数分間も過ぎたような気持ちになった。

ドリュー・キャリーの方に目をやると、困惑して、あっけにとられたような表情を浮かべている。どうやら、ドリューも僕の答えを真に受けていないらしい。

そうか、やっと事情を飲み込めた。僕は背中を丸めてマイクに手を伸ばし、おどおどと言った。

「まあその……冗談だけど」

客席から一斉に拍手が起きた。ドリューは我に返り、本気の答えを求めた。

〝いや、マジで答えたんだけどな……〟

僕はヨットを見て、それから客席の方を見た。「みんな、僕を助けて!」

彼らのヤジが大きな笑い声に変わった。

「アレックス、答えてくれよ」。ドリューがせっつく。

客席からは繰り返しある数字が聞こえ始めたが、「サ」以外の音を聞き取れない。

「アレックス、答えを」

僕はマイクをつかんだ。「ドリュー、客席のみんなと一緒に答えるよ。3000ドル!」

ドリュー・キャリーはすかさず言った。「3000ドルと、3万ドルでは大きく違うけど?」

「そう……もちろん、わかってるさ!　ちょっとからかっただけだよ」

僕は独り言を言っているように客席に話しかけた。

「2万ドルだと思うけど、それより高いかな?」

観客はイエーース!と叫んだ。

「3万ドルかな?」

イエーーーーース!

「2万9000ドルだと?」

ノーーーーーーー!

僕は「わかった」と言ってドリューを見た。

「みんなが3万ドルって言ってる。僕の答えは3万ドルだ」

ドリュー・キャリーはその値段を僕の答えとした。


135ドル差で……


「タニーシャ」と彼は呼びかけた。「次は君の番だ。がんばって」

タニーシャはゾーンに入っていた。彼女は踊り続けていて、一方の僕はずっと汗をかいている。

新品のバギー、オフロードを楽しむアリゾナの休日、新車のトラック。正しい値段《プライス・イズ・ライト》をつけたなら、すべて君のものだ!

彼女が値段を答え、正解が発表されるときが来た。

「タニーシャ、まずは君からだ」とドリュー。

「アリゾナ州フェニックスへの旅と2011年型ダッジジラム・トラック。君の答えは2万8999ドルで、小売価格は……3万3322ドルだ。差は1323ドル!」

タニーシャは後ろに反り返り、天に向けて腕を高く上げた。

〝まあ、しょうがないか〟と僕は思っていた。

〝最終試験が始まるまで、あと24時間ある。スタジオから直接図書館まで車を飛ばせば、生物の勉強に6時間使えるし、3時間あれば……〟

ドリューが僕の賞品の小売価格を発表した。客席からこの日一番の歓声が上がる。プロデューサーたちが、身振りで僕に「笑って！」と言っている。僕は身を乗り出して解答者席の前にある数字をチェックした。

僕の予想は3万ドル。小売価格は……3万1188ドル。

135ドル差で、タニーシャに勝ったのだ。

試験前夜の不安を浮かべていた僕の顔は、宝くじに当たったときの歓喜の表情へと変わった。

僕は解答者席から飛び出してスーパーモデルとハグし、ドリューとハイタッチをしてヨットに駆け寄った。

ドリュー・キャリーが振り返って、カメラに視線を戻した。

「『プライス・イズ・ライト』を観てくれてありがとう。それではまた！」

3
収納部屋

手に入れたヨットは船舶ディーラーに1万6000ドルで売れた。大学生にしたら、100万ドルに匹敵するくらいの大金だ。僕は金持ちになった気分で、メキシカンのチェーン店「チポトレ」で友人全員におごった。

〝ここならグアカモーレ《アボカドディップ》は食べ放題だ!〟

でも休日が終わり、春学期のために学校に戻ると、パーティは終わった。医学部進学課程の授業という現実から目を背けることはできなくなったのだ。

同時に、ビル・ゲイツと会って学べたらどんなにいいだろうと考えるようになり、夏までの日数を指折り数えた。夏が来れば、すべての時間をミッションに充てられる。

二者択一

学校が夏休みに入る直前、医学部進学課程のアドバイザーと定例の面談を行った。彼女はコンピュータをクリックして、僕の記録を眺め、チェックの入っていない必須課題を調べた。

「えー…あれっ、アレックス、ちょっと問題があるわ」

「どんな?」

「単位が足りてないみたい。医学部進学課程にとどまるには、この夏に化学の授業をうけなくちゃ」

「無理です!」

話を聞き終わるより先に、言葉が出てしまった。

「そのう、つまり別の計画がありまして」

アドバイザーはゆっくりイスを回転させ、コンピュータから僕へと視線を移した。

「ダメ、ダメよ、アレックス。医学生なら別の計画なんて言っていられない。来週水曜までに化学の受講を申し込むか、医学部進学課程を去るかのどちらかよ。続けるか、あきらめるかね」

僕はとぼとぼと寮の部屋に戻った。白い天井、USCフットボールチームのポスター、生物の本。いつもの退屈な光景がそこにある。

ただ今回だけは何かが違った。僕は机に座って、両親宛てに、専攻を医学からビジネスに変えたいというメールを書いた。

だがキーボードを打っていくうちに、言葉に詰まってしまった。

ほとんどの人にとって、専攻を変えるなんてたいしたことじゃないだろう。でも僕にとっては一大事だ。両親は何年も前から、僕が医学部を卒業するのが一番の夢だと言い続けていた。

それだけに、キーボードを打つたびに、2人の夢を打ち砕いているような気がした。

それでも意を決してメールを仕上げ、送信した。

母の反応を待っても、返事はこなかった。電話をしても、母は電話に出なかった。

その週末、僕は車で実家に向かった。玄関を過ぎると、母がリビングのカウチに座って鼻をぐずぐずさせて泣いていた。手にはティッシュを握っている。母の隣には父がいて、姉妹のブリアナとタリアもそこにいたが、僕を見るなりその場を離れた。

「ママ、ごめん。でも信じてほしいんだ」

「医者になる気がないのなら、これから何をして生きていくつもり?」

母は言った。

「わからないよ」

「ビジネスの学位を取って何をするの?」

「わからないってば」

「どうやって暮らしていくの?」

「だからわからないって!」

「そう、あなたはわかってない! 何もわかってないのよ。現実の世界がどんなところなのか、新しい国でゼロから生き直すのがどういうことなのか。わかってないの。

でも私にはわかる。もしあなたが医者になって、人を救うことができるなら、どこにいたってそうできる。冒険なんてしたところで、何の経歴にもならないわ。その時間を後で取り戻すことはできないのよ」

助け船を出してくれないかと父を見たが、ただ首を振るばかりだった。

ジューネイマン

週末は感情的な非難を浴び続けた。こういうとき、どうすればいいかわかっている。いつものようにやればいい。

僕は祖母に電話した。

祖母は僕にとって第2の母みたいな存在だ。子どもの頃、世界で一番好きな場所は祖母の家で、そこにいると安心できた。僕が初めて覚えた番号は、祖母の家の電話番号だ。

僕と母が口論になると、決まって僕は自分の言い分を祖母に話し、祖母は、あの子を許してあげなさいと母を諭すのだった。だから今回も、祖母ならわかってくれると思っていた。

「私が思うには」と言う祖母の声は、穏やかに僕の耳に響いた。

「……ママの方が正しいわ。私たちはアメリカで暮らすために何もかも犠牲にしたの。ちょうど今あなたがすべてを捨て去ろうとしてるみたいにね」

「捨てるつもりなんてないよ。大事なことが何かもわからないのに」

「ママはあなたに私たちの二の舞をさせたくないのよ。革命が起きたら、お金だけじゃなくて仕事まで奪われる。けれど医者になれたら、あなたが得た知識まで奪われることはない」

「でも医学が好きじゃないなら」と祖母は続けた。

「仕方ないわね。ただし、この国では大学の学位だけでは足りないわ。修士号を取らないと」

「そういうことなら、ＭＢＡ（経営学修士号）を取るか、ロースクール（法科大学院）に行くよ」

「ならいいわ。でも言っておくけど、あなたには世間の若者みたいに、自分を〝見失って〟世界中に自分探しの旅に出るような人にはなってほしくない」

「ただ専攻を変えるだけだよ！　ＭＢＡとか何か資格を取るからさ」

「それがあなたの考えなら、私からママに言っておきましょう。でも約束して。どんなことがあっても、きっと大学を卒業して修士号を取るのよ」

「わかった、約束するよ」

「ダメ」と祖母の声は強くなった。「『わかった、約束するよ』じゃなく、私の命に誓って『ジューネイマン』と言って。修士号を取ると」

ジューネイマン（jooneh man）はペルシャ語で最も強い約束の言葉だ。祖母は彼女の命にかけて約束してくれと僕に頼んでいるのだ。

「うん、誓うよ」

「ダメよ。ジューネイマンと言いなさい」

「わかったよ。ジューネイマン」

ザッポス伝説

日に日に暑さが増し、ついに夏が来た。

僕は寮の部屋を片付けて、自宅に戻った。でも帰宅した初日から落ち着かない。本気でこのミッションをやりたいなら、それにふさわしいちゃんとした場所が必要だ。

その日の夕方遅く、母の寝室のナイトテーブルにあった鍵をつかみ、車で母のオフィスまで行った。

階段を上がって母の収納部屋に行き、明かりをつけた。狭くてクモの巣が張っている。古い書棚とボロボロの収納ボックスがあり、ねじの緩んだ木の机とくたびれたイスが置かれていた。

僕は収納ボックスを車に積んで自宅のガレージに移した。翌朝、収納部屋の空いたスペースにいくつか本棚を持ち込み、ホコリだらけの床に掃除機をかけ、ドアの上部にＵＳＣの横断幕を掲げた。

それからプリンターを設置し、自分の名前と電話番号を記した名刺をこしらえた。

僕は机に座り、足を乗せてニヤリとした。マンハッタンの高層ビルの一角に陣取った気分だった。まあ実際は、ハリー・ポッターが暮らした階段下の粗末な部屋みたいなものだけど。

最初の週に、アマゾンから何十箱と段ボールが届いた。入っていたのは、ヨットを売った金で買った書籍だ。

ビル・ゲイツに関する本を一列に並べた。もう一列は政治家に関する本、さらに起業家、作家、アスリート、科学者、音楽家と列は続く。何時間もかけて本を棚に並べ、僕の土台が次々とできあがった。

一番上の棚に置いたのは一冊だけだ。表紙をこちら側に向けると祭壇みたいになった。その本は、『顧客が熱狂するネット靴店　ザッポス伝説（Delivering Happiness）』。同社の最高経営責任者（CEO）、トニー・シェイが書いたものだ。

僕が初めて「人生をどう生きるか」という問題にぶち当たった頃、ボランティアでビジネス・カンファレンスの手伝いをした。そのとき配られたのがこの本だ。

トニー・シェイが誰なのか、彼の会社がどんな会社なのかも知らなかった。でも大学生は無料で配られる物は何でももらう。僕もそうした。

その後、僕が専攻を変えると聞いて両親がヒステリックになり、自分でもそれが正しい選択なのかわからなくなっている今、机の上にあったこの本に気づいた。

タイトルに「Happiness」という文字があったので、気晴らしに手に取ったら、一気に読んでしまった。書かれていたのはトニー・シェイの人生の旅だ。たとえすべてが間違った方向に行っても、自分の信じた道を進もうという決意の旅だった。

この本を読み、自分でも気づいていなかった僕の中の勇気が目覚めた。彼の夢について読むうちに、僕も無性に自分の夢を追いかけたくなった。だからこの本を一番上の棚に置くことにした。可能性を見失ったときには、この本を見ればいい。

収納部屋の片づけが終わる頃に気づいた。そもそも、僕にとっての「最も成功した人」が誰なのか、今まで考えていなかったことに。ミッションのインタビュー相手を、どうやって決めればいいだろうか。

夢の大学

僕は親友たちに電話してこの問題を伝え、収納部屋に招いた。するとその晩遅くに1人ずつ、まるで先発選手がスタジアムに入場するように順番にやってきた。

最初はコーウィンだ。もじゃもじゃの髪を肩まで伸ばし、手にはビデオカメラを持っている。大学で知り合ったコーウィンは、映画制作を学んでいる。彼を見かけるときはいつも、瞑想にふけっているか、地面にねそべってカメラのファインダーをのぞいている。コーウィンなら、ミッションに新鮮な視点を与えてくれるはずだ。

次はライアンだ。いつものように携帯を見て、NBA（アメリカ・プロバスケットボールリーグ）のデータを調べている。ライアンと知り合ったのは、12歳の頃の数学の授業。僕が授業をクリアできたのは彼のおかげで、数字に関することなら、彼が頼りだ。

それからアンドレ。ライアンと同じように携帯を見ている。彼を知らない人のために言うと、女の子とメールしてるに決まってる。彼も12歳の頃からの友人だが、僕が知る限り、こいつの頭の中は女の子のことばかりだ。

次にブランドン。目の高さに構えたオレンジ色の本を読みながら歩いている。ブランドンは1日1冊の本を読む。歩くウィキペディアだ。

最後に入場してきたのはケヴィン。満面の笑みを浮かべている。彼が来て収納部屋に活気が満ちた。ケヴィンは僕たちをまとめる活性剤で、オリンピックの聖火みたいな存在だ。

僕たちは床に座ってブレインストーミングを始めた。もし夢の大学を作ることができるなら、誰を教授に迎えようか？

「ビジネスはビル・ゲイツに教えてもらおう」と僕が言った。「音楽はレディー・ガガだ」

「テクノロジーはマーク・ザッカーバーグだな」とまとめ役のケヴィンが声を張り上げる。

「金融はウォーレン・バフェット」。数字に強いライアンが言った。

30分ほど語り合ったが、ただ1人、ブランドンだけが誰の名前も挙げなかった。誰かいないのかと彼に聞いたら、持っていたオレンジ色の本を掲げて表紙を指さした。

「この人の話こそ聞くべきだ」

ブランドンが指差した先に、著者の名前があった。「ティム・フェリス」

「誰？」と僕。

ブランドンは僕に本を手渡して言った。

「読んでみなよ。お前のヒーローになるよ」

ブレインストーミングは続いた。映画はスティーヴン・スピルバーグ。メディアはラリー・キング。コンピュータ・サイエンスはスティーヴ・ウォズニアックだ。程なくしてリストが出来上がった。

友人たちが帰宅した後、挙がった名前をメモ用紙に書き出し、モチベーションの糧とするため財布に入れた。

翌朝ベッドから飛び起きた僕には、これまで以上に強い決意があった。メモ用紙を財布から取り出して、書いてある名前をもう1度しげしげと見つめた。

夏の終わりまでに彼ら1人ひとりにインタビューできるんだという根拠のない確信は、僕を突き動かす原動力だった。

この後、ミッションの旅がどのように始まるのかわかっていたら、たちまち打ち砕かれて傷つくのがわかっていたら、旅を始めることは決してなかったかもしれない。

でも知らないからこそ、思い切ってやれるときがあるんだ。

STEP

2

裏道を駆ける

4
スピルバーグ・ゲーム

未知の不安

僕はインタビュー・リストを手に持って、まっすぐ収納部屋へと向かい、机に座ってノートパソコンを開いた。画面を見ていると、冷たくうつろな感情が体を通り抜けていった。頭の中はある考えに支配されていた。

〝何をすればいいんだろう？〟

何時の授業に出なさい、なんて指示をくれる先生がいないのは初めてだった。ここを勉強しなさい、宿題はこれだから、なんて言ってくれる人も誰もいない。

「必須課題」リストのチェックなんて大嫌いだったのに、いざそういうリストがなくなると、これまでどれほどそんなリストに頼ってきたのかと痛感してしまう。

何か新しいことを始めるときには、こういう瞬間が決定的に重要になる。今ならそれがよくわかる。

多くの場合、夢をかなえようとするときに一番難しいのは、夢をかなえること自体じゃない。計画もないままに未知の不安をくぐり抜けることの方がずっと難しいんだ。

こうしなさいと言ってくれる先生や上司がいた方が、ずっと楽だったりする。でも安心にあぐらをかいてちゃ、夢をかなえることなんかできない。

インタビューまでこぎつける方法がわからないので、知り合いの大人に片っ端からメールして、アドバイスを求めた。友人の両親や教授など、これまで会った中で顔が広そうな人たちに当たってみた。

会って話をしましょう、と最初に言ってくれたのは、大学で事務職員をしている女性だった。数日後にUSCのキャンパスのカフェで彼女に会った。

誰にインタビューしたいの、と聞かれたので、僕は財布からメモ用紙を取り出して手渡した。彼女はそれにざっと目を通し、満面の笑みを浮かべ、「ここだけの話よ」と声をひそめて言った。

「2週間後、スティーヴン・スピルバーグがここの映画学部に来て、資金調達《ファンドレイジング》イベントに参加するわ。学生は参加できないんだけど……」

映画専攻の学生たちは、新学期の初日に学部長から、こう釘を刺されるらしい。資金調達イベントに参加して出資者に自分を売り込むようなまねは絶対するなと。

でも当時の僕はそんなことは知らなかった。僕がその規則について詳しく知るのは、だいぶ後になってからのことだ。

だからカフェでした質問はただ1つ、「どうすれば参加できますか？」だった。

彼女が言うには、小さなイベントのようで、スーツを着て現場に行けば彼女の「アシスタント」として中に入れてくれるそうだ。

さらに彼女はこう言った。「覚えておいて。あなたをスピルバーグの隣に連れて行ってあげられる保証はないけど、ドアをくぐることは難しくないわ。中に入ったら後はあなた次第よ。私があなただったら、準備するわ。家に帰ってスピルバーグの映画を全部観るの。彼についての本も読めるだけ読んでおいて」

僕はそのとおりにした。昼間は600ページを超える伝記を熟読して、夜は彼の映画を観た。

フリンチ

そしてついにその日がやって来た。僕はクローゼットを開けて、いっちょうらのスーツを着て外へ出た。

映画学部の中庭は、大学内とは思えないほど様変わりしていた。通路には赤いカーペットが敷かれ、手入れされた庭には長い脚のカクテルテーブルが並ぶ。タキシードを着たウエイターがトレイにオードブルを載せて颯爽《さっそう》と配っている。

僕は出資者の群れに紛れて、学部長の開会の挨拶に耳を傾けた。学部長の背丈は演壇よりわずかに高いくらいだが、その存在感が参加者をひきつけた。

震える手でスーツのジャケットのしわを伸ばして、少しずつ前に出た。わずか3メートルほど先に並んでいるのは、スティーヴン・スピルバーグと、『スター・ウォーズ』の監督ジョージ・ルーカスだ。それにドリームワークス・アニメーションCEOのジェフリー・カッツェンバーグ、『スクール・オブ・ロック』で主演を務めたジャック・ブラックという、とんでもない顔ぶれ。

会場に入ったときも緊張したが、今はもう完全にパニックだ。いくら何でも、ダース・ベイダーやルーク・スカイウォーカーの産みの親と話しているスピルバーグに近づけるわけがない。〝ルーカス監督、悪いけど、どいてくれませんか〟なんて言えるはずがない。

学部長のスピーチの間に、距離を縮めた。スピルバーグがすぐそばにいる。彼のダークグレーのブレザーの縫い目までよく見える。もじゃもじゃの白髪の上に、昔ながらのハンチング帽を被り、目には柔和で優しげなしわを寄せている。

ここにいるのは、『ET』、『ジュラシック・パーク』、『インディ・ジョーンズ』、『ジョーズ』、『シンドラーのリスト』、『リンカーン』、『プライベート・ライアン』を作ったその人だ。

後は学部長のスピーチが終わるのを待つだけだ。

中庭に拍手の音が響き渡った。スピルバーグにさらに近寄ろうとすると、すぐさま足が石のように固まってしまった。のどには何か大きなものがつかえてるみたいだ。

何が起きたのか、自分でもよくわかっていた。学校で好きな女の子にアプローチしたときは、いつもこうなるから。僕はこれを「フリンチ《萎縮》」と呼んでいた。

初めてフリンチが起きたのは7歳のときだ。僕は昼休みに学校のカフェテリアの長いテーブルに座って、あたりを見回していた。

ベンのお昼はポテトチップとグラノーラのバー、ハリスンはみみを切り落としたパンではさんだ七面鳥のサンドイッチだ。

僕はというと、取り出した重いタッパーの中身は、緑のシチューをかけたペルシャ米だった。赤いインゲン豆がトッピングしてある。フタを開けると匂いがあたりに広がった。周りの子どもたちが指さして笑い、おまえのランチは腐った卵だとからかった。

その日から僕は、昼休みにタッパーをかばんから取り出すことができなくなり、放課後1人になるまで待って、ようやくランチにありつくのだった。

フリンチが起きたきっかけは、周りから浮いてしまうことへの不安だった。それが大人になるにつれ、さらに悪化していった。

学校のみんなから太っちょバナヤンと呼ばれたり、順番を待たずに勝手に喋り出して先生に叱られたり、思いを告白した女の子が唇をかんで首を振るたびに、フリンチを感じるようになった。

こんなささいな経験が積もり積もって、フリンチは生きて呼吸する生き物のような存在となった。

僕は拒否されることを恐れ、間違えることを恥じた。だから最悪のフリンチが起こると、僕の体はいつも麻痺し、声帯までがんじがらめにされる。言葉がつかえて、しどろもどろになる。

スティーヴン・スピルバーグの数メートル近くに立ったとき、今までで最悪のフリンチが襲ってきた。彼を見つめ、会話の糸口を探したのだが、言葉が見つかる前に、スピルバーグはさっと行ってしまった。

彼はグループからグループへと渡り歩き、笑顔で握手を交わしている。パーティは彼を中心に回っているみたいだ。時計を見るとまだ1時間残っている。僕はトイレに行って顔を洗った。ただ1つのよりどころは、スピルバーグなら僕に共感してくれるはずという思いだ。僕がやろうとしていることは、スピルバーグの若い頃の再現みたいなものだから。

バスから飛び降りる

スピルバーグのキャリアのスタートは、僕と同じくらいの年の頃だ。さまざまな記事を読んだが、スピルバーグ本人によると、事実はこうらしい。

彼はユニバーサル・スタジオ・ハリウッドのツアーバスに乗ってあちこちを回った後、バスから飛び降りてこっそりトイレに行って、建物の陰に隠れた。

ツアーバスが行ってしまうのを見計らって、その日1日、そこで過ごした。

あちこちをさまよい偶然出会ったのが、ユニバーサルで働いていたチャック・シルヴァーズだった。2人はしばらく話をして、シルヴァーズは監督になりたいというスピルバーグの熱意に押され、3日間のフリーパスを与えた。

それから3日間、スピルバーグはスタジオに通いつめ、4日目に、スーツ姿で父親のブリーフケースを持って現れた。スピルバーグは入り口まで行って手を振りながら〝やあ、スコッティ!〟と声をかけた。すると警備員が手を振り返した。

それから3カ月間、スピルバーグは入り口に行ってそんなふうに手を振り、そのまま中に入った。スタジオ内では、ハリウッドスターやプロデューサーに近づき、ランチに誘った。防音スタジオに忍び込み、編集室にもぐり込んでノウハウをしっかり吸収した。

僕の目には、これは映画学校に合格できなかった若者が、独力で学びを得た方法なのだと映った。ある日などはブリーフケースにもう1着スーツを入れて事務室に泊まり、翌朝新しいスーツに着替えてスタジオ内で活動を続けた。

チャック・シルヴァーズは結果的にスピルバーグのメンターになった。

彼はスピルバーグに、もうみんなとのお喋りはいいから、これはというショートフィルムができたら戻ってきなさいと言った。

12歳の頃から短編を制作してきたスピルバーグは、『アンブリン』という26分の短編を完成させる。数カ月の間監督をし、みっちり編集を終えてから、シルヴァーズにその作品を見せた。映画はすばらしいできで、それを観たシルヴァーズの頬を涙がつたった。

シルヴァーズは、ユニバーサルの制作副部長、シド・シャインバーグに電話をかけた。

「シド、君に観てほしいものがある」

「映像がクソみたいにたまってるんだ……夜中の12時にここを出られたらいい方だよ」

「その映像リストに加えてほしいものがある。今夜観た方がいい」

「そんなに大事なのか」

「そうさ、大事だよ。君が観ないなら他の人に観せるけどね」

シド・シャインバーグは『アンブリン』を観て、ただちに会いたいとスピルバーグを呼んだ。スピルバーグがユニバーサル・スタジオに駆けつけると、シャインバーグはその場で7年契約をオファーした。こうしてスピルバーグは、ハリウッド史上最年少で大手スタジオの映画監督となったのだ。

スピルバーグの秘密

この話を読んだとき、スピルバーグはスタジオ内にネットワークを作ってコネを築く「ピープル・ゲーム」をしたんだと思った。でも「ネットワーク作り」という言葉から連想できるのは、就職説明会での名刺交換だ。となると彼がしたのは、ただのピープル・ゲームじゃない。それを超えた、スピルバーグ・ゲームをしたんだ。

1 ツアーバスから飛び降りる。
2 インサイドマン《内部の関係者》を見つける。
3 その人に中に入れてもらえるよう頼む。

最も大事なステップは、インサイドマンを見つけることだろう。その人は内部での自分の立場を使って、僕らを中に入れてくれるからだ。

チャック・シルヴァーズがスピルバーグに3日間のフリーパスを与えなかったら、制作副部長に電話して映画を観るよう促さなかったら、スピルバーグは契約にこぎつけることはなかっただろう。

もちろん、スピルバーグにはすごい才能があったが、他の野心的な監督たちだって才能がないわけじゃない。スピルバーグは契約を結べて、他の多くの人はそうできなかったのには理由がある。それは魔法の力じゃない。単なる運でもない。スピルバーグ・ゲームなんだ。

映画学部のルール

僕はトイレで鏡を見た。スピルバーグが目の前にいるうちに近づかなければ、ミッションは始まる前に終わってしまう。

会場をうろうろして、再びスピルバーグを見つけた。彼が中庭の片側に移ると、僕は反対側に移った。彼が立ち止まって誰かと話すと、僕は立ち止まって携帯を見た。ドリンクバーに行ってコーラをつかみ、中庭に戻ってざっと見渡すと……ヤバい、スピルバーグが出口に向かおうとしている。

思わず僕はグラスを置いて、彼を追いかけた。出資者の群れをすり抜け、ウエイターをよけて、さっとテーブルを横切った。スピルバーグは出口から数フィート離れたところにいる。

僕は速度を緩め、完璧なタイミングでアプローチしようとした。でも万全を期す時間なんか残されていない。

「あの、すみません、スピルバーグさん。僕はアレックスといって、USCの学生です。できたら……車に戻るまでの間だけでもいいので、質問させてほしいのですが」

彼は立ち止まってちらっと振り返り、メタルフレームのメガネからまつげをのぞかせ、両腕を挙げた。

彼は僕にハグしてくれた。

「何時間も前から大学のキャンパスにいるっていうのに、学生に会えたのは今日君が初めてだ！質問を聞かせてもらいたいね」

彼のぬくもりが僕のフリンチを解かしてくれた。2人で車寄せまで歩きながら、僕は自分のミッションについて話した。言葉が無意識にあふれ出た。売り込みの言葉じゃない。自分の思いを伝える言葉だ。

「スピルバーグさん、お会いしたばかりではありますが……」。そう言ってまた言葉がつかえた。「どうか……どうか、インタビューに応じていただけないでしょうか」

彼は再び立ち止まり、ゆっくりこちらを見た。唇をぎゅっと結んで、重い鉄門のようにまぶたを閉じてこう言った。

「普段なら、断るところだ。自分の財団の話とか、映画の宣伝になるものでなければ、インタビューは受けないことにしている」

だが彼の目が穏やかになった。「普段なら断るんだが……なぜか君にはいいよと言ってしまいそうだ」

彼は間をおいて空を見上げた。太陽が輝いているわけでもないのに目を細めた。彼が何を考えているかは知る由もない。ついに彼は視線を戻して僕の目を見つめた。

「実際にやってみなさい。まずは誰かのインタビューを取ることだ。それから私のところに来なさい。そのとき、何ができるか一緒に考えよう」

僕たちはもう少しだけ話して、彼はさよならを言った。車に近づいていき、突然振り返って、もう一度僕を見た。

「何だか」彼は僕から視線を離さず言った。「君を見ているとミッションを実現できそうな気がしてくるよ。君を信じている。きっとやり遂げられるだろう」

彼はアシスタントを呼んで、僕の詳細について聞くように言った。スピルバーグは車に乗り込み行ってしまった。アシスタントから名刺を求められたので、お尻のポケットに手を伸ばし、収納部屋でプリントアウトした1枚を取り出そうとした。

すると空気をつんざく一言が発せられた。

「やめなさい！」

映画学部の学部長だ。彼女の腕が僕とアシスタントの間に割って入った。彼女は僕から名刺を取り上げた。

「いったい何のつもり？」と彼女が聞いた。

「あの、スピルバーグさんがアシスタントの方《かた》に僕の連絡先を聞くよう言ってくれたんです」と穏やかに言えたらよかったのに。逆に僕はその場に立ちつくし、固まってしまった。

スピルバーグのアシスタントが事情を説明してくれることを期待して、ちらっと彼を見た。すると学部長がそれを察して、すかさずアシスタントに「行きなさい」と合図した。

名刺も受け取らず、僕の電話番号も名前も聞かないまま、彼は行ってしまった。

「わかっていないようね」ときつく言った彼女の視線は、骨の髄にまで届くほど鋭かった。「ここでは、こんなことは許されないわ」

僕に映画学部の生徒かと問う彼女の声は、僕を押し倒さんばかりの勢いだ。僕はしどろもどろになり、罪の告白をさせられているみたいになった。

「言ったはずです」と彼女はまくし立てた。

「こうした行為は容認できないと、新学期の初日にみんなに言ったはずよ！」

何を謝っているのかわからないまま、僕は彼女に深く謝った。彼女の怒りを逃れるために、あれこれと言い訳をした。学部長は怒鳴り続け、しまいには僕の目から涙があふれてきた。

150センチほどしかない彼女が、僕の前に大きくそびえ立っていた。彼女は怒ったまま、すごい勢いで去っていった。

硬直した僕の体が動くより先に、学部長は踵《きびす》を返して戻ってきた。

そしてもう一度僕をにらみつけた。

「ここにはルールというものがあるのよ」

彼女は手を上げて、出て行くよう指図した。

5
トイレにかがんで

翌朝目を覚ましたときも、まだ学部長の声が耳に残っていた。午後遅くになっても憂うつな気分は晴れず、とぼとぼと収納部屋に行って、元気をくれそうな本はないかと棚をざっと探した。

「週4時間」だけ働く。

オレンジ色の本が目を引いた。ブランドンがくれた、ティム・フェリスの『「週4時間」だけ働く。』だ。ページをめくった途端、著者のフェリスがまさに僕のために語っているように感じられた。

彼の言葉がとても深く刺さってきて、それから1時間、顔を上げることができなかった。僕が本から目を離したのは、気に入った箇所に印をつけようとペンを取ったときだけだ。

冒頭のシーンは、フェリスがタンゴの世界選手権に出場しているところだ。

次のページでは、フェリスはヨーロッパのバイクレースに出て、タイでキックボクシングにチャレンジし、パナマの個人所有の島でスキューバダイビングを楽しんでいる。

そこから2ページ後に、「そうそう！」と大声で叫びたくなる一文があった。

「君がこの本を手にしたということは、62歳になるまでじっと机に座ってるなんて嫌なんだろう」

第2章のタイトルは、「ルールを変えるというルール」。第3章の内容は、不安をどう克服するか。第4章には次の強力な一節があった。

「何がしたいのか」なんて問いはあいまい過ぎて、やるべきことや意味ある答えなんて見つけられない。そんな問いは忘れてしまえ。

「目標は何か」という問いも、同様にいい加減で適当な答えしか出せない。この問いを改めて考えるには、一歩下がってより大きな視野に立たなくちゃいけない。

幸福の反対は何だ？　悲しみ？　そうじゃない。愛と憎しみが表裏一体であるように、幸福と悲しみも不可分のものなんだ。

愛の反対は無関心だ。そして幸福の反対は「退屈」で決まりだと思う。

幸福の同義語は興奮だと言った方がいいかもしれない。興奮こそ、まさに僕らが懸命に追い求めるべきものであり、万能薬なんだ。みんなが君に、「情熱」や「幸福」を求めて生きろと言うとき、それは究極的には「興奮」という概念に行き着くんだ。

まるでフェリスが木製バットで、僕の「人生をどう生きるか」問題を粉々に砕いてくれたような気分になった。

それから3ページ後にはこうあった。「ジョージ・ブッシュ元大統領やグーグルのCEOと電話で話す方法」

〝ありがとう、神様！〟

フェリスのウェブサイトを開くと、彼が2冊目の本を出しているとわかり、すぐに購入した。『「週4時間」だけ働く。』がキャリアを手に入れるための本なら、2冊目の『週4時間だけダイエット（The 4-Hour Body）』は健康を手に入れる本だ。

「炭水化物ダイエット：運動せずに30日で体重を9キロほど落とす方法」というタイトルの章を開いた。効果の怪しげな「ガマの油」を売るセールスマンが書いたような響きだが、フェリスは効果を証明するために、自らモルモットとなって自分の体で実験していた。

僕が本を読んで失うものなど何もない。失うとすればたっぷりある体重だけだ。

彼の指示どおりに実践して、夏の間に約18キロ落とした。バイバイ、太っちょバナヤン。

家族はこれに驚いて、すぐさまフェリスに便乗した。父は9キロ落とし、母は約22キロ、いとこは約27キロも落とした。

そんな僕たちは、何百万人もいるティム・フェリス・オンラインのフォロワーだ。彼のブログを読み、ツイッターに「いいね」を付ける存在。インターネットは世の中を変え、新たな世界は新たな教師を求めている。ティム・フェリスこそまさにその人だ。

セザールのサポート

彼の名前は今や僕のリストの最上位にきた。しかも彼の『「週4時間」だけ働く。』は、どうすれば彼に会えるか、その手がかりまで与えてくれた。

この本を再読したとき、最初に読んだときには気づかなかった、謝辞の記述に目が留まった。

「印税の10パーセントを、ドナーズ・チューズなどの非営利教育機関に捧げたい」

〝ちょっと待てよ……ドナーズ・チューズ……〟

そこには、僕のインサイドマンがいるぞ。

僕は大学1年のときにビジネス・カンファレンスでボランティアをした。トニー・シェイの本をもらった例の会議だ。そこに、よろよろと松葉づえをついている参加者がいたので、大丈夫ですかと声をかけた。

「いや、ご心配なく」と彼は言った。自分の名前はセザールで、ドナーズ・チューズのCOO（最高執行責任者）だと話してくれた。それから数日間、毎日顔を合わせるうちに、コンタクトを取り合うようになった。

セザールによると、ドナーズ・チューズは困っている学校に誰もが寄付できるサイトを運営している。寄付を考えている人は、全米中の学校の要望を検索できる。絵本を求めているデトロイトの幼稚園とか、顕微鏡を欲しがっているセントルイスのハイスクールなどだ。

寄付者は、自分が共感したどの案件にも寄付できるし、出せる金額も、少額から高額まで、いくらでも選べる。

グーグルで検索してわかったのだが、ティム・フェリスはドナーズ・チューズのCEOとは同じハイスクールのレスリングチームに所属していた。そしてフェリスはドナーズ・チューズの経営顧問でもあった。

僕はセザールにメールしてランチに誘った。そして、何とかフェリスに連絡を取りたいので、手伝ってくれませんかと言った。

「任せてくれ」と彼は言った。CEOはきっと僕の要望をフェリスに伝えてくれるだろうとも。

1週間後、セザールから、CEOが僕の依頼をフェリスに伝えてくれたと知らせるメールが届いた。そのメールの最後には、ドナーズ・チューズのギフトカードを送ったから、僕がインタビューした人たちにお礼として配ってくれとあった。

カードは1枚100ドル分と太っ腹で、多額の寄付をしてくれた人がいるらしい。そのカードを持っている人は、自分の懐を痛めずとも気になる案件に寄付できる。著名コメディアンのスティーヴン・コルベアも、ショーに招いたゲスト全員に同じカードを配っていた。

夏が過ぎていき、ギフトカードは届いたが、肝心のフェリスからの反応はなかった。フェリスのアシスタントのメールアドレスを見つけて、彼女に短いメールを送ってみた。返事はない。もう一度送ってみた。それでもなしのつぶてだ。

再度セザールに助けを求めてわずらわせるのもどうかと思っていたところ、程なくしてその必要もなくなった。ある夜遅く、メールボックスを片づけているとき、一通のニュースレターに目が留まった。

エバーノート社カンファレンス：今すぐ登録を

エバーノート社の基幹会議に、ベストセラー著者であるティム・フェリスとガイ・カワサキが参加し、プログラム開発者とユーザーとのセッションを開催します。

イベントはサンフランシスコで開催される。

〝フェリスに会って直接ミッションについて話せば、きっと彼はインタビューを受けてくれるはずだ〟

僕は『プライス・イズ・ライト』で得たお金で飛行機のチケットを予約した。興奮のあまり、ナイキタウンに行って旅行用の真っ黒なダッフルバッグを買った。

カンファレンス当日の朝、バッグに荷物を詰めて走ってドアをくぐった。机の上に山積みになっているドナーズ・チューズのギフトカードを1枚つかみ、ポケットに入れて。

さあ出発だ。

フェリスを待ちながら

サンフランシスコの会議場は満員だった。見渡すかぎり、パーカーを着て座席を物色している数百人の若者がいる。近づいて見ると、多くが『「週4時間」だけ働く。』を小脇に抱えていた。

その現実を目の当たりにして内心焦ってきた。ティム・フェリスに会おうとここまでやって来たのは、僕だけではなかったのだ。

世間の99パーセントの人はフェリスのことを知らないだろう。でも一部の人たち、そしておそらくこのイベントに来た全員にとって、ティム・フェリスは、世界で最も影響力ある女性とされるオプラ・ウィンフリーよりも大きな存在だ。

運頼みは嫌だったから、僕はゆっくり通路を歩いて、フェリスがスピーチを終えたときに一番近くに行けそうな席を探した。ステージに通じる階段の隣、会場の一番右端の席が空いていた。そこに座ると会場が暗くなり、イベントが始まった。

するとフェリスが、僕のいる反対の左端からステージに上がった。

僕はもう一度必死に会場内を見回した。彼の近くに行けるよりいい席を探すために会場奥に移動して、見つけた。ステージ左側の男性トイレだ。

僕はこっそり男性トイレに向かって、個室に入った。便器のとなりにしゃがんで、耳をタイルの壁に当て、フェリスのスピーチに耳を澄まし、出るタイミングを見計らった。ずっとしゃがんでいたら、小便の臭いが鼻にツンときた。5分が過ぎ……10分……、とうとう30分が過ぎて、拍手が沸き起こった。

慌ててトイレから出ると、彼がいた。僕から約60センチの近さのところに、1人きりで。

またしてもここぞというタイミングでフリンチ《萎縮》が起き、口が動かなくなった。緊張をほぐそうと必死になり、僕はポケットに手を入れてフェリスの面前でギフトカードを取り出した。

「おっと」と彼は言って後ろにのけぞり、ちらっとカードを見た。

「すごいな！　ドナーズ・チューズを知ってるの？　僕はここの経営顧問をやっているんだ」

〝えっ、そうなんですか？〟

フリンチが引っ込んでいき、僕はフェリスにミッションのことを話した。ビル・ゲイツ、レディー・ガガ、ラリー・キング、そしてティム・フェリスなど全員にインタビューしたいと訴えた。

「それは笑えるね」。彼は自分の名前が出たとたんにそう言った。

「本気です」と言って、僕はもう片方のポケットに手を入れて、彼に送ったメールのプリントアウトを見せた。

「何週間も前に、あなたのアシスタントにメールを送ってたんです」

フェリスはプリントアウトを見て笑い、それから数分間、ミッションについて語り合った。最後に彼は僕の肩をつかんで、すばらしいアイディアだと言ってくれた。

何ていい人だろう。それから、数日後に返事を送ると言ってくれた。

粘り強さの「勝利」

だが帰宅して数日が経ち数週間を経ても、フェリスからは何の連絡もなかった。

その当時は知らなかったのだが、この会議の1カ月前にフェリスは、僕のインタビュー依頼について、「せっかくだが断る」とドナーズ・チューズのCEOに伝えていたらしい。

CEOは僕に気遣ってその話を切り出せなかったのだろう。おかげで僕は数年後までそのことを知らずにいた。

だから僕は返事を期待して、フェリスのアシスタントにメールを出し続けた。ビジネス書にも「粘り強さこそ成功の鍵」と書いてあったから、次々とメールを出し、全部で31通にもなった。簡単な文面のメールを出して返事がないときは、9つのパラグラフにも及ぶ長いメッセージを送った。

別のメールでは、フェリスのアシスタントにこう言ってのけた。「僕とのインタビューは、フェリス氏がこれまで投資した中で、最高の1時間になるでしょう」

常にポジティブに、感謝を忘れず、すべてのメールの最後に「よろしくお願いします」と書いて締めた。だがどんなにメッセージに心を込めても、反応がない。

やっとフェリスの右腕から返事が来たと思ったら、「ボスは早急にはインタビューに応じられない」という内容だった。

僕のどこが間違っているのか、まったくわからなかった。フェリスは僕の肩をぎゅっとつかんでくれた。しかも僕にはインサイドマンがついているのに。

〝ティム・フェリスにたどり着けないで、ビル・ゲイツにたどり着けるわけがない〟

僕はフェリスのアシスタントにメールを出し続け、状況が変わるのを期待した。するとある日いきなり、フェリスからイエスの返事が来た。しかもイエスと言ってくれただけでなく、翌日に、電話でインタビューを受けたいと言う。

僕は舞い上がって「粘り勝ちだ！　やったぜ」と叫んだ。

随分後になって、そのときにはもう遅すぎたのだが、フェリスがイエスと言った本当の理由を知った。彼はドナーズ・チューズのCEOに電話して、あいつはいったいどういうつもりだと聞いたらしい。

幸いCEOはこう答えてくれた。彼は未完成な若者ではあるけれど、中身はまともだと。それでフェリスも承諾する気になったのだ。

でも僕はそうとは知らず、どんな問題を抱えたときも、僕には「粘り強さ」という解決策があると確信してしまった。

信用を借りる

それから24時間と経たないうちに、フェリスと電話で話した。メモ帳は質問事項で埋め尽くされた。最初の質問は、もちろん粘り強さについてだった。

『「週4時間」だけ働く。』でざっと読んだのだが、フェリスが大学を出てスタートアップ企業で最初の仕事に就けたのは、その会社のCEOに何度も何度もメールしたからだ。その話について詳しく知りたかった。

「トントン拍子に雇われたわけじゃないよ」とフェリスは言う。

大学の最終学年の終わり頃、その会社のCEOが、フェリスが受けていた授業にスピーチゲストとして招かれた。フェリスは勇気を振り絞って仕事を求めたが、断られてしまった。

フェリスはさらにメールを送った。CEOから何度も断られ、フェリスは最後の賭けに出た。「来週お近くにうかがう機会があります」とメールしたのだ。実際はそうではなく、フェリスはニューヨーク（東海岸）にいて、CEOはロサンゼルス（西海岸）で暮らしていたのに。

フェリスが「喜んで立ち寄ります」と書いたところ、CEOから「わかった」と返事が来た。「火曜日なら会えるよ」

フェリスはカリフォルニア行きのチケットを買い、ミーティングに備えて早めにその会社のオフィスに着いた。重役の1人からはこう言われた。

「では君は、私たちから仕事をもらうまで、こちらをわずらわせるのを止めないつもりかな?」

「はいもちろん」とフェリスが答えた。「もしそうした言い方をお好みでしたら、そういうことです」

彼は仕事を手にした。当然営業職だ。

フェリスは言う。「肝心なことだけど、僕は決して無礼な態度は取らなかった。必要以上に連絡を取ろうともしてない。週に6回もメールするなんてなかったよ」

僕に何かを伝えようとしてか、フェリスの会話のトーンが変わった。彼が何を伝えたかったのか、恥ずかしながら僕にはわからなかった。でも何かを感じ取ってはいた。

彼の口調は僕にパンチを浴びせているようになり、僕の頭は左右にはじかれていたからだ。

「無礼かどうかの線引きは、どこにあると思いますか?」と僕。

「相手がイライラしてきたことに気づいたなら、一歩下がることだ」

〝ジャブ〟

「そんなときにメールする場合は、礼儀正しく敬意を持つ必要がある。帽子を脱いで手に取るようにしないといけない」

〝またジャブ〟

「粘り強くすることと迷惑をかけることは、紙一重なんだよ」

〝アッパー〟

もっとインタビューの場数を踏んでいたら、フェリスが僕に言いたかったことを探ろうと突っ込んで聞けただろう。でも僕は安全策を取って、別の話題はないかとメモ帳に目をやった。

「本が売れる前の時点で、あなたはどうやって信用を勝ち得たんですか?」

「そうだな、ちゃんとした組織でボランティアをやるのが手っ取り早いよ」

彼の口調が軽くなり、僕もリラックスした。

フェリスはまだ新人の会社員だったとき、「シリコンバレーのスタートアップ起業家の会」(SVASE)でボランティア活動をし、大きなイベントをプロデュースした。それで、成功者にメールを送る正当な理由を得た。

「こんにちは、僕はティム・フェリスといって最近大学を卒業しました」ではなく、「僕はティム・フェリスです。SVASEで、イベントをプロデュースしています」と言えるようになったのだ。こうした後ろ盾があるかどうかが、大きな違いを生む。

「次にやるべきは、世間で知られている媒体に寄稿するか、特集を組んでもらうかだ」と言って彼は続けた。「そうなれば人とつながりやすくなるんだ。そうして誰かにインタビューできたら、その内容をネットでみんなに紹介するのさ」

つまりフェリスもいきなり信用を得たわけでなく、著名な組織や出版社と関わりを持つことで彼らの信用を借りたのだ。「信用を借りる」という言葉が僕の心に刺さった。

コールドメールの書き方

フェリスが『「週4時間」だけ働く。』を書き始めたとき、出版の経験などなかったから、アドバイスを求めて会ったこともない作家たちに飛び込みでメールを送ったそうだ。

その方法がうまくいったと彼が言うので、僕はコールドメール《飛び込み》の書き方を聞いた。

「忙しい人にコールドメールを送る場合の僕のひな形はこうだ」とフェリスは教えてくれた。

拝啓、◯◯様

非常にお忙しく、数多くのメールを受け取っていらっしゃるでしょうから、1分で読めるメールにします。

(ここに、自分が誰なのかを書く。信用されるような1、2行を加える)

(ここに、特に聞きたい質問を書く)

お忙しいことは承知しておりますが、1、2行でもかまいませんので、ご返事いただければ幸いです。

敬具

フェリスはまさに僕が望んでいたアドバイスをくれた。

メールでは決して「すぐに電話でお話ししたい」とか、「ぜひ一緒にコーヒーでも」とか、「お知恵をいただきたい」とかいうフレーズは使わないようにと忠告してくれた。

「メールでの質問は、こんなふうにシンプルにするのが正しいよ」

○○について、A案がよいか、あるいはB案がよいかを相談させてください。よろしいでしょうか？　電話の方が話が早いと思いますが、もしメールをご希望でしたら、メールにて2、3質問をお送りいたします。

「あと、『あなたにとって最高のお話です』とか、『あなたについて調べたところでは、きっと気に入っていただけるはずです』というフレーズは決して使わないこと。それから、べたぼめしたり、大げさな言い回しもだめだ」と言って、彼は冷笑ともとれる笑い声を発した。

「相手は君のことを知らないだろ。ということは、あなたにとって最高の話ですなんて言われたところで、その言葉を信じる道理はないんだよ」

「僕はメールの最後を『よろしくお願いします』で結ぶこともしない。わずらわしいし、お決まり過ぎる。逆にこう書くんだ。『ご多忙であることは重々承知していますので、お返事をいただけなくてもまったくかまいません』」

「そしてもちろん、メールを出す回数にも注意すること。出し過ぎちゃだめだ。そんなことをしたところで——」

彼は深いため息をついて言った。

「誰のプラスにもならない」

フェリスは僕の未熟さから僕自身を救おうとしてくれていた。僕はそれに気づかなかった。

1年以上も経って、古いメールを整理していたときに、フェリスのアシスタントに送ったメールを偶然見つけた。そのときにやっと、自分がどれほどバカだったかを思い知った。

「これでいいかな」とフェリスは会話が終わる頃に言った。「仕事があるから」

彼はさよならを言って、電話を切った。

できることなら時計の針を当時に戻して、このやりとりの意味を10代の自分に諭したいくらいだ。もしこのとき教訓を学んでいたら、オマハでウォーレン・バフェットに会ったときに、まったく違う展開を期待できただろう。

6
チー・タイム

アップル・コンピュータ創業者のスティーヴ・ジョブズはかつてこう言った。

「未来に向かって（人生の）点と点をつなげていくことはできない。できるのは、振り返ってつなげることだけだ。だから僕らは信じるしかない。今していることが、いつか何らかのかたちでつながっていくんだと」

セザールと出会ったビジネス・カンファレンスはまさに、この言葉がぴったり当てはまる機会だった。

この会期中のある夕方、企業のお偉方で埋め尽くされた部屋に学生ボランティアとして入った僕は、場違いな居心地の悪さを感じていた。そのとき、登壇者のステファン・ワイツが声を掛けてきて、僕をリラックスさせてくれた。

彼はマイクロソフトのディレクターで、その晩しばらく僕たちは語り合った。夏の初めに僕は彼にメールして、ミッションのことを話した。そして一緒にランチしているとき、彼はリストにもう1人追加するべきだと言った。

「チー・ルーという人だけど」

聞いたことのない名前だ。ステファンの助言にはもちろん感謝したものの、彼には僕のミッションが十分伝わっていないんだなと思った。

「僕が会って話したいと思っている人は、この人から学びたいと友人たちが思うような、誰もが知っている人なんですけど……」

ステファンは「信じてくれ」と言って手を挙げた。「チー・ルーこそ君が望むような人だよ」

ステファンにインタビューの段取りをつけてもらい、僕は夏の最後の週に、マイクロソフトの本社があるシアトルに行った。同社の高層ビルの最上階を歩いたが、土曜日だから廊下には誰もいない。机にも誰も座っていない。どの部屋の明かりも消えている。ただ一つの部屋をのぞいて。ホールの突き当たりまでいくと、ガラスの向こうに人影が立っていて、ドアの方に近づいてきた。チー・ルーがドアを開けて僕を中に入れてくれた。

彼は細くて年齢は40代半ば。色あせたジーンズにTシャツのすそを入れ、サンダルに白いソックスという格好。両手で僕の手を握って、楽にしてくれと言った。彼の机まで戻ることはなく、彼はイスを持ってきて僕の隣に座った。

オフィスに家具はほとんどない。壁にかかった絵画もなければ、額縁に入った賞状もない。

〝驚きだな〟

2倍の速さで

チー・ルーは中国上海の郊外にある、電気も水道も通っていない村で育った。あまりに貧しい村で、人々は栄養失調で体に障害を持っていた。数百人の子どもたちに対し、学校の先生は1人だけ。

チー・ルーが27歳のとき、これまでで最高の月収を得た。7ドルだった。それから20年の間に、彼は猛烈なスピードでマイクロソフトのオンラインサービスのプレジデントまで登りつめたのだ。

僕は信じられないとばかりに首を振った。まともな質問なんて考えられず、ただ両手を挙げてこう尋ねた。「いったいどうやって?」

チーは謙遜の笑みを浮かべ、子どもの頃の話を始めた。初めは造船の仕事に携わりたいと思っていたがやせ過ぎのために体重制限をクリアできず、勉強に専念するしかなくなった。

上海でトップクラスの大学である復旦《ふくたん》大学に入り、コンピュータ・サイエンスを専攻する。

そこで得た気づきが彼の人生を変えた。

彼は、時間について考えるようになった。特に寝る時間がもったいないと感じた。毎晩8時間寝ていたのだが、人生で1つだけ不変のものがあることに気づいた。米を作る農家の人であれ、アメリカ大統領であれ、1日に与えられた時間は等しく24時間ということだ。

チーは言う。「ある意味で、神はみんなに公平なんだ。問題は神が与えてくれたものをどこまで有効に使うかだ」

チーは睡眠時間を工夫した歴史上の偉人の本を読み、自分なりのパターンを考え出した。彼はまず睡眠を1時間カットし、それから1時間、さらに1時間と減らしていった。すると毎晩の睡眠が1時間になってしまった。

冷たいシャワーを浴びて強引に眠気を覚ましたが、さすがにもたない。結局、夜4時間寝れば何とか活動できることがわかり、今日まで、それ以上寝ることはなくなった。

継続が彼の成功の秘訣だ。

「車を運転するようなものさ」と彼は言う。

「常に時速100キロで飛ばしても、車へのダメージは小さいだろ。でも急加速と急ブレーキを繰り返すとエンジンが疲弊してしまう。それと同じさ」

チーは毎朝4時に目を覚まし、約8キロ走って、6時までにはオフィスに入る。1日中、パックに入れた果物や野菜をちびちびつまむ。そうして1日18時間労働を週6日続けている。

ステファン・ワイツから、マイクロソフトでは、チーが人の2倍の速さで仕事をするという噂があると聞いた。彼らはチーの労働時間を「チー・タイム」と呼ぶそうだ。

チー・タイムはバカげていて、不健康な生き方にすら思える。でもチーの置かれた状況というレンズを通して見たら、僕の目には、無茶な習慣というよりも、生き残るための確固たる手段に映った。

それはそうだ。中国にはあれだけ多くの優秀な大学生がいるんだから。チーがそこから頭角を現すには、そうするしか他にないだろう。

1日8時間の睡眠を4時間に短縮すれば、365日で使える時間が1460時間増えることになる。生産的な時間が、年に2カ月分増える計算になるのだ。

幸運はバスのようなもの

チーは20代の頃、そうやって作り出した時間を、研究論文を書いたり本を読むことに充て、アメリカで勉強するという最大の夢に向けて奮闘していた。

彼は言う。「中国からアメリカに行くには、試験を2回受けなくちゃならなかった。その受験料は60ドルだった。僕の月給はたしか、7ドルだったよ」

試験を受けるだけで、約8カ月分の給料が必要だった。

だがチーは望みを捨てなかった。そんな彼の努力が、ある日曜の夜に実を結ぶことになる。

いつもなら、日曜日にはチーは自転車を数時間こいで、村にいる家族の元に帰っていた。でもその日は雨が激しく降っていて、チーは寮の部屋にいた。

その晩、友人が助けを求めてやってきた。カーネギー・メロン大学から招かれて来た教授が「モデル検査」の講義をすることになっていたが、雨のせいで、出席者が心細いほど少なかった。チーは席を埋めるために出席し、講義をより充実させようといくつか質問をした。

講義後、教授は的を射たチーの質問を称賛し、このテーマについて研究をしたのかとチーに尋ねた。

特別な研究などしていなかったが、チーはそれまでに5本のレポートを書いていた。これがチー・タイムの底力だ。チー・タイムのおかげで、彼は、教室の中の誰よりも万全の準備を整えた学生になっていたのだ。

教授がそのレポートを見たいと言ったので、彼は急いで寮の部屋に取りに行った。教授はそれをざっと見て、アメリカで勉強してみる気はないかと言った。経済的に苦しいことをチーが説明すると、教授は受験料の60ドルを免除しようと言った。

チーは出願し、数カ月後に手紙が届いた。カーネギー・メロン大学が、かかる費用の全額免除を申し出てきたのだ。

ビル・ゲイツやレディー・ガガなど、彗星のように現れた人の成功物語を読むたびに、彼らにはどれほど奇跡的な偶然が重なったのだろうかと思っていた。

あの日曜の夜に雨が降らなかったら、チーは家族と過ごしていて教授に会うことはなく、何も起こらなかっただろう。一方でチーが5本のレポートを書いていたのは偶然なんかじゃない。

運について尋ねると、運はあるとき突然訪れるようなものではないと彼は言った。

「バスみたいなものさ」と彼は言う。「1台逃しても必ず次のバスが来る。でも準備しておかないと、飛び乗ることはできない」

犠牲を払うとは

カーネギー・メロン大学を卒業してから2年後、チー・ルーは友人からランチに招かれた。そこにはチーの知らない人物がいた。チーはその人から、今何を手掛けているのかと聞かれ、IBMでeコマース（電子商取引）のプラットフォームに携わっていると答えた。

この友人の友人は、ヤフーで働いていた。当時のヤフーは非常に優れたウェブディレクトリで知られる企業で、チーは彼から月曜日にオフィスに寄らないかと誘われ、承諾した。

ヤフーの本社を訪れたときにテーブルの上にあったのは、チーへの仕事のオファーだった。

ヤフーはeコマースのプラットフォームを作る極秘計画を持っていて、それに携わる人を探していたのだ。チーはヤフーに入り、そのプロジェクトを引き受け、秒単位でプログラム作りを進めた。

3カ月間、彼は睡眠時間を1日1〜2時間にまで切り詰めた。働き過ぎて手根管症候群《しゅこんかんしょうこうぐん》となり腕に保護帯を着ける羽目になる。だがチーはやりがいを感じていた。ついに生み出したのが、現在のヤフーショッピングなのだから。

チーは出世して次の一大プロジェクト、ヤフー検索を指揮することになる。これも大成功を収めたが、チーがペースを落とすことはなかった。さらなるプロジェクトを引き受けるだけでなく、週末は図書館にこもってリーダーシップとマネジメントの本を読み漁った。

チー・タイムとは単に睡眠を削ることではないと僕は知った。それは犠牲を払うことだ。といっても、長い目で見た利益を得るために、目先の快楽を犠牲にすることだ。

ヤフーに参画してちょうど8年が経った頃、チーは専務取締役となり、3000人のエンジニアを統括するようになった。

ヤフーで10年近くを過ごした後、チーは10年をいい区切りとして一息つこうと決めた。

ヤフーでの最後の週、彼の送別パーティでスタッフたちから手渡されたTシャツにはこう書いてあった。「I worked with Qi. Did you?（みんなあなたと仕事をしてきました）」

チーが家族と中国に戻ろうかと思っていたとき、マイクロソフトCEOのスティーヴ・バルマーから電話がかかってきた。マイクロソフトは検索エンジンを作ろうとしていたところだった。チーはバルマーと会って、中国に戻るのをやめた。そしてマイクロソフトのオンラインサービスのプレジデントに就任する。

君の力になろう

夜も寝ないでBingの検索エンジンを作っていたというチーの話を聞いているうちに、胃袋をつかまれるような感覚がこみ上げてきた。僕の心が勝手にその場を離れて、遠い記憶がフラッシュバックした。

僕が5歳のときだ。怖い夢を見て、真夜中にベッドから出て両親の部屋に行った。暗い廊下を歩いていると、ドアの下から青い光が漏れているのが見えた。中をのぞくと、母が小さな机に座って、パソコンのキーボードを打っていた。

それから毎晩毎晩、僕はベッドからそっと出て、家族が寝ている間に母が何をしているのかをスパイした。後でわかったことだが、ちょうどその頃、父が営んでいたビジネスが立ち行かなくなっていた。

母は家族が路頭に迷わないように懸命だった。つまり母もまた、チー・ルーと同じように犠牲を払っていたのだ。

チーの話を聞きながら、医者の道をあきらめると僕が言ったときに母が泣いた理由を理解した。母からすれば、母がしてきたすべてのことに対して僕が背を向けたようなものだ。なんという親不孝だろう。自分がしでかしたことのせいで罪悪感が生じ、僕は落ち着かなくなった。

そのとき、チーがインタビューのまとめに入ったようだ。

「さて」と彼は言った。

「インタビューをしてくれてありがとう。君のミッションの動機は、僕の仕事の動機と似ているところがあるね。毎日毎分、少しずつ知識と行動を積み上げて上を目指せ、とみんなを激励することだ。君のやっていることも、いろいろな意味でまさにそれだね」

彼はできる限り力になろうと言ってくれた。僕はインタビューしたいと思う人たちの名前を記したメモ用紙を取り出して、渡した。チーはリストをゆっくりとなぞりながら、うなずいた。

「僕が個人的に知っている人が1人だけいる」と彼は言った。「ビル・ゲイツだ」

「あのう……彼は関心を持ってくれるでしょうか？」

「うん、必ず彼と話すチャンスは来るさ。君の本について僕から話しておこう」

「メールを書いても大丈夫ですか？」

チーは微笑んだ。

「喜んで彼に転送するよ」

7
秘めた力

「ビル・ゲイツだってよ！」とコーウィンが叫んだ。

彼はグラスを掲げて、そのニュースに乾杯した。ブランドン、ライアン、それに僕もグラスを掲げ、カチャンと乾杯して、ダイニングルームでひと晩中お祝いをした。

大学の2年目は、これ以上ない最高のスタートを切った。僕は踊り出したいほどの幸福な気持ちを抑えて教室に向かった。講義さえもが以前より楽しくなっていた。

数日後、図書館に向かう途中で、チー・ルーのアシスタントから携帯にメールが届いた。

こんにちは、アレックス、
ビル・ゲイツのオフィスに連絡しましたが、あいにくご要望には応じられないとのことでした……。

メッセージをもう1度読んだが、僕の意識がこれを受け入れようとしなかった。

僕はステファン・ワイツに電話した。僕にとっての、マイクロソフトのインサイドマンだ。彼が言うには、ゲイツが自分で断ったのではないだろうとのことだった。彼の首席秘書がこうした判断のほとんどを下しているようだ。

「その人と直接会う方法はないかな?」と僕は言った。「5分でいいから、彼と話をさせてほしいんだ」

ステファンは、「落ち着け、できることを検討するから」と言った。

でも僕は落ち着いてなどいられなかった。その晩、このフラストレーションをすべてチー・タイムに注ぎ込んでやると決めた。

チーだって、生まれつきチー・タイムができたわけじゃない。自分でその道を選んだんだ。僕も同じことをしよう。

それから毎朝、僕は6時にベッドから飛び起きてまっすぐ机に向かい、形式的なインタビュー依頼のメールをリストにある人たちに送りまくった。

全員に断られると、当初のリストには載っていなかった人たちにも連絡した。僕が目を覚ます時間は早くなり、作業にも熱が入った。でも断られるスピードが倍になるだけだった。

ノー、ノー、ノー、ノー、ノー、ノー、ノー。

ウルフギャング・パックの断り

とりわけショックだったのは、アメリカを代表するスターシェフのウルフギャング・パックから断られたことだ。僕はツイッター上のトリビア・クイズに答えて、食事とワイン付きの豪華パーティチケットを手に入れ、そこで彼に近づいた。

インタビューを申し込むと、彼は「いいねえ、レストランでランチを食べながらやろう！」と言って、旧友のようにハグしてくれた。翌日、彼のアシスタントに旧友のようなメールを書いた。

どうも、○○さん

南カリフォルニア大学の学部生のアレックスです。昨夜、ＬＡＦＷ（ロサンゼルス・ファッション・ウィーク）のパーティでウルフギャングさんと話をしたとき、インタビューの日時についてあなたに連絡してくれと言われました。

彼はレストランでランチを食べながらやるのがベストだと言ってたけど、正直、どのレストランかはわかりません（笑）……。

彼女から返事はなかった。そこでさらに1回、2回、4回とメールを送った。ティム・フェリスの教訓を僕が学んでいなかったのは言うまでもない。

1カ月経って彼女から返事が来た。

アレックスへ
確かにメールは受け取ったわ。ただ、どう返事しようかと考えていたの。

これは建設的なアドバイスだと受け取ってほしいんだけど、これから世界に名だたる成功者にインタビューするというときに、〝どうも、キングさん〟だとか、〝やあ、ルーカスさん〟とは書かない方がいいわ。

こういう場合、通常は敬意を示して、〝拝啓キング様〟とか〝親愛なるルーカス様〟と書くものよ。

それで本題はというと……

ウルフギャングがニューヨークに発つ前にインタビューの件を伝えました。興味深い機会にはなりそうですが、あいにく彼には時間がありません。

彼はロンドンにレストランのCUTをオープンさせたばかりですし、ロサンゼルスのホテル・ベルエアでもオープンを控えています。スケジュールは年末までいっぱいです。

ウルフギャングから、彼に代わって、申しわけないが応じられないと伝えるよう頼まれました……。

断られるたびに自尊心は打ち砕かれていき、秋が近づくにつれて僕はますます落ち込んでいった。毎朝毎朝、日が昇る前に起きてがんばって、あげくに断られる。

道に寝転がった僕をトラックがひいていき、それから戻ってきてまた僕をはねていくような気分だった。でも、そんな絶望から僕を救ってくれる人に会えた。神に感謝だ。ミッションを救ってくれたのは、彼かもしれない。

シュガー・レイの第1歩

シュガー・レイ・レナード。6度の防衛を果たしたボクシングの元世界チャンピオンで、セブンアップやニンテンドー（任天堂）のテレビコマーシャルに出ていた明るい笑顔の有名人だ。スポーツに詳しい人なら、こう言えばわかるだろう。1976年のモントリオール・オリンピックで素早く鮮やかなパンチを披露し金メダルを獲得、世界中にセンセーションを巻き起こした人物だと。

僕は彼の本のサイン会に参加したが、警備員に押しのけられた。そこでティム・フェリスに教わったコールド《飛び込み》メール戦略を使って、シュガー・レイの広報に連絡を取った。

担当の人に直接会うと、彼女は僕のインサイドマンとなってくれた。

僕はシュガー・レイにこう手紙を書いた。「僕は19歳ですが、あなたの自伝を読み、そのアドバイスはまさに僕たちの世代が求めているものだと感じました」

インサイドマンからこの手紙を受け取ったシュガー・レイは、すぐに自宅に招いてくれた。

彼は黒のトラックスーツを着て玄関のところで僕を迎え、自宅内のジムに案内してくれた。中に入ったとたん、アラジンの魔法の洞窟にいるような気分になった。

とはいえ壁を覆っているのは金銀財宝ではなく、WORLD CHAMPION（世界チャンピオン）と彫られた輝かしいプレートと金メダルだ。天井からはサンドバッグがぶら下がっている。ダンベルとランニングマシンに囲まれた中央にあるのは、豪華なレザー・カウチ。

彼のお宝から放たれる輝きは、僕がシュガー・レイに抱いていたイメージにぴったりだ。でも座って話し始めるまで、その輝きの元にあるものを僕は知らなかった。

シュガー・レイはメリーランドのパルマー・パークで、9人家族の中で育った。一家はお金に苦労していて、クリスマス・ツリーの下に置かれたプレゼントはリンゴとオレンジだけ。それも、レイの父親が勤務先のスーパーの倉庫から盗んできたものだった。

父親は海軍でボクシングをやっていたので、レイも7歳のときにやってみることにした。パルマー・パークの外れにあるナンバー2ボーイズ・クラブでリングに上がったら、数秒足らずで顔面を殴られ、鼻血があふれ出した。マットを動き回った足は焼けつくようにほてった。

彼は負けてリングを下りた。頭がガンガン痛くて、マンガでも読もうと家に帰った。

6年後、兄からもう1度ボクシングをやってみないかと促された。レイはジムに戻るが、またもやノックアウトを食らってしまう。

だが今回は続けようと決めた。彼は年下で、他の子たちより背が低く体も細くて、経験も浅かったので、何か自分なりの強みが必要だと悟った。

ある朝彼は学校の制服に着替えて、兄弟姉妹と停留所に向かった。黄色いスクールバスが停車して、他の子どもたちが乗り込んだのに、レイは乗るのをやめた。バックパックをバスに投げ入れて、靴ひもを結び、走り出したバスの後を追いかけた。そうやって学校まで走った。

下校のときも、自宅までそうしてバスを追いかけた。翌日も同じように走った。その翌日も。暑い日も雨の日も雪の日も。あまりの寒さで顔に氷ができた日もあった。来る日も来る日も彼はバスを追いかけた。

「俺には経験がなかった」とシュガー・レイは言う。「だが勇気と克己心と欲があった」

話し終えたとき、僕を見るレイの表情が少し変わった。君が夢を追いかけるモチベーションは何だと聞かれ、話題はミッションへと移った。

レイといてリラックスしたせいか、僕はインタビューを申し込んでことごとく断られたことをぶちまけた。レイは僕のリストを見せてくれと言う。それをざっと見ながらレイは頭を振って、僕が気づいていないことに気づいたかのように微笑んだ。

それからレイは、彼自身の節目となった試合について語り始めた。それこそまさに僕が聞きたかった話だった。

チャンピオンベルト

プロになって5年目、シュガー・レイがトマス・〝ザ・ヒットマン〟・ハーンズと王座統一戦で対戦したときのことだ。

ヒットマンは不敗を誇るだけでなく、ほぼどの試合もKOで勝っていた。敵の頭を粉砕する左ジャブと、どこからともなく飛んでくる右の「恐怖の一撃」が彼の売りだった。

数万人もの客がシーザーズ・パレスに詰めかけ、数百万人がテレビで観戦する戦いは「世紀の一戦」と銘打たれた。その勝者は、紛れもないウェルター級の世界チャンピオンだ。

開始のゴングが鳴り、ヒットマンの長いリーチのジャブがシュガー・レイの左目に入った。ジャブ、ジャブ、ジャブ、ジャブ。連打を浴びてレイのまぶたは青から紫に変わり、厚く腫れて目をふさいだ。

レイは中盤で持ち直したものの、12ラウンドに入ってもスコアではまだ負けていた。自陣のコーナーに戻ってぐったりとイスに座った。左目はズキズキ痛んだ。目いっぱい左目を開こうとしたができず、視界は半分ふさがっていた。

彼が勝つには、ヒットマンの右のストライクゾーンに入るしかない。それはただでさえイカれた戦略なのに、左目が十分に見えない状態では自殺行為に等しかった。

レイのトレーナーが彼の前にしゃがんで、彼をじっと見つめた。

「おまえはチャンスを逃しているんだ。せっかくのチャンスを」

このときのアドバイスで彼の中の強い気持ちが呼び覚まされ、体中に力がみなぎったそうだ。

30年後の今、彼はカウチに座って、そのときの言葉を再現した。

「おまえの勇気はどこに行った。戦って、戦って、戦い続けるんだ。心の中で『もうどうでもいい、負けたっていい』って言ってるぞ。頭と気持ちがバラバラだ。一つにしろ。すべてをつなげろ。すべてを一つにして登りつめるんだ、頂上に」

「おまえの欲、望み、夢をそのまま終わらせるのか？ 産みの苦しみを味わえよ。ここまで来れるやつは滅多にいない。みんな、せっかくの『秘めた力』を使っていないからさ。お前だってまだ出し尽くしてない。下敷きになった子どもを救おうとして、母親が車を持ち上げるだろ。あの力だよ」

13ラウンドの開始を告げるゴングが鳴った。

シュガー・レイは、まるで血液が高純度のアドレナリンに変わったかのように、コーナーから怒涛の勢いで飛び出した。レイは25発のパンチを連続で繰り出し、ヒットマンはロープにもたれ、床に伏した。よろよろと立ち上がるヒットマンをシュガー・レイは全力で追った。

ヒットマンは再びよろめくが、ゴングに救われる。次のラウンドが始まり、レイは再び勢いよく飛び出した。ヒットマンの頭にパンチの嵐をお見舞いした。

14ラウンド開始から1分足らずで、ヒットマンはロープにもたれた。レフリーが試合を中断させ、レイは本物の世界チャンピオンになった。

話の途中で、レイはカウチから立ち上がってドアに向かい、僕についてくるよう促した。

「君に見せたい物がある」。僕たちは薄明かりがついた廊下を歩いた。

そこで待っててくれと言って、彼は角を曲がって姿を消した。1分後、金色に輝く世界チャンピオンのベルトを抱えて戻ってきた。柔らかな光がベルト表面の隆起を照らしている。

シュガー・レイはそれを僕の腰に巻いてくれた。

彼は後ろに下がって、ベルトを巻いた気分をかみしめる時間を僕にくれた。

「今までさんざん言われたんだろ。『そんなすごい人たちにインタビューなんてできっこない』とか『ありえない』とかな。

不可能な夢だなんて言わせておくな。ビジョンがあるなら、それを掲げろ。戦い抜くんだ。もちろんしんどい戦いになるさ。『無理だ』って言われることもあるだろう。

でも貫き通せ。戦い続けろよ。「秘めた力」を使うんだ。簡単じゃないが、できるはずだ」

「君が19歳だと手紙で知って、自分がその年の頃どうだったか振り返ってみたよ。メラメラ燃えてたし、ギラギラ、ガツガツしてた。何よりも金メダルが欲しかった。君にこう言いたい――」

彼は話を止めて僕に歩み寄り、僕の顔を指さしてこう言った。

「誰にも負けるんじゃねえぞ」

STEP 3

インサイドマンを探せ

8 夢のメンター

シュガー・レイの話を聞いて元気をもらっておいてよかった。この後も、秋の間中ずっと依頼を断られっぱなしだったから。

クリスマスの休日を満喫する間もなく時は過ぎ、1月になった。春の新学期の第1週だというのに、夢に描いていた人たちに会える見込みは厳しかった。

首席秘書からの電話

ある午後、僕はドラッグストアCVSの駐車場に立っていた。灰色の重い雲が頭上に垂れ込めていたが、手にはチョコレート・ブラウニーのアイスクリーム。人生に打ちひしがれたときも、アイスクリームがあるのは救いだ。

ポケットの携帯が鳴った。シアトルエリアの市外局番が表示され、僕は目を見開いた。たちまち灰色の雲が割れて、白い光が差し込んできた気分になった。

「それで、ビルにインタビューしたいんだって？」

相手はビル・ゲイツの首席秘書だった。

マイクロソフトのインサイドマンであるステファン・ワイツが、首席秘書と電話で話せるよう手を回してくれたのだ。プライバシーを考慮して、彼の名前は伏せておきたい。

僕はミッションのことを話そうとしたが、ステファン・ワイツとチー・ルーから何もかも聞いているから言わなくていい、と止められた。

「君のやろうとしていることは支持するよ」と彼は言う。

「君の行動力もいいね。同世代の助けになりたいという目的にも賛同するし、応援したい――」

そう聞いただけで99パーセント成し遂げた気分になった。

「でも肝心なのは、君がまだ5パーセントしか成し得ていないことだ。この話をビルに持っていくわけにはいかない。まだ機が熟してないからね」

〝機が熟す？〟

「いいかい」と彼は言った。

「まだ出版社も決まっていない本のインタビュー依頼をビルに持っていくわけにはいかないんだよ。著名作家のマルコム・グラッドウェルが、ベストセラー『天才！　成功する人々の法則』の執筆で取材を申し込んできたときでさえ、すぐ実現というわけにはいかなかったんだ。

君がもっとインタビューをこなして、ペンギンブックスとかランダムハウスとかの出版社と契約を結んだら、この話をビルにどう持っていくか一緒に検討しようじゃないか。

その段階までいけるように、君はまだ準備を進める必要があるんだよ」

さよならと言って彼は電話を切った。僕にはフラストレーションしか残らず、彼が言った数字が頭の中でこだました。

5パーセント？

気づくと僕は、収納部屋にいて手で頭を押さえていた。この数字が鳴り響いて頭から離れない。この調子じゃあ、ミッションが成就する頃には、友人たちは年老いてロッキングチェアに揺られているだろう。

チー・ルーとの出会いがビル・ゲイツにたどり着くまでの5パーセントに過ぎないのなら、ウォーレン・バフェットやビル・クリントンみたいな人たちはどうだ？

僕が今いるのはきっと、彼らにたどり着くまでのマイナス20パーセントの地点だろう。なのに大学のテストや宿題ざんまいで、このままじゃ……。

神出鬼没の男

〝待てよ、ビル・クリントン……〟

心の中で何かがうずくように、じわじわと記憶が蘇ってきた。

〝ヴァージン・グループの創業者リチャード・ブランソンと、元大統領のビル・クリントンが豪華客船で会談したって、夏に誰かが言ってなかったっけ？　しかもそれを企画したのは若い男性だって〟

僕はノートパソコンを開いて、グーグルに「ビル・クリントン、リチャード・ブランソン、豪華客船」と打った。すると、fastcompany.comにある以下の記事を見つけた。

２００８年、複数の会社を所有する起業家エリオット・ビズノーはサミット・シリーズを立ち上げた。「会議をしない会議」であるこの会合は、若い起業家に共済資金を提供する団体として活動していく。

当初こそ、スキー旅行に参加した19名のみの会だったが、直近の5月のイベントには750名を超える人たちが参加するまでの会になった。

ネットワーク（人脈作り）イベントでもあり、プレゼンイベントTEDのようでもあり、エクストリームスポーツを楽しむ会でもあるこのイベントは、招待客限定で、今や社会的起業の中心となっている。

サミット・シリーズは、ここに至るまでに、非営利団体向けの1500万ドルの資金を集めた。

参加者には元大統領のビル・クリントン、デフジャム共同創業者で音楽プロデューサーのラッセル・シモンズ、フェイスブック初代CEOのショーン・パーカー、大富豪の実業家マーク・キューバン、CNN創業者のテッド・ターナー、R&Bシンガーのジョン・レジェンドらがいる。

記事を読み続けていくうちに驚いた。これほどのリーダーたちを集めたサミット・シリーズのCEOであるエリオット・ビズノーは、このときまだ25歳だったのだ。どうしてそんなことができたのか。僕のいとこと同じ年の若さなのに。

僕は「エリオット・ビズノー」で検索してみた。

数十の記事がヒットしたが、どれも彼についてのものじゃなかった。ブログに何百回も投稿しているが、載せているのは写真ばかりだ。

ナイアガラでサーフィンしていたり、テルアビブでスーパーモデルとはしゃいでいたり、スペインでは闘牛場にいて、ベルギーではツール・ド・フランスを観ていたり。

ホワイトハウスではツイッターの創業者や、ザッポスのCEOと一緒に写っている。

ハイチでは教室を作り、ジャマイカで視力テストを導入し、メキシコでは子どもたちにシューズを贈っている。ダイエットコークのCMの中には彼が出ているビデオまであった。

エリオットにとってのヒーローは、CNNの創業者テッド・ターナーであり、ターナーに会うのが彼の夢だとある記事内に書いてあった。その記事の1年後に、エリオットとターナーが国連で握手を交わしている写真を見つけた。

エリオットが、コスタリカの浜辺やアムステルダムのハウスボートで暮らしている写真もあった。どの写真でも、彼はTシャツとジーンズに、むさ苦しいあごひげとフサフサした茶色の髪という格好だ。

『ハフィントン・ポスト』の「IT業界のパーティ好きランキング」という記事で、エリオットは6位になっていた。記事内の最後の見出しを見て、僕はドシンとイスに座った。

「ビズノーの最新のプラン：ユタ州の山を4000万ドルで買う」

こうしてクリックを続けて、いつの間にか食事を2回も飛ばしていた。どこかのリビングルームで、クリントン元大統領と彼が笑っている写真があった。別の写真では彼はクリントンに賞状を授与し、また別の写真ではサミットのイベントでクリントンがステージに立っている。

でも、エリオット・ビズノーが何者なのかを教えてくれるものはネット上にはまったくない。映画の『キャッチ・ミー・イフ・ユー・キャン』に出てくる神出鬼没の詐欺師を、ネット上で追いかけている気分だ。

エリオットのことはよくわからなかったが、一方で僕は彼とつながっているような気がしてならなかった。エリオットの夢は世界トップの起業家を1つにまとめあげることで、とにもかくにも、彼はそれをやってのけたのだ。

ビル・ゲイツの首席秘書は僕に、機が熟すように準備を進めろと言った。エリオットは、間違いなくその術を知っている。答えを知っている人にたどり着いたように感じた。

僕はうつむき目を閉じ考えた。もし今何よりも欲しいものがあるとすれば、エリオットの教えだろう。僕は日記を取り出し真新しいページを開いて、一番上に「夢のメンター」と走り書きをした。そして1行目にこう書いた。「エリオット・ビズノー」

どうすれば機は熟す？

大学の宿題とテストはどんどん増えていったので、その週は毎晩図書館で過ごし、落第しないようにがんばった。

でも毎日うわの空で、エリオットと話せたらという思いを募らせるばかり。

会計の期末試験の3日前の午後、気持ちを抑えられなくなった。

〝テストなんてクソ食らえだ、メールを出そう〟

インタビューしたいわけじゃない。ただビル・ゲイツにたどり着くために何をしたらいいか聞きたいだけだ。どうすれば機は熟すのでしょうかと。

僕はコールドメールを書き始めた。2時間経ってもまだ終わらない。エリオットについて詳細に書き記すことで、グーグルでヒットした23ページ分の項目を調べたことを本人に伝えたいと思った。彼はきっとコールドメールの達人に違いないから、完璧に仕上げなければ。

送信者:アレックス・バナヤン
宛先:エリオット・ビズノー
件名:ビズノーさんへ——アドバイスをいただきたいです

こんにちは、ビズノーさん、
USCの2年生のアレックスと言います。

ぶしつけなのは承知していますが、あなたの大ファンで、今僕が手がけているプロジェクトについてアドバイスをいただきたいと思ったのです。

非常にお忙しく、メールもたくさん送られてくるでしょうから、1分で読める内容にします。

僕は19歳で、同世代の若者たちの生き方を変えようと本を書いています。世界で最も成功した人たちを特集し、彼らが今日に至る前、駆け出しの頃に何をしたかをテーマにしています。

すでにこのミッションに関わってくれた、マイクロソフトでオンラインサービスのプレジデントをしているチー・ルーさん、また起業家でベストセラー作家のティム・フェリスさんには心から感謝しています。

古い世代から新しい世代に至る偉大な人たちの知恵と有益なアドバイスを1冊の本にまとめ、人々の生き方を変えたいのです（あなたが「ちまちました計画なんて立てるな」とおっしゃるとおりにやっています）。

ビズノーさん、19歳という年齢でビジョンを追求していると何かと壁に突き当たるため、次の問いについて答えをいただけたら、本当にありがたいです。

どうやってあなたは輝かしい人たちを、1つのビジョンの下に招集できたのでしょうか？　あなたは2008年の最初のスキー旅行を成功させ、年々サミットの規模を拡大させてきました。

とてもお忙しいのは承知していますが、アドバイスをいただければ、僕にとってかけがえのない機会になるでしょう。よろしければ、いくつか質問をメールで送りますから、数分間でも電話でお話しできないでしょうか。

あるいはスケジュール的に可能であれば、喫茶店とか……。

あるいはご縁があれば……かの世界的に有名なサミット・ハウスで……。

忙しくて返事ができないということでもまったくかまいません。

でも1行か2行でもご返事いただければ、本当にうれしいです。

夢は大きく　アレックス

30分かけて彼のメールアドレスをネットで検索したが、見つからなかった。3時間経ってもわからない。そこで、「これがそうかな」と思える5つのアドレスを入力して全部に送った。あとは神、そしてティム・フェリスのコールドメールのご利益《りやく》を祈るだけだ。

どうか、うまくいきますように。

24時間後、エリオットから返事が来た。


すばらしいメールだった。

明日か木曜、ロスに来れるかい？

僕はカレンダーをチェックした。木曜は会計の期末試験の日だ。

「どちらも空いています」

彼が木曜日は都合が悪いと言ってくれたらいいんだけど。USC（南カリフォルニア大学）では、期末試験を欠席した者は落第になる。

エリオットはすぐに返事をくれた。


木曜日の朝8時に、ロングビーチにあるルネッサンス・ホテルのロビーで会えるかい？ こっちまで来てもらって悪いけど、そこで打ち合わせがあるんだ。

それから会う前に、名プロデューサー、ジェリー・ワイントローブの自伝『私は死ぬまで話し続ける』の、「アルダバンの星」を読んでおいて。

たしか1章か2章だったと思う。きっと気に入ってくれるはずです。


期末試験の勉強もしないで『プライス・イズ・ライト』に出て、今度はエリオットに会うために試験を欠席とは。

誰かが僕の人生をテレビゲームにしてもて遊び、他人事のように笑いながら僕の足元にバナナの皮を投げつけてるみたいだ。

無謀な決断はどれも、僕の迷いを断ち切るための関門だった。

でも今回初めて、僕の中に迷いはなかった。

9

エリオットの秘密

2日後、僕はホテルのロビーの赤いカウチに座って、腕時計から入り口へと視線を移した。もし打ち合わせが20分で終わって、それから学校に30分で戻れたら、2時間詰め込んで期末試験に臨める。打ち合わせが1時間続いても、まだあと――。

頭の中で計算していたら、エリオットが時間ぴったりにやってきた。

彼はロビーを横切った。こんなに離れていても、エリオットの目は射抜くような鋭さだ。ゆっくりと周囲を見た。その目はジャングルを探索するパンサーさながらだ。

僕に近づいてきた。まったく瞬きをしていない。僕を見つけてうなずいて、隣に座り、「ちょっと待っててくれ」と目を合わせずに言った。

彼は携帯を取り出して何か打ち出した。

1分が過ぎた……それから2分……それから……

彼が顔を上げて僕をじっと見た。思わず目をそらして腕時計を見た。出会って5分、でもほとんど話をしていない。

もう1度エリオットの方に目をやり、彼の靴を見て笑みがこぼれた。予想どおりの靴を履いていたからだ。

大学にいて気づいたのだが、親睦パーティなどの場では学生は見た目が似たタイプ同士で群がるようだ。つまり見た目が似ている者同士ほど、友情を築きやすいのだ。

だからその日の朝、エリオットが何を着てくるだろうかと考えた。僕はブルーのジーンズ、グリーンのVネックシャツ、茶色のトムスシューズを身につけた。トムスの創業者がサミットに参加したことを調べていたからだ。

エリオットはグレーのジーンズ、ブルーのVネック、そして案の定、灰色のトムスだった。でも彼はうつむいて携帯の画面に釘付けになっているから、僕が着ているものには気づかないだろう。

「大学にはまだ通ってるの？」と彼はうつむいたまま聞いた。

「ええ、2年生です」

「中退するつもりかい？」

「えっ？」

「聞こえただろ」

祖母の顔が脳裏をよぎる。ジューネイマン。

「いいえ」と思わず言った。

「そのつもりはないです」

エリオットは軽く笑った。

「わかった、じゃあ始めよう」

転換点なんてない

僕は話を切り出した。

「あなたは見事に人々をまとめて、サミットは機が熟して盛り上がっています。その方法にとても興味があって。そこで1つ聞きたいのは――」

「別に1つだけじゃなくていいよ」

「じゃあ、最初の質問ですが、これまでのキャリアの中で、〝機が熟して〟大きく弾みがついたティッピング・ポイント《劇的な転換点》はどこでしたか？」

「そんな転換点なんてなかった」と彼は言った。まだ携帯を打っている。

「小さなステップの積み重ねさ」

普通なら、満足のいく答えかもしれない。でも僕は、エリオットがこのテーマについて十分に長く語ってくれることを何週間も夢見ていた。だからこんなふうに一言で片づけられて、何だか適当にあしらわれている気分だった。

「ええと、わかりました。では次の質問ですが――」

「アルダバンの星の章は読んだかい？　本は開いた？　それともいきなり言われて、2章分も読むどころじゃなかった？」

「読みました」と僕は言った。「本は全部読みました」

エリオットはやっと顔を上げた。携帯をしまってこう言った。

「俺が19歳のときも、今の君みたいだったよ。今の君のようにがんばってた。君がくれたあのメール、書くのに丸1週間もかけてリサーチしたんだろ？」

「2週間です。それからあなたのメールアドレスを見つけるのに、さらに3時間かかりました」

「そうか、俺もずっとそんなことばかりやってたよ」

僕はようやくリラックスしたが、それが間違いだった。

エリオットはすかさず僕の方を向いて、ミッションについてマシンガンのように質問を浴びせてきた。

執拗に矢継ぎ早に聞くものだから、僕は尋問されている気分だった。できる限り丁寧に答えたが、この先会話がどう展開していくのか見当もつかない。

ティム・フェリスのスピーチをトイレでしゃがんで聞いたときの話をすると、エリオットは笑った。

彼は携帯で時間をチェックした。

「あのさ、30分くらいで済むと思ってたんだけど、ひょっとして——待てよ、今日は授業はないのか?」

「大丈夫です。それが何か?」

「もしよかったら、もうちょっと一緒にいて、次の打ち合わせに出ないか?」

「えっ、すごい」

「よし」と彼は言った。

「じゃあまず、基本ルールを言っておかなくちゃ。これから話す5つのルールは、今日に限ったことじゃない。君のこれからの人生にとっても必要なんだ」

エリオットは僕の目をじっと見た。「書き留めといてくれ」

5つのルール

僕はメモ帳を取り出した。

「ルールその1　ミーティング中は決して携帯を見るな。メモを取るのはかまわない。電話を使っているとバカみたいに見える。いつもポケットにペンを入れておくんだ。
世の中がデジタル化すればするほど、ペンを使った方が印象が強まる。そもそもミーティング中に電話を使うなんて無礼だ」

「**ルールその2**　メンバーとして振る舞え。以前からいるみたいに部屋に入るんだ。有名人を見たからってポカンと見とれちゃだめだ。クールに、落ち着いて。写真を撮らせてくださいなんて決して頼むな。

仲間と見なされたいのなら、仲間らしく振る舞うんだ。ファンは写真をねだる。仲間は握手をする」

「写真といえば、**ルールその3**　神秘《ミステリー》が歴史《ヒストリー》を作る。クールなことをしたからって、その写真をフェイスブックに投稿するな。

世の中を変える人間は、やみくもにネットに投稿したりしない。あの人は何をしているんだろうと勝手に思わせておけばいい。それに、ネットに投稿しないと注目してくれない連中なんて、初めから相手にすべきじゃない」

「**ルールその4**」

彼はゆっくりと言葉の一つひとつに力を込めた。「これが一番大事だ。これを破ったら」と言って、彼は首の前で手を水平に動かした。「君は終わりだ」

「俺の信用を失ったら、君は終わりだ。決して約束を破るな。君を信頼して俺が何か打ち明けたなら、君は金庫になったつもりでそれを胸にしまうんだ。一度中に入れたものを出しちゃだめだ。今日この日から、みんなとの関係も同じだ。君が金庫のように振る舞えば、みんなも君を大切に扱ってくれる。名声を築くには何年もかかるが、失うのは一瞬だ。わかった？」

「わかりました」

「よし」。彼は立ち上がって、僕を見下ろした。「立って」

「でも、たしかルールは5つだって」

「ああ、そうそう。**最後はこれだ**。冒険好きな者にだけチャンスは訪れる」

どういう意味なのか聞く前に、エリオットは歩き出した。後を追いかけると、彼は僕の方を振り返った。「大物たちと遊んでみるか？」

僕はうなずいた。

「ところで」と彼は僕を上から下まで見てこう言った。

「トムスが似合ってるな」

面白おかしく語れ

エリオットの打ち合わせが始まった。僕は膝に手を置いて座り、教授の講義を聴くよりも熱心に耳を傾けた。

エリオットは気さくに話を始めた。ジョークを交え、今朝の気分はどうと女性ゲストに聞いた。

そしていつの間にか全神経を彼女に注いで、彼女が今何に夢中で、何に取り組んでいるのかを聞いた。

彼女が丁寧に答え、逆にエリオットに質問をすると、彼は笑って「いや、僕なんてそんな大したことはないですよ」と言って別の質問をする。

会話の初めから終わりまで、エリオットは自分のことはほとんど話さなかった。

打ち合わせの残り10パーセントくらいに差し掛かった頃、エリオットは自分の話をした。

「僕にとってあこがれの街なんて存在しなかったから、自分でそれを築こうと思うんです」

彼はユタ州のエデンと呼ばれる地の、北米最大のスキー場を買い取ろうとしていた。その山奥に、起業家、芸術家、活動家のための、小さな居住用のコミュニティを作るつもりだ。

彼女がすごいという顔をすると、エリオットは会話を終わらせた。

エリオットは彼女にハグして、彼女は出ていった。

それからまた別のゲストが来た。2回目の打ち合わせも1回目と同様にスムーズに進んだ。僕はエリオットの見事な進め方に魅了された。彼から目をそらしたくなかったが、こっそり腕時計に目をやった。

試験を受けるには、1時間以内にここを出なくちゃいけない。

2回目の打ち合わせが終わり、エリオットは立ち上がって、僕にも立つように促した。

「楽しかった?」と彼は聞いた。

僕は満面の笑みを返した。

「よかった。次も気に入るよ」

僕は出口に向かう彼にピッタリとくっついていった。頭の中に浮かぶのは巨大な砂時計だ。期末試験の時間まで、刻一刻と砂が落ちていく。

僕たちは通りを横切ってウェスティン・ホテルに行った。そこは、ただのホテルじゃなくなっていた。世界でも指折りの有名な集会、TEDカンファレンスの講演者の宿泊施設になっていたのだ。

ロビーにあるレストランに行った。アットホームな雰囲気で、テーブル数は多く見て15くらいか。バックにはクラシック音楽が流れ、陶器のカップとスプーンがぶつかる音がいいアクセントになっている。

エリオットはそのまま支配人の元に行った。「4人分の席を頼みます」。ダイニングエリアに案内された。このミーティングは早めに退席させてもらいたいと言わなければ。

するとエリオットは近くのテーブルの男性に挨拶した。

その男性が誰かすぐにわかった。ザッポスCEOのトニー・シェイだ。彼の本『ザッポス伝説』は、このときも僕の本棚の一番上にあった。

エリオットは歩き続けて、「向こうに見える人だけど」と僕に耳打ちした。

「ラリー・ペイジだ。グーグルCEOの。左にいるのはリード・ホフマン、リンクトインの創業者だ。向こうを見てみな。ずっと奥のテーブルにメガネをかけた人。Gメールを作った人だ。右手にいるブルーのランニングシャツを着た人はチャドだ。ユーチューブの共同創業者さ」

僕たちがテーブルにたどり着くと、エリオットのゲストも到着した。

最初に来たのはフランク。世界最大の起業家組織の1つ、スタートアップウィークエンドの創業者だ。それからグルーポンの創業者ブラッド。当時のグルーポンの企業価値は130億ドルだった。

3人は会話を始めたが、食事の間中、エリオットの目は査定しているかのように僕に注がれた。もっと話せと思っているのか、出しゃばり過ぎだと思っているのか、どっちなんだろう。

朝食の途中でグルーポンの創設者はトイレに行き、スタートアップウィークエンドの創業者は電話が鳴って席をはずした。エリオットはこっちを向いて尋問を始めた。

「ところで金はどうやって工面したんだ？　どうやってここに来た？」

テレビ番組に出て勝ち取った賞金を使っていると答えた。

「何だって？」

「『プライス・イズ・ライト』って聞いたことあります？」

「誰だって知ってるだろ」

「去年、期末試験の2日前に、徹夜で勝ち方を調べたんです。翌日番組の収録に行って、ヨットをゲットしてそれを売って、ミッションの資金にしてます」

エリオットはフォークを落とした。

「ちょっと待て。2時間前から一緒にいて、テレビのショーで稼いだ金で冒険してるって、今言うか？」

僕は肩をすくめた。

「バカ野郎！」

彼は体を寄せて声を落とし、一言ひとことに力を込めた。

「せっかくのミーティングで、そんなおいしい話をしないなんて、もったいなさ過ぎる。お前のミッションはすばらしい。でも今の話は、何よりもお前のことを物語ってる。注目に値する話だぞ」

「誰だって生きていれば何かしら経験する。それを面白おかしく語れるかどうかで、違いが生まれるんだよ」

僕はエリオットの言葉にあっけにとられて、ゲストたちが戻ってきたことに気づかなかった。

「アレックス、今の話をするんだ」とエリオット。

「ミッションの資金をどうやって作ったのかをね」

僕はしどろもどろで話を始めた。言葉に詰まりながらだったが、最後にはテーブルの雰囲気が変わった。ブラッドが途中でこう言った。「それは……すごい」

そして朝食の間ずっと、彼は自分のことやアドバイスを僕に話して聞かせ、メールアドレスを渡して、これからも連絡し合おうと言ってくれた。

もう1度腕時計を見た。あと5分で出ないと、終わりだ。

ラリー・ペイジがそこにいる

僕は席をはずして、USCビジネススクールの事務室の番号を調べた。発信音を聞きながらちらっと振り返ると、この人のアドバイスを得たいと願ったCEOや億万長者たちがいる。

秘書が出たので、極めて緊急だと言わんばかりに「学部長につないでください」と言うと、意外にもつないでくれた。

電話に出たのは、ビジネススクールの副学部長だ（僕がスピルバーグに近づくのを阻止した映画学部の学部長ではない）。

「アレックス・バナヤンといいます。今の状況を説明したいんです。今僕の3メートル前にいるのが……」

そう言って近くにいる人たちの名前を挙げた。

「これがどれほど貴重な機会なのかおわかりでしょう。あと1時間で期末試験だから、すぐにここを出てキャンパスに行かなきゃならないんですが、どうすべきか迷ってるんです。副学部長が決めてください。30秒以内にお返事をいただけないでしょうか」

彼女はだまった。

30秒後、彼女がまだ電話口にいるか確認した。

「私からは聞かなかったことにして」と彼女は言った。

「担当の教授に明日の朝メールして、こう打つのよ。サンフランシスコからロスまでの飛行機が遅れて、どうしようもなくて、期末試験を受けられませんでしたって」

「ガチャン」。電話が切れた。

今でも、あの日の朝にそう言ってくれた副学部長にどう感謝の気持ちを伝えていいのかわからないくらいだ。

席に戻ると、朝食はまだ続いていて、場はどんどん盛り上がっていた。自分のいるシカゴに訪ねてこいとブラッドが言ってくれた。それからリード・ホフマンが僕たちのテーブルにやってきた。

エリオットの2人のゲストが去ったあとで、僕は座ったままレストランを見渡し、状況を把握した。

「よお、大物」とエリオットがささやいた。

「お前、IT業界の著名人にインタビューしたいんだろ？　ほら、すぐそこにグーグルCEOのラリー・ペイジがいるぞ。チャンスだ。行って話してこい。お前が何を学ぶか、見せてもらおうじゃないか」

パニックの波が押し寄せてきた。

「望むものが目の前にあるんだぜ」

「いつも何週間も前からインタビューの準備をするんです。彼のことは何も知らないし、うまく行くとは思えないんだけど」

「やれよ」

もう少しでエリオットにフリンチを感づかれるところだった。

「さあ、やれるさ」と彼は言う。「お手並み拝見といこうか」

僕は動かなかった。

「さあ、やるんだ」と彼はヤクの売人みたいな口ぶりで繰り返す。そのたびに彼の背は高く、肩幅も大きくなり、よけいに僕の不安を煽《あお》っているみたいだった。

パンサーのような目が僕をにらんだ。

「目の前にチャンスがあるんだ。ものにしろよ」

ラリー・ペイジが席を立った。かろうじて僕の足が動いた。ペイジが歩き去っていく。僕は立ち上がった。

レストランを出て、階段を下りていく彼を追った。彼はトイレに入った。僕は固まった……。

〝またダメだ〟

中に入ると小便器が6個並んでいた。ペイジは端に立った。他の5個には誰もいない。僕は思わず彼から最も離れた便器を選んだ。そして何か名案はないかと考えた。

でも頭の中に響いてくるのは、エリオットの声だけだ。

〝目の前にチャンスがあるんだ。ものにしろ〟

ペイジは用を済ませ手を洗いに行った。僕は後を追い、またもや彼から一番離れた洗面台を選んだ。失敗したときのことを考えれば考えるほど、失敗するものだ。

ペイジは手を乾かしている。何か言わないと。

「あのう、ラリー・ペイジさんですか？」

「そうだが」

僕は真っ青になった。ペイジは僕を見て困惑しながら出て行った。それで終わりだ。

とぼとぼとテーブルに戻ると、エリオットが待っていた。

僕はどさっと腰を下ろした。

「どうだった？」

「あの……そのう……」

「まだまだ、これからたくさん学ばないとな」

10

チャンスをつかむ

ビル・ゲイツの首席秘書から、まずは出版契約を結ぶよう言われたので、僕はそれに取りかかった。

グーグルのおかげで基本を学ぶのに時間はかからなかった。最初に出版企画書を書いて、著作権エージェントに売り込む。それからエージェントが出版社と話をまとめる。どのブログを読んでも、著作権エージェント抜きでは大手出版社と契約することはできないと書いてある。

そこでわかってきた。エージェントなくしてゲイツにはたどり着けないと。

ノー・エージェント ノー・ゲイツ

僕は出版プロセスに関する本をたくさん買った。『出版企画書の書き方』とか、『ベストセラー本の出版企画書』とか、『最強の出版企画書』とか。

机の上にうず高く積み上がったこれらの本を精読して企画書を作った。それからティム・フェリスのコールドメールをひな形にして、大勢のベストセラー作家にアドバイスを求めるメールを送った。すると、奇跡的にたくさんの返事が返って来た。

僕の質問にメールで答えてくれたり、電話で話してくれたり、中には直接会ってくれる人までいた。彼らの親切心には驚くばかりで、おかげで僕は前に立ちはだかる障害が何かわかった。

それは僕が若くて、知名度もなく、経験も浅いくせに本を出そうとしているということだ。業界が縮小し、売れっ子の書き手でも契約をとるのに苦労している時代にだ。

僕に話をしてくれた作家たちは声を大にして言った。出版企画書を書くときも、エージェントと話すときも、マーケティングの発想が大事だと。

あらゆる事実や統計を駆使して、この本が売れる根拠をアピールすべきだと言った。売れる根拠もないのに、エージェントが貴重な時間を割いてくれるはずがない。

でもまず決めるべきは、どの著作権エージェントにお願いをするかだ。

1人の作家がやり方を教えてくれた。自分が書きたいと思うのと似たような本を20冊買って、謝辞のページをよく見て、著者が名前を挙げて感謝しているエージェントをメモすればいいと。

僕はそうして数週間かけてエージェントのリストを作成し、そのエージェントが他にどんな本を手がけているのかを調べ、どのエージェントが自分にとってベストなのかを決めた。

そしてある夜、収納部屋で白紙のプリント用紙を1枚つかみ、黒い太字のマーカーのキャップを取って一番上にこう書いた。「NO AGENT, NO BILL GATES」（エージェントなくしてゲイツにはたどり着けない）

そして、大本命のエージェントを上に書き、下まで順に1人ずつ20人のエージェントの名前を書き出して、そのリストを壁に貼った。

出版企画書を書き終えてから、彼らへのアプローチを開始した。1度にいくつかのエージェントに打診した。大学の2年目が終わり、夏が来て、彼らから返事が届き始めた。

あるエージェントは「こういう本は売れません」と言ってきた。僕はそのエージェントの名前を線で消した。「私どもでは力になれないと考えます」と別のエージェントが言ってきた。その人の名前も線で消した。「これ以上顧客を増やすつもりはないので」とも言われた。

断られるたびに、いっそう傷が深まった。

ロンドンへ行こう

ある日、僕は間違っているのだろうかと悩んでいると、机の上の携帯が鳴った。エリオットからのメールだ。彼の名前を見てすぐに携帯をつかんだ。

今ロスにいる……ちょっと遊びに来いよ。

気晴らしをしたくてうずうずしていたので、まっしぐらにサンタモニカにあるエリオットのマンションへ行った。

着いてみると、エリオットと、彼の弟で24歳のオースティンがカウチに座って、2人ともノートパソコンを開いている。

「やあ!」と僕は言った。

エリオットはそっけない視線で僕の元気な挨拶をあしらい、パソコンに注意を戻した。

「俺たちは今晩ヨーロッパに行くんだ」とエリオット。

「へえ、いいなあ。何時に発つんですか?」

「まだわからない。1分前に行くって決めたばかりで、今チケットを探してるんだ」

彼はいったいどんな生き方をしているのだろうか。僕の両親が海外旅行をするときなんて、半年前から計画を立てる。父だったら、パスポートのコピー、緊急用の連絡先、旅行日程が入った分厚い封筒を3人の知人に送るところだ。

「一緒に来いよ」とエリオット。

冗談だろうと思った。

「今週末に何か大事な予定でもあるのか？」と彼は聞く。

「いえ、別に」

「よし、じゃあ行こう」

「本気で？」

「もちろん。今からチケットを予約するんだ」

「両親が行かせてくれないよ」

「お前は19歳だろ。なんで親に聞く必要がある？」

エリオットは僕の母に会ったことがないから、そう言えるんだ。

「行かないのか？」と彼がせっつく。

「無理です。僕には……今夜、家の用事があるんで」

「わかった。明日の朝に発てばいい。向こうで会おう」

僕は答えなかった。

「来ないのか？」と彼は繰り返した。

「『プライス・イズ・ライト』の賞金があまり残ってなくて。お金が足りないかなって」

「飛行機のチケットを買ってくれたら、残りはこっちでもつよ」

言い訳ができなくなった。

「決まりだな。一緒に来るんだ」

僕は決心がつかなかったが、チャンスを逃がしたくはなかったから、うなずいた。

「よし。明日の朝飛行機でロンドンに来な。そこで会おう」

「どうやって合流するんですか」

「着いたらメールをくれ。住所を知らせるから。簡単さ。空港からチューブ（ロンドンの地下鉄）に乗って、どの駅で降りたらいいか知らせるから」

「チューブって？」

エリオットは苦笑して、オースティンの方を見た。

「やれやれだ。ロンドンで会おうと言っといて、こいつが着いたら今アムステルダムにいるってメモだけ残しておこうか。それでアムステルダムに来たら、今ベルリンにいるってメモを残してさ。どこまでいけるか、笑っちゃうな」

僕は顔を赤らめた。

「冗談、冗談だよ」とエリオットは言った。

彼はオースティンに目をやり、2人はゲラゲラ笑った。

冒険好きな者にだけチャンスは訪れる

僕は祖母の家に向かった。親戚が集まって、シャバット（安息日）の夕食を一緒にとるのだ。だが実際は穏やかな家族の集まりとは程遠いものだった。

テーブルを囲んで、おじ、おば、いとこたちの30人が集い、大声で語り合う。そんなふうなので、食事中にロンドンの話を母にするのはやめておいた。

夕食後、隣の部屋で話がしたいと母に言った。

2人で部屋に入ってドアを閉め、僕はエリオットのことを打ち明けた。なぜ彼から懸命にいろいろと学びたいと思っているのか、また最初の出会いの日がどんな様子だったのかを話した。

「まあ」と母は言った。「素敵じゃない」

それから、明日ロンドンに行って彼に会うんだと話した。

「ロンドンに行くってどういうこと？　からかってるの？　彼のことを何も知りもしないのに」

「知ってるさ。それに彼はただの人じゃない。ビジネス界では知られた人なんだ」

母は携帯を使ってグーグルでエリオットを検索した。しまった、まずい。

「この写真は何なの？」

「そのう……」

「彼の家はどこなの？　ウェブ上に自分の職業を書いてないけど、どうして？」

「ママ、わかってないね。神秘《ミステリー》が歴史《ヒストリー》を作るんだ」

「神秘が歴史を作る？　あなた気は確か？　ロンドンまで行ってミスター・ミステリーがいなかったらどうするの？　どこに泊まるつもり？」

「エリオットは僕がロンドンに着いたらメールするって」

「あなたが着いたらメールする？　どうかしてるわ！　つきあいきれない。行っちゃだめよ」

「ママ、僕はちゃんと考えたんだ。最悪、彼に見捨てられるかもしれない。でもそうなったら帰りのチケットを買って、『プライス・イズ・ライト』の金をどぶに捨てれば済むだけさ。逆にうまくいったら、彼が僕のメンターになってくれるかもしれないんだ」

「それで済むわけがないでしょ。一度つきあったら、どんなすごいプレッシャーをかけてくるかわかったものじゃない。どこに連れて行かれて、どんな連中とつきあわされるか――」

「ママ、聞いて――」

「いいえ、こっちの話を聞きなさい！　冷静に考えて。会ったばかりの人に明日ロンドンで会おうと言われて、はいと答えたの？　私たちはあなたに何も教えなかったわけ？　常識はどこに行ったの？

　彼が1つの街に落ち着かない理由が何か、考えたことはないの？　なぜ彼は出発の数時間前に飛行機のチケットを買うの？　何から逃げてるの？　どうして19歳の子を連れて行きたがるの？何を企んでるの？」

　僕は答えられなかった。でも心の中では、そんなのはどうでもいいことだと思っていた。

「ママ、僕が自分で得たお金だよ。自分で決めたんだ。行くよ」

　母の顔が真っ赤になった。「明日の朝、話しましょう」

その晩遅く、寝室の壁越しに、母が泣きながら祖母と電話で話しているのが聞こえた。

「もうあの子をどうしていいかわからない」と母は言った。「手に負えないわ」

翌朝、母はキッチンにいた。母にパソコンの画面を見せて、ロンドンに行くにはあと2時間でチケットを買わないと、と言った。時間が迫っているというのは、説得材料にはならなかった。

昨夜からの議論が繰り返された。ペルシャ人の家庭はだいたいそうだが、1対1の話し合いがたちまち大騒動となる。

姉妹のブリアナとタリアがパジャマ姿で入ってきて、すぐにそれぞれ双方に付いて言い争いを始め、大声でののしりあう。父が混乱しきった様子で入ってきて、「エリオットって誰だ！　何者なんだ！」と怒鳴り出す始末だ。

すると玄関のベルが鳴った。祖母がいて、皮をむいたキュウリを入れたタッパーを抱え、どうなったのかと聞いてきた。

チケットの購入期限まであと15分だというのに、母は身動き一つしない。ママのことは大好きだけど、この決断は自分のためなんだと僕は言った。

母が何か言おうとすると、祖母がさえぎってこう言った。

「もういいじゃない。この子はいい子よ。行かせてあげなさい」

キッチンは静まり返った。

母は僕のパソコンに手を伸ばした。画面をのぞくと、母はチケットの予約を進めてくれていた。

11

実力以上の仕事をやれ

翌日、ロンドンのとある屋上プール

こんな場所が実際にあるとは思わなかった。

数十人、いや数百人のビキニ姿の長身の美女たちがいる。大学の親睦パーティさえ苦手な僕みたいなウブな男には、刺激的過ぎる曲線美だ。

プールの中もプールサイドも美女たちであふれ、みんなまぶしい夏の日差しを浴びている。聞こえてくるのは笑い声と水の音と、シャンパンを開けるポンという音だけ。

エリオットは僕の右隣でプールサイドチェアに寝そべっている。軽く泳いだ後で髪が濡れていた。オースティンはエリオットの隣でギターを弾いている。

「あのう」と僕はエリオットに聞いた。「起業家ってこういうものなの？」

「いや、まったく違うよ」

エリオットが言うには、彼が大学に入ったばかりの頃は、「起業家」という言葉の意味すら知らなかったそうだ。でも彼は1年生のうちに、その何たるかを知った。

エリオットが寮の廊下を歩いていると、ドアの下から蒸気が出てくるのが見えた。慌てて中に入ると、友人の部屋がにわかTシャツ工場になっていた。

「何をしてるんだ？」とエリオットが聞いた。

友人はスクリーン印刷のやり方を説明した。

「すごいね」とエリオット。「どこで働いてるんだ？」

「別に」

「〝別に〟って何だよ？　どの会社に勤めてるんだ？」

「勤めてなんてないって」

「会社に勤めてなくて、どこから金をもらってるんだ？」

「Tシャツを買ってくれた人から直接もらうのさ」

「マジわかんないな。上司もいないしオフィスもない？　どうやって――」

「いいか、これが起業家っていうやつさ。君だってできるよ」

理屈は超簡単だ。彼は自分でTシャツを作る。それを20ドルで買う人がいる。そして、上司がいない！

これはエリオットにとって夢のような話だった。でも彼自身は何をしたいかがわからなかったから、とりあえず自分もTシャツを作ろうと考えた。

彼は友人に一緒にやろうと持ちかけ、パートナーになった。でも売れないTシャツを抱えて、このビジネスをあきらめた。

翌年2人は、大学近辺の店を対象にしたマーケティング・コンサルティング会社を立ち上げる。9カ月間、あちこちの店に売り込んだが、どことも契約を結べなかった。

コールドコールをかけまくる

夏休みに彼がワシントンDCの自宅に戻ると、父親が、地元の不動産物件を紹介するメールのニュースレターを始めていた。「俺が広告を取ってこようか」とエリオットは言ったが、父親は断った。

なにせ当時のエリオットは、2つのビジネスを失敗させた大学生に過ぎなかった。でも彼は父親の説得に成功して、仕事を始めた。

地元の新聞を手に取って不動産の欄をめくり、広告を出してくれそうな会社に当たりをつけて、電話してみた。

「こんにちは！　うちの広告欄に広告を出しませんか？　ご担当はどなたでしょう？」

「悪いね、考えてないよ」。ガチャン。

彼は次の会社に電話した。「もしもし、広告ご担当の方は？」

「マーケティング・ディレクターです」

「そうですか、ぜひお話がしたいのですが」

「すみませんが、考えておりません」。ガチャン。

エリオットはさらに電話をかけた。

「こんにちは、マーケティング・ディレクターの方はどなたでしょうか？」

「サラ・スミスですが」

「そうですか、彼女とお話がしたいのですが」

「結構です」。ガチャン。

エリオットは後でかけなおすために名前をメモしておいた。

1週間後、彼はもう一度電話して、できるだけ専門家ぶった声でこう言った。

「もしもし、エリオット・ビズノーです。サラ・スミスさんをお願いします」

「少々お待ちください」と言われて電話をつないでもらった。

エリオットは3週間にわたって売り込みのコールドコール《飛び込み電話》をかけ続け、ようやく大手不動産会社、ジョーンズ・ラング・ラサールのワシントンDCオフィスでのミーティングにこぎつけた。

エリオットはかつてこんなコツを耳にしていた。３種類の価格を提示するときは、１つは価格を高めにして、もう１つは内容を貧弱にしておくといい。すると多くの場合、残る１つが選ばれるというものだ。

そこで彼はゴールド、シルバー、ブロンズという３つのプランを用意した。シルバー・プランは、10個の広告枠を６０００ドルで売るというものだ。科学的根拠なんてない。さも妥当な額に思えたから決めただけだ。

エリオットはミーティングに出向いて売り込んだ。案の定、相手が言った。

「当方はこちらでいきましょうか……シルバー・プランで」

ところが、そこからどうしていいかわからなかった。

エリオットは「ありがとうございます」と言い、プロフェッショナルな態度を装いながらこう言った。

「プランが決まりましたので、この後はどう進めていきましょうか。初めてのお付き合いとなる取引相手の場合、御社では通常どのようにされているでしょうか？」

「そうですね、まず広告掲載の申込書を送ってもらっています」

「承知しました」と言って、「広告掲載の申込書の送付」とメモし、帰宅してからそれが何かをグーグルで調べた。

その夏、エリオットは毎日電話をかけまくって、３万ドル分の広告を売った。手数料を20パーセントとして、彼の懐には６０００ドルが入った。

大学の1年生として学校に戻ると、毎朝5時に起きて広告枠を売った。自ら経験を積むことで、彼は売り込みのコールドコールのエキスパートになった。売り上げは2万ドル、５万ドル、数十万ドルとトントン拍子に伸びていった。

彼は大学を休学し、それから結局中退する。ビズノー・メディアという会社を立ち上げてからの数年間で、エリオットはさらに１００万ドル分の広告枠を売った。

「難しい理屈なんてない」とエリオットはプールサイドチェアに座ったまま言った。「ビジネス書に書いてあるほど複雑なことでもない。だろ？」

僕はうなずいて、誰かにコールドコールをしていると、緊張のせいでときどき言葉が出なくなると打ち明けた。

「それは考え過ぎてるからさ」。とエリオット。「友だちに電話してるんだと自分に言い聞かせて、さっさとダイヤルして、すぐに話を始めるといい。緊張に対する一番の特効薬はすぐ行動に移すことだ」

エリオットの人生の要《かなめ》は、すぐに動くことだった。そこに、絶えず懸命に働くことも加わった。

エリオットが最初の広告枠を売ってちょうど10年が経ったとき、彼と父親はビズノー・メディアを、プライベート・エクイティ（投資ファンド）に５０００万ドルで売却する。

サミットはこうして始まった

僕は手で日差しをさえぎりながら「ちょっと待って」と言った。「すべての時間をコールドコールに注ぎながら、どうやってサミットを立ち上げる時間を作ったの?」

「サイドプロジェクトで始めたんだ」

大学を中退したエリオットは、ビジネス界で活躍する自分と同い年の人を知らなかった。彼は友人が欲しかったし、何かしら学べる人との関係を築きたかった。

そこで、雑誌で目にしたある若手起業家にコールドコールをかけて、「週末に集まって、みんなで遊びませんか?」と誘った。

エリオットの声がけで、カレッジユーモア、トムスシューズ、スリリストといった会社の創業者たち十数人が集まり、週末にスキーに出かけた。費用はエリオット持ちで、みんなの飛行機代まで出した。

もちろん、当時の彼にはそんなお金はなかったので、3万ドルの旅費をカード払いにして、支払期限の月末まで金策に走り回ることになる。

そしてエリオットは知恵を絞って行動に出る。複数の会社にコールドコールをかけたのだ。アメリカの若き起業家20人が集まる会議のスポンサーになりませんか、と。そしてOKの返事をもらった。

「母が山小屋の予約を手伝ってくれた。俺は車を何台か借りて、みんなが集まったらあとは出たとこ勝負さ」とエリオット。

「母にこんなふうに相談したのを覚えてるよ。『この人たちに何を出したらいいかな？ リンゴか、グラノーラバーとか？ グラノーラバーだったらどんなのがいい？ どうやって調達しようかな？』ってね。何をやってるか、自分でもわからなかったんだ。あれ以来、俺の人生のモットーはこうだ。実力以上の仕事を引き受けろ、やり方は後から学べばいい」

エリオットはカクテルのメニュー表で顔をあおぎながら、プールのデッキを見回した。「ここはちょっと暑いな」

彼はアイフォーンを取り出し天気のアプリを開いて、ヨーロッパの主要都市をチェックし始めた。

「パリは33度？ ダメだ。カンヌは31度？ やめよう。マドリードは32度？ ここもダメ」

エリオットはイスにもたれてあごを高く挙げ、気象を支配する全知全能の神ゼウスみたいに、あちこちの都市の天気をチェックした。

「おお、あった」と彼は言った。「バルセロナ、22度、晴れ」

彼は別のアプリを開いて飛行機のチケットを3枚買い、僕たちはロンドンを後にした。

12
これがビジネスだ

8時間後、バルセロナのナイトクラブ

音楽が流れ、7人のウエイトレスが僕たちの方へパレードのように近づいてきた。片手にクラッカー、もう一方の手には大きなウォッカのボトルを抱えている。ボトルが7本で、僕たちは6人だ。エリオットに酒が注がれるたびに、彼は笑顔で「乾杯」と言って、みんなが飲み干しているときに、左側にある鉢植えにグラスの酒を注いでいた。

僕たちの飛行機が到着したのは3時間前だ。ホテルのロビーで、エリオットの知り合いのペルーのメディア王にばったり出会った。そしてホテルのナイトクラブのパーティに招かれたのだ。

メディア王のいるテーブルに着くと、エリオットは僕を彼の隣に座らせて『プライス・イズ・ライト』の話をさせた。僕が話すと、その人は目をキョトンとさせた。

するとエリオットが話に入ってきて、僕が言い忘れた細かい愉快なネタを盛り込んでストーリーをいい感じに導いた。

話が終わる頃には僕らは笑いあい、メディア王は連絡を取りあおうと、僕のメールアドレスを聞いてきた。

エリオットはテーブルの別の1人を指さした。「アレックス、彼にも話してあげな」

僕は話をした。それが終わると、エリオットはまた別の人を指さして「ほら彼にも」と言う。

彼はさらに続けた。「あの人にも」。「ほらもう1度だ」

そのうち、彼はまったく知らない人を指さすようになった。でも状況が気まずくなるほど、僕は調子が出てきた。話を繰り返すたびにフリンチ《萎縮》は引っ込んでいき、いつしかほとんど感じなくなった。

「お前がわかってないのはここさ」とエリオットが言う。

「お前はみんなが、自分のやったこと自体に興味を持ってると思ってるだろ。なんせ有名なテレビ番組の話だしな。でも大事なのはそこじゃない。伝え方こそが大事なんだ」

もう夜中の2時になっていた。エリオットはテーブルの他の人たちの中に溶け込んでいる。

大学では、新しい人と接するときはプロフェッショナルな振る舞いをするよう習った。携帯メールじゃなくて、ちゃんとした名刺と会社のメールアドレスを交換するべきだと。

エリオットのやっていることはまるで正反対だ。

さあ、君のことを話して

本人が言うには、それは彼が生まれつき持っていたスキルではないそうだ。2人でナイトクラブのバルコニーに出て、彼は打ち明けた。自分には、幼い頃から友だちがあまりいなかったと。背が低くて小太りで、学校では目立たない存在だった。いじめっ子たちからは「チビ」と呼ばれていた。ラストネームのビズノーをもじってビッグノーズ（鼻でか）とも呼ばれていた。

彼にとって心が休まる場所はテニスコートだけ。そこでエリオットはハイスクール1年生のときに学校を辞めて、テニスアカデミーに入ろうと決意する。

その後大学に入っても、周囲との関係は改善しなかった。誰も彼とつるんだり、パーティに誘ったりしたがらない。ようやくガールフレンドができても、毎朝早く起きてコールドコールをかける彼のことを気味悪がって、彼女は去っていった。

大学を辞めても、状況は変わらなかった。交流イベントで集めた名刺が溜まるばかりで、彼はそれを靴箱にしまうだけだった。

だがそんなある夜、エリオットは教訓を得た。

その夜、彼はスーツとネクタイを身につけてステーキハウスに行った。顧客になってくれそうなクライアントに会うためだ。

エリオットは緊張していた。オフィスじゃない場所での打ち合わせは初めてだった。エリオットが挨拶すると、クライアントは彼を見て首を振った。

「エリオット、上着を脱いで。いいから。ネクタイもね。袖をまくるんだ。座って」

エリオットは隅のテーブルを予約していた。クライアントはここはやめようと言って、エリオットをバーに連れて行った。

「ママ、僕たち2人にチーズフライとビール」

「ビジネスの打ち合わせかと思っていました」とエリオット。

「リラックスして。君のことを話してくれないか」

彼らは語りあい、笑いあい、エリオットは互いに共通点が多いことを知った。

こうして1時間かけてわかりあった後で、クライアントはグラスを置いて言った。

「それで僕に何を売りたいの?」

「そうですね。これと、これと、これをこの価格でいかがでしょうか」

「うん、これをこの値段でいいよ。あとこれをこういうふうにしたい。それでいいかな?」

「ここをちょっと変えてもいいですか?」

「もちろんいいよ。これでいいかな?」とその人は言った。

「結構です」

2人は握手を交わし、1万6000ドルの契約を結んだ。さらに1時間2人は一緒にいて、バーを出るときその人はエリオットを見てこう言うのだった。

「これがビジネスってものだよ」

あいつは仲間だ

エリオットと僕はナイトクラブを出て自分たちの部屋に向かった。

廊下を歩きながら、「お前がほんとに来るとは思わなかった」とエリオットが言った。

「どういうこと？」

「俺たちと一緒に来いって言ったとき、お前ためらっただろ。なのに本当に来たからさ、驚いたんだ。どうして来たんだ？」

「ロジカルにちゃんと考えたんです」と僕は言った。

「最高のシナリオは、あなたと最高の経験ができるということ。最悪のシナリオは、お金を少し失うこと。最悪そうなったとしても、人生ってそういうものだってあきらめがつくでしょ？　もちろん出費は痛いけど」

エリオットは歩くのを止めた。僕の目を見つめたけれど何も言わない。

するとまた歩き出した。

数分後、オースティンが部屋に戻ってきて、僕たちは寝る用意をした。エリオットはベッドに入った。オースティンがもう1台のベッドに入り、僕はバスルームの洗面台の隣にあった折り畳み式ベッドに入った。

僕は明かりを消した。しばらく経って、エリオットがささやく声が聞こえてきた。

「アレックス、起きてるか？」

疲れ切っていて、話す気分になれなかったから、黙っていた。

30秒後、エリオットが部屋の反対側に向かってささやく声を聞いた。

「オースティン？」

その声の調子から、部屋が暗くても彼が笑顔なのがわかった。

シーツの中でごそごそ音がする。

「オースティン……あいつは俺たちの仲間だ」

13

一足飛びの人生

「アレックスにハンプトンズの話をしてやりなよ」と、エリオットに卵を放りながらオースティンが言った。

長い目で考える

翌日の午後、僕たちはバルセロナのランブラス通り沿いのカフェでランチを食べた。思いのほか、十分な休息をとることができた。

エリオットが、みんなたっぷり8時間睡眠をとることと、朝起きてヨガをやることにこだわったからだ。それから数時間仕事をこなしてホテルを出た。

彼は酒もタバコもやらないし、道を歩きながら電話会議をこなす。彼の生活は、イメージよりもずっとバランスが取れている。

「ああ、ハンプトンズの話?」とエリオット。「アレックスなら気に入るだろうな」

大学を辞めて1年後、エリオットは、高級リゾート地のハンプトンズで行われるテニスのプロアマ選手権のことを耳にした。エリオットのようなアマチュアが出場するためには、チャリティに4000ドルを寄付する必要があった。

エリオットは、知り合いの富豪がプライベートジェットでワシントンDCからハンプトンズに行くことを知って、乗せてもらった。

「そんな金なんてなかったんだけど」とエリオットは言う。

「寄付して選手権に出ようと決めた。こう思ったんだ。『そうすれば、裕福な人の仲間になれる。プライベートジェットでハンプトンズに行ってトーナメントに出れば、すごく信用されて、今後の仕事にもつながるだろう』ってね」

3日間のトーナメントの間、エリオットは会った人たちからこの後どうするのかと聞かれた。ハンプトンズにいるつもりですと答えたが、実際は何も考えてなかった。

泊まる場所がないんですと言ったら、相手はみな「じゃあうちに泊まるといいさ!」と誘ってくれた。エリオットは無邪気に「わあ、ぜひ泊めてください!　ご親切にどうも。助かります」

と好意に甘えるのだった。

その旅が終わる頃には、エリオットはすごい邸宅を泊まり歩き、高級車のアストンマーティンを借りてドライブし、ヤンキースのオーナーの1人とテレビで試合を観戦するまでになった。

「セレブなハンプトンズを渡り歩くバックパックの旅さ」とエリオット。「最高だったよ。3週間にわたる冒険だったね」

テニスのトーナメントで彼はゴールドマン・サックスの重役と会い、その人から、第2回目のサミットのスポンサーになってもいいよと言ってもらった。

エリオットは、僕らのウェブサイトで御社のロゴを使わせてもらっていいなら、お金はいりませんと答えた。それから別の会社に電話して、こう強気に出た。

「サミットのスポンサーになることをご希望なら、今すぐでないと間に合いません。ごく少数の会社さんに限らせてもらっていますし、最近ゴールドマン・サックスとも契約を結んだばかりです。真剣にご検討願います。われわれは最高の相手としか組みません」

これまた、ティム・フェリスと同じく「信用を借りる」例だ。ゴールドマン・サックスとの契約によって、エリオットは他のスポンサーをひきつけ、結果的にサミットを大成功に導いた。

「これは、単に有り金をはたいたとか、個人的に投資したっていう話じゃない」と彼は言う。

「お金をつぎ込んで目先儲かったでよしとするのか、長い目で見てもっと大きな何かにつながることを望むのか、そこをよく考えて判断したんだ。

生きるのに必要な額以上のお金はさ、『ゲームに参加するために』使うんだ」

ホワイトハウス・イベント

ランチは続き、僕の中に「機が熟す」という言葉が蘇ってきた。

小さなスキー旅行からスタートしたサミットは、クリントン大統領が「アメリカへのギフト」と呼ぶようになるまでになった。

エリオットは、いったいどうやってそこまで成長させたのだろうか。

僕はパズルのピースが欠けているような、肝心のところを聞いていない気がして、サミットの初めの頃についてぜひ聞きたいと言った。

エリオットによると、最初のサミットから2~3年経ったとき、ティム・フェリスの『「週4時間」だけ働く。』を読んで、持っていたものを全部売り払ったそうだ。

それからビズノー・メディアの日常業務を離れ、ニカラグア、テルアビブ、アムステルダムなど世界を回った。その時期に、ワシントンDCにいる両親に会いに行き、あるパーティに出向く。

そこで出会ったのがヨシ・サーガントだ。

ヨシは、シェパード・フェアリーというストリート・アーティストと一緒に、オバマ元大統領の有名な選挙キャンペーン「ホープ」を立ち上げた人物だった。

ヨシはオバマ政権から、若い投資家をホワイトハウスに招くという仕事を任されていた。

エリオットからサミットの話を聞かされたヨシは、ホワイトハウスに投資家を招くイベントのホスト役になってくれないかと言ってきた。うまくいくかどうか自信はなかったが、なんとかなるだろうと思い、エリオットは「はい」と答えておいた。

1週間後にヨシから電話があった。

「例のイベントをやることになった。金曜日だ」

「いつの金曜日ですか?」とエリオットが聞いた。

「来週だ」

「無理です、僕は今――」

「それで火曜日の正午までに、参加者全員の名前と社会保障番号が必要なんだ。35人連れてきてくれ」

「でもたった4日で、どうやって集めればいいんですか?」

「こう言えばいいさ。『ホワイトハウスからの要請だから、従ってください』」

そこでエリオットはそれまでにサミットに参加した人たちに電話して、ツイッターの創業者やザッポスのCEOなどにつないでもらった。

エリオットは彼らに電話をかけ、できるだけ格式ばった声で言った。「もしもし、サミット・シリーズのエリオット・ビズノーと申します。ホワイトハウスから委任され、大統領府で会議を行う予定です。会議では、しかじかのことを行いたいと考えています」

ヨシは環境に優しい石鹸でおなじみの、メソッド社の創業者をイベントに呼びたいと言った。

そこでエリオットは同社のオフィスに電話をかけた。

「もしもし、エリオット・ビズノーと申します。エリック・ライアンさんとアダム・ローリーさんにお話がありご連絡しました。至急アシスタントの方につないでください」

「ご用件は？」

「私はアメリカ大統領の代理で電話しました。ホワイトハウスから、来週の金曜日に、ライアンさんとローリーさんに来てほしいとの要請がありました」

「非常にありがたいお話ですが、無理です。２人ともその日は大事なスピーチの予定が入っておりまして」

「いいですか」とエリオットは声を低くした。

「ホワイトハウスからの要請です。従ってください」

こうして彼はその予定をキャンセルさせた。

イベントの数日前になって、エリオットは、ヨシが計画していたイベントは自分が思っていたほど大がかりなものではないことを知った。

そこで彼は、新たに友人となった起業家たちを前に恥をかかないよう、ホワイトハウスのオフィスにコールドコールをかけた。

政府高官たちに、この「限定」イベントにあなたは招かれていないと意識させ、向こうから「ぜひ出席したい」と言ってくるように仕向けたのだ。

エリオットは彼らにこう伝えた。

「お聞きになっているかどうかわかりませんが、アメリカの一流の若手起業家たちが全員ホワイトハウスに集まります。その会には、選ばれた人しか呼ばれていないみたいです」

この作戦はうまくいった。政府で緊急経済対策を企画した人たち、国家経済委員会のスタッフ、環境対策チームの全員が参加した。

オバマの首席補佐官であるラーム・エマニュエルがヨシに電話して、なぜ自分を招かなかったのかと怒鳴ったほどだ。

イベントが成功してサミットの評判が広まると、クリントン財団からエリオットに連絡があり、資金集めイベントのホストをしてほしいと依頼があった。その後、サミットチームはワシントンDCで次のイベントを計画し、参加者は750人という規模になった。

その次のイベントはカリブ海に浮かぶ豪華客船で行われ、1000人が参加した。イベントの人気は増していき、次はスキーリゾート地のタホ湖での開催となった。

そしてついにエリオットはユタ州エデンに山を購入するところまできた。そこがサミット・コミュニティの拠点となるのだ。

「ヨシに『うまくいきっこありません』とか、『1カ月後にしましょう』とか言ってもよかったんだ」とエリオットは言う。

「あの日の終わりに、ヨシが来週の金曜日にしたいと言って、俺がはいと答えた。そうなったら失敗の可能性があってもやるしかない。チャンスだと思ったなら、思い切って飛び込むしかないだろ」

4日後、ニューヨークで

「俺が今から言うことは」とエリオットは切り出した。「世間の99パーセントの人にはわかってもらえないだろうな」

このとき、僕たちはこの週で初めて二人きりになった。エリオットがオースティンに、僕と1対1で話をしたい、と言ったのだ。

僕たちは夕暮れ時のルーフトップ《屋上》・ラウンジに立ち、マンハッタンの風景を眺めた。

「いいか、大半の人たちは直線の人生を生きる」と彼は続けた。

「大学に行ってインターンをやり、卒業して会社に入って昇進する。毎年の休暇に備えてお金を貯め、次の出世を目指して働き、そうやって生涯を送る。

直線の上を順番にゆっくりと、敷かれたレールの上を生きていくんだ。

でも成功する人間はそんな枠に収まらない。彼らは一足飛びの人生を選ぶ。直線上を一歩ずつじゃなくて、段階を飛ばして進むんだ。

みんな言うだろ。まずは『下積み』をして数年は経験を積まなきゃ、独立したって欲しいものなんか手に入らないよ、とかさ。世間はそんな嘘を俺らに植え付けるんだ。1、2、3と手順を踏まないと夢なんて達成できないって。

そんなのおかしい。一足飛びの人生を選んだっていいんだ。それを決めるのは、自分自身さ。天才だったら、ほっといても一足飛びのチャンスが舞い込んでくる。でもたいていの場合、俺らみたいな人間は、自分でつかむしかない。

本気で有名になりたいんなら、自分の人生を成功、冒険、インスピレーションにあふれたものにしたいなら、一足飛びの人生をこの手でつかんで、全力で守るしかないんだ」

僕はエリオットを見て、魅入られたようにうなずいた。

「お前だってそうしたいんだろ?」

僕の体中の繊維細胞がイエスと脈打った。

喜んでファストパスをやるよ

エリオットは僕の返事を待たずに言った。

「よし、本題に入ろう。お前は大きな間違いを犯してるんだ」

「どんな?」

「お前はいつまでも19歳じゃない。テレビ番組で稼いだ金でこの先も暮らすなんてことはできない。バカげたインタビューばかりに時間を費やすのはやめた方がいい。

人生にはステップアップする時期が必要で、お前は今その時期に来ている。ミッションをやめて、俺の下で働いてくれないか」

僕は返事をしなかった。

「いいか」と彼は言った。

「お前のミッションはすばらしいし、それにどうこう言うつもりはない。でもそれはお前の経歴《キャリア》にはならない。ただ『おめでとう、望みがかなったね』って言われて終わりさ。

お前は自分を見失っていたけど、方向性を見出しつつある。次のステージに進むべきときだ。本を書いても金にはならない。ビジネスをしてこそ金になる。

お前になら喜んでファストパスをやるよ。順番待ちの列になんか並ばずに、俺と一緒に最前列に立ってくれ。ゲームに参加すべきときだ」

「少し考える時間を――」

「考えるって何を？　お前が望む以上の金を払うし、知るべき以上のことを教えてやる。お前の知らない世界へ連れて行ってやるよ」

「それはすごいや」と言いながら僕は言葉を選んだ。

「でもこのミッションは僕にとってとても大事なもので――」

「わかった。インタビューしたい相手のリストをメールで送ってくれ。全員に会わせてやるし、本はゴーストライターに書かせよう。だからお前は来週から俺の下で働けばいい」

エリオットは僕の答えを待ったが、口から言葉が出てこない。

「この話を受けないのなら」と彼は言う。

「お前は人生最大の過ちを犯すんだ。こんな機会を提供するやつが他にいるなら、教えてほしいよ。一段一段はしごを上らなくていいんだぜ。俺と一緒にいれば、お前を一番上まで連れてってやる。お前が寮の部屋で夢見ていたことを全部かなえてやるよ。

インタビューなんてやめて、ミッションとも縁を切って、一緒にやろうぜ。どうだ？」

14

やらないことリスト

翌日、ユタ州のエデン

レンタカーの窓には、黄色い草が生い茂る野原と古い丸太小屋が映っている。エデンという名の人口600人のこの街に、エリオットは住んでいた。

彼のオファーを受けたら、僕はここで暮らすことになる。ソルトレイクシティから北に1時間、1車線道路の外れにある街。

〝僕には丸太小屋なんて似合わない……。でも彼の誘いにノーと言うのはバカげている。彼と一緒にいればすべてが変わる……〟

今日は金曜日で、エリオットは週末が終わるまでに返事をくれと言った。

さらに車を飛ばして角を曲がり、長い私道に入ると、見えてきた。巨大な邸宅ほどもある大きさのログハウスだ。

そばには輝く湖、裏手には常緑の木々とそびえ立つ山脈、表にはフットボール球場ほどもある大きい芝生がある。

これがエリオットの家だ。

この日の朝、僕とエリオットは別々にニューヨークから飛行機でここに来た。彼の家に入ると、エリオットはものすごく広いリビングルームにいた。

「現実とは思えない家だね」と僕は言った。

エリオットはにっこり笑った。「山にもう一軒建てるから、楽しみにしてろよ」

彼によるとここは仮住まいで、彼と数十人の従業員が暮らしており、サミットのイベント開催場になっているそうだ。

この週末行われるイベントで彼はホスト役を務め、１００人ほどの参加者は数マイル離れた、より小さめのログハウスに宿泊しているそうだ。

エリオットは、ここから北に16キロほど離れたパウダー・マウンテンを購入する手続きの最中だった。その山の裏手に、起業家たちのユートピアを築こうとしているのだ。

「食べ物でも取って、楽にしてくれ」とエリオットは言って、僕が返事する間もなくその場からいなくなり、別の客に挨拶した。

キッチンまで行くと、アロマのいい香りに圧倒された。大学の食堂なんか二度と行くもんかと思わされるほどだ。

3人のお抱えシェフはたくさんの料理のトレイを並べている。スクランブルエッグ、フライドエッグ、ポーチドエッグ、肉汁の滴るベーコン、フワフワしたブルーベリーのパンケーキ、キャラメルのフレンチトースト。大きなボウルに入っているのは、チアプディング、ベリーのパフェ、オリーブオイルとヒマラヤソルトをまぶしたアボカド。長いカウンターにはベーグルにパン、砂糖のかかった自家製のシナモンロールが積まれている。

もう一つのカウンターに並んだ新鮮なカットフルーツと野菜は、隣の農場で栽培したものだ。

〝ハロー、エデン〟

僕はお皿いっぱいの食べ物を取った。そして、1人で食事をしている男性の隣に座った。彼は長髪で、腕にはびっしりとタトゥーが彫られている。

数分足らずで、僕たちは以前からの知り合いみたいに語り合っていた。彼はサメの出る海でサーフィンしたときの武勇伝を話してくれた。それから僕たちはずっとお喋りして、連絡先を交換し合い、ロスでまた会おうと約束した。

後で知ったのだが、彼はマルチプラチナのメガヒットを叩き出したロックバンド、インキュバスのリードシンガーだった。

僕たちのテーブルにもう一人加わった。MTVのリクエスト番組『TRL（トータル・リクエスト・ライブ）』の元司会者だ。さらにもう一人加わってきたのが、バラク・オバマの経済顧問だった。

〝呑気《のんき》に朝食なんて食べてる場合じゃない〟

ここはちゃんと呼吸ができる

気づくとエリオットが、2階の手すりから僕たちを見降ろしている。僕を指さしてこう叫んだ。

「大学を中退した俺の仲間だ！」

僕は固まった。祖母の声が頭の中で鳴り響く。〝ジューネイマン〟

それから外に出て、その日の活動予定が書かれた黒板を見ると、また元気が出てきた。

ヨガ、ハイキング、乗馬、マウンテンバイク、バレーボール、アルティメット、瞑想、バギーレース、スカイダイビングなどなど。

冒険のエキスパートと楽しむサバイバルコースに参加しようか、詩の朗読チャンピオンと詩を書く勉強会に参加しようか。結局、僕は急いでバレーボールの試合に向かった。

同じチームに神経科学者がいた。1年前に生物の授業で、彼が話したTEDカンファレンスを観たことがある。

それからトランポリンに飛び乗ると、入ってきた女性は2009年のミスアメリカだ。それから瞑想サークルに行った。そこで左隣に座っていたのは元NFLのプロ選手、右隣に座っていたのはネイティブアメリカンのシャーマンだ。

僕は、魔法魔術学校のホグワーツに入学した初日のハリー・ポッターみたいに、午後中ずっと走り回った。

誰とも話していない僕を見かけると、エリオットが僕の腕をつかんで新しい人を紹介してくれる。僕はピンボールの玉になって、刺激だらけの盤上のあちこちにぶつかりながら、1分間に1000点を叩きだす気分だった。

ここは、何もかもが規格外だ。

みんなのエネルギーは並外れているし、誰かが笑えばたちまち笑いが広がっていく。みんなの仕事はすごく面白くて、誰の話を聞いても愉快だ。

空までもがほかよりずっと青く感じられる。寮の部屋に寝転がっていたときは窒息しそうだったのに、ここではちゃんと呼吸ができる。

太陽がゆっくりと沈み、僕たちはディナーを食べようと家の中に入った。リビングルームは5つ星ホテルのダイニングルームに変わっていた。ただの豪華さとはわけが違う。

伝説上のきこりの巨人ポール・バニヤンが経営するリッツ・カールトン・ホテルに来たみたいだ。荒削りの石の甕《かめ》の横にスパークリングワインのグラスが置かれ、輝くロウソクがピクニックテーブルの上にずらりと並ぶ。

頭上には壮大なシャンデリアがあり、壁に掛かったヘラジカの頭やブラックベアーの毛皮を照らしている。

僕の座った席の向かいには、同時に3カ所の会話に参加しそうな女性がいた。あまりのテンションの高さに、僕はいつのまにか彼女を見つめていた。

「ねえ、ちょっと」と彼女は声をかけてきた。「ミキ・アグラワルよ」

夢を追いかける充実感

彼女は僕に拳を合わせて挨拶し、周りに座っている男性たちを紹介してくれた。「こちらは友人のジェシ、こちらはベン、それでこちらはボーイフレンドのアンドリューよ」

僕が自己紹介すると、ミキはまくし立てた。

「アレックス、バカな話を聞きたい？

私がジェシと会ったのは、彼が10年前にセントラルパークで草サッカーをしてたとき。当時、彼は電話で学習教材の販売をやってたの。歩合は1冊25セント。

あなたはもっと頭がいいんだから、ちゃんとしなさいよって叱ったの。

少しの間よく会ってたけどしばらくごぶさたでね、今日知ったの……何と彼、今はナイキの重役なんだって」

ミキはさも自分のおかげだと言わんばかりにニヤリとした。

「ベン、あなたの話をしてあげなさいよ！」

ベンがテーブルにワイングラスを置く間もなく、ミキが自分で話し始めた。

「これもバカげた話よ。ベンと友だちが大学でなんかつまんないってなったとき、死ぬまでにしたい100のリストを作ったの。

で、バンを買ってその車で国中を回って、達成したリストを消していった。そのたびに他人の夢をかなえる手助けまでしてあげたんだって。

ベン、ほら！　アレックスにいくつか話してあげなさいよ！」

ベンはオバマ大統領とバスケットをしたこと、プロサッカーの試合で裸で歩き回るストリーキングをしたこと、出産で赤ちゃんを取り出すのを手伝ったこと、ラスベガスに行って25万ドルも賭けたことなどを話した。

こうした冒険が何年も続いて、MTVの人気リアリティ番組『The Buried Life――死ぬまでにやりたい100のこと』が誕生し、書籍化もされてベストセラーになった。

ベンが夢を追いかける充実感を話していくにつれ、エリオットが僕に夢をあきらめるように言ったことが蘇ってきた。

「私は大学を出てからは、ベンとは正反対よ」とミキは言った。

「私はウォール街で働いてたけど、すごく嫌だった」

「何がきっかけで変わったの?」と僕は聞いた。

「9・11よ」と彼女は言った。

ミキはノースタワーが襲撃されたとき、ワールドトレードセンターの中庭で朝食会議をしているはずだった。

「目覚ましが鳴ったのに寝過ごしちゃって。ミーティングを欠席したのは、これまでの人生であの朝だけよ」

あの日、悲劇的な犠牲者となった数千人の中に、ミキの同僚が2人いた。

「あの日、人生この先どうなるかわからないって気づいたの」と彼女は言う。

「自分の人生じゃなくて、他人の人生を生きて日々を無駄に過ごすのが、バカらしくなったのよ」

僕の体が綱引きのロープになったみたいに思えた。一方からエリオットのオファーが僕をひっぱり、反対側からミキとベンがひっぱっている。

ミキは人生を悟って仕事を辞め、興味のあることを片っ端から追い求めた。

プロのサッカーチームに入り、映画の脚本を書き、ニューヨークのウエスト・ビレッジにオーガニックでグルテンフリーのピザ屋を開いた。THINX(シンクス)という女性用下着の専門店を立ち上げ、『Do Cool Sh*t』という本を書いている途中だった。

「アレックス、あなたの番よ!」とミキ。「話して! ほら、早く!」

僕が『プライス・イズ・ライト』の話をすると、彼らは笑って歓声を上げ、僕とハイタッチをした。ミッションのために次に何をするのとミキに聞かれ、著作権エージェントを見つけて出版社と契約し、ビル・ゲイツに会いたいんだと言った。

「今まで連絡を取ったどのエージェントからも断られたんだ」

「そうか、じゃあ僕のエージェントを紹介するよ」とベンが言った。

「私のエージェントとも話して」とミキ。「彼女ならあなたを気に入るわ！」

「ほんとに？ そうなったらすばら――」

突然、グラスを叩くフォークの音が周囲に鳴り響いた。

エリオットが部屋の前に立ち、グラスを掲げてこう言った。

「このサミットでは、ちょっとした慣例があります。ディナーの間に、感謝の時間を設けることです。食事を用意してくれたシェフのみなさんへ、食べ物の恵みへ、そしてみなさんの一人ひとりに感謝します。エデンへようこそ！」

僕たちはグラスを合わせ、部屋中に喝采の声が響いた。

エリオットは続けて、このディナーの席でとりわけ感謝したい人がいますと言った。ティム・フェリスだ。

エリオットはグラスをフェリスに向けた。気づくとフェリスはテーブルをいくつか隔てた僕の後ろの方に座っていた。

エリオットが言うには、デスクにしがみつかなくても成功できることを教えてくれた最初の人がフェリスだそうだ。おかげでエリオットは、旅と冒険によって視野を広げながら仕事ができるようになった。

「ティムが、僕に人生を見つめ直す術を教えてくれました」とエリオット。

スポットライトが当たったみたいに、100人の視線がフェリスに注がれた。

「ティムに乾杯！」とエリオットが叫んだ。

「ティムに乾杯」と僕たちは繰り返した。

「ティムのおかげで、僕の心の中に特別な場所ができたように」とエリオットは続けた。「同じような場所を作ろうとしている若者がここにいます。僕が駆け出しの頃ティムにコールドメールを出したように、彼は僕にコールドメールを送ってきました」

僕は口から心臓が出そうな気分になった。

エリオットは『プライス・イズ・ライト』の話を僕より上手に皆に話し、それから僕にグラスを向けた。

「サミットではこうした創意工夫を尊重し、このようなエネルギーにさらなる力を与えます。だからこそ僕は、アレックス・バナヤンを身近に置き、彼をこのコミュニティの新メンバーとして誇りを持って迎え入れたのです。アレックスに乾杯！」

ダンのアドバイス

金曜日はピンボールの球になったみたいだったが、土曜日は人を引き寄せる磁石になったみたいだった。

「昨晩エリオットが話していたのは君だね？」

「『プライス・イズ・ライト』で賞金を獲得したのが君か？」

「エリオットとはいつからの知り合いなの？」

「君たち2人は親戚なの？」

「どんなプロジェクトに携わっているの？」

「何か手伝えることはない？」

エリオットは僕を新しい世界に連れてきただけでなく、ドアを蹴り破ってくれた。

〝これこそ僕が以前から望んでいたものだ。エリオットと一緒に仕事をすれば、ここを離れなくて済む。この人たちが僕の元に来て、ミッションを手伝うよと、われもわれもと手を差し伸べてくれる……〟

〝でももし彼のオファーを受け入れたら、ミッションそのものがなくなってしまう……〟

日曜の朝、1人で朝食のテーブルに座ったが、混乱して食事が喉を通らない。ニューヨークでエリオットが言った言葉が僕の中を駆け巡っている。

〝この話を受けないのなら、お前は人生最大の過ちを犯すんだ〟

彼のオファーについて考えれば考えるほど、脅迫めいたものを感じてしまう。「もし嫌だと言ったら、俺たちは終わりだ」と。彼の口調や鋭い眼差しがそう言っている。

そうなれば、もうエデンに来ることはなく、メンターもいなくなる。

帰りの飛行機に間に合うように、数時間後にはここを出なくちゃいけない。でもどう返事をしたらいいか、まだ結論を出せない。

「冴えない朝のようだが？」と参加者の1人が僕の隣に座った。両手でコーヒーを抱えるようにしている。

「ええ、何となく」と僕は言った。

男性は背が高くて穏やかな表情だ。理由は後で明かすが、ここではダン・バブコックという仮名を使わせてもらおう。

僕はきっと胸の内を吐き出したかったんだと思う。心の中の板挟みを、いつの間にかダンに打ち明けていた。

「僕はどうしたらいいでしょうか？」

「それは誰にもわからないと思う」とダンは言った。

「難しい決断だね。正解を知っているのは君だけだ。でも何か助けになることをしてあげたいな」

ダンは自分のノートに手を伸ばし、2枚破って僕に手渡しこう言った。

「僕はウォーレン・バフェットの下で7年間働いたんだ。彼から教わった中で最高のアドバイスがこれだった」

僕はポケットからペンを取り出した。

「1枚目の紙には」とダン。「これから先の1年で達成したい25個のことを書くんだ」

僕は家族のこと、健康のこと、エリオットとの仕事、ミッションに励むこと、旅行したい場所、読みたい本などを書いた。

「この中で、今から3カ月で達成したいものを5個しか選べないとすれば」とダン。

「どれにする?」

僕はそれらを丸で囲った。ダンは、「その5つを2枚目の紙に書き移して」と言って、1枚目の紙にあるこの5つを線で消した。

「これで君には2つのリストができた」と彼は言った。

「5つのリストの上に優先リストと書いて」

僕は言われたとおりにした。

「よし」と彼は言った。

「さて、残りの20個がある1枚目の紙にはこう書くんだ。『やらないことリスト』」

「えっ?」

「それがバフェット氏の成功の秘訣さ」とダンは言った。

「優先すべきトップ5を達成するカギは、残りの20をやめることだ」

僕は優先リストに目をやり、それからやらないことリストに視線を移して言った。

「なるほどと思いますが、やらないことリストの中には、本当にやりたいこともあるんです」

「君次第さ」とダンは言う。

「この25個を全部かなえようとするのもいいし、あるいは5個に絞って世界レベルを目指すのもいい。でもほとんどの人はやりたいことが多過ぎて、どれ1つまともにできないんだよ。僕がバフェット氏から学んだことが1つあるとすれば、やらないことリストこそがワールドクラスになるカギだってことさ」

「成功とは」と彼は続けた。

「自分の欲求に優先順位を付けた結果なんだ」

サミットか、ミッションか

ダッフルバッグにシャツを1枚しまうたび、バルセロナの1日が蘇ってきた。ズボンをしまうたび、ニューヨークの夜が思い出された。

レンタカーに乗ってエリオットのいるログハウスに向かうと、彼は玄関のドアのそばで、ゲストの1人と談笑していた。エリオットは会話を終えて近づいてきた。

「週末は楽しめたか？」

「そりゃあもう」と僕は言った。

「感謝しきれないよ。それに……答えが出たんだ」

彼の顔に満面の笑みが浮かんだ。

「サミットは最高だよ」と僕は言った。

「生涯で、あなたほどのメンターに出会ったこともない。でも僕は、２つのことを中途半端のまま同時にやるなんてできない。僕は1つのことをちゃんとやりたい。それは、ミッションなんだ」

エリオットはぎゅっと口を結んだ。彼はゆっくりと下を向いて、怒りを抑えようとしているみたいだった。

「お前は大きな間違いを犯している」と彼は言った。

さらに何かを言おうとしたが、彼はそれを飲み込んだ。大きなため息をついて、肩をすぼめた。

「お前がそうするって言うなら」と彼は言う。

「お前が決めたことだし――お前のこと、ますますすごいやつだなって思うよ」

彼は僕の肩に手を置いた。

「いいか」と彼は付け加えた。

「いつでもここに戻ってこい。お前は仲間なんだ」

15

まねじゃあ勝てない

次の日、僕は気分も新たに収納部屋に行き、壁に貼った白い紙を見つめた。
一番上には5つの単語が書いてある。今の僕にとって何より重要な言葉だ。「NO AGENT, NO BILL GATES」（エージェントなくしてゲイツにはたどり着けない）
著作権エージェントがいなければ、出版契約は結べない。そして契約がなければ、ゲイツに会うことはかなわない。
この旅を始めたあの日から、ビル・ゲイツのアドバイスこそ僕にとっての聖杯だった。彼なしでは、僕のミッションは完遂しない。

僕は机に座ってメールをチェックした。またしても断りのメールだ。ペンのキャップをはずして、リストにあるエージェントの名前を消していった。20人のうち、19人の名前が線で消された。机の上には、出版プロセスについて書いた本がうず高く積まれている。そこに書かれている言葉を一つひとつ丁寧に読んだ。ベストセラー作家がくれたアドバイスもすべてやった。

〝なのになぜうまくいかないんだ?〟

でも今回の断りでは、それまでとは違い、それほど落ち込まなかった。

エージェントの名前を線で消していくうちに、このやり方自体を線で消しているように思えてきた。こんなリストなんてもういらない。僕にはミキとベンがいる。

ミキのエージェントを訪ねて

ミキに電話して、この間言ってくれたことはまだ有効かいと聞いた。

「何言ってるの」と彼女は言った。「もちろんよ! 私のエージェントならあなたを気に入るわ。ニューヨークに来なさい!」

「いつ行けば――」

「すぐチケットを買って。泊まる場所は心配しないで。私のアパートの寝室が一つ空いてるから」

ベンに電話すると、彼もエージェントとのミーティングを用意すると言ってくれた。

僕はすぐにニューヨーク行きの飛行機のチケットを買った。

翌日、出かける直前に、もう捨てようと思って、収納部屋の壁に貼ってあるエージェントのリストをはがした。でもなぜか、僕の中で捨てるなという声がしたので、その紙を折りたたんでポケットに入れた。

JFK空港に着いてすぐタクシーに乗り、ウエスト・ビレッジにあるミキのグルテンフリーのピザ屋に直行した。店の事務所にダッフルバッグを置くと、ミキは僕を座らせて本題に入った。

「これまでどのエージェントと話したの？」

リストを捨てなかった理由は、これだったのか。

ポケットからリストを出すと、ミキは一番上の名前を指さした。「どうしてこの人の名前だけ消されてないの？」

「大本命のエージェントだからさ。彼女は『ニューヨーク・タイムズ』のベストセラーリストに入った本を23冊も担当してるんだ。サンフランシスコに拠点があって、大手出版社とでかい契約も交わしてる。それに――」

「わかった、わかった。ならなんでアプローチしないのよ？」

「彼女に担当してもらってる作家の1人と話したとき、紹介してくれって頼んだんだ。そしたら、あえて連絡しない方がいいって。彼女はその作家の1冊目の本も、ティム・フェリスの1冊目の本も担当しなかったんだって。それほどの大物なんだ。零細のエージェントとも打ち合わせすらできない僕なんて、そもそも無理でしょ。僕は楽天家だけど、妄想癖はないからさ……」

「悠長《ゆうちょう》に失敗してる時間はないってことね」とミキ。

彼女は僕の腕をつかんで、ドアの方に引っ張った。

「行きましょう、さあ、さあ」と彼女は言った。

「ディナーで街が混雑するまで、まだ1時間あるわ」

ミキは僕をマンハッタンストリートまで引っぱっていき、歩行者の間を縫って交差点を走って渡り、クラクションを鳴らす車の前に飛び出した。

ミキのエージェントが入っているオフィスビルに着いて、彼女は正面入り口のドアをさっと開けた。フロントを足早に通り過ぎて、廊下を進んだ。

髪のきれいなアシスタントが飛び出してきて、腕を振って止めようとした。

「ミキ！　待って！　あなたアポとってないでしょ！」

ミキはエージェントのドアを本当に蹴り開けて、僕を中に入れた。エージェントの女性は散かったデスクに座って、電話中だった。彼女は真っ青になった。書類が部屋中に散乱し、床の上に本が積み重なっている。

「その仕事をちょっとやめて」とミキは彼女に言った。「10分欲しいの」

エージェントは電話口にささやいて、受話器を置いた。

「アレックス、座って」と言ってミキはカウチを指さした。

「あなたの本のことを話してあげて」

僕はできうるかぎりすべての事実、統計、マーケティングのアイディアを織り込んで、懸命にプレゼンした。作家たちがくれたアドバイスどおりに、持てる情熱を総動員して話した。ミーティングが終わる直前に、彼と仕事をするべきだわとミキが言い、エージェントはうなずいた。

「すごく面白そうじゃない！　アレックス、あなたの出版企画書を送ってちょうだい。なるべく早急に読んで返事をするから」

オフィスビルを出たとき、僕の顔は紅潮していた。ニューヨークの歩道は相変わらず騒々しい。でも一瞬だけ、騒音が消えたようだった。

「さあ、行きましょう！」と威勢よく僕に声をかけるミキは、もう半ブロック先を足早に進んでいる。僕は走って追いついた。

「何てお礼を言っていいか」と言って、彼女について行った。

「いいのよ」と彼女は言った。

「私だって若かった頃、30歳の起業家グループに面倒を見てもらったのよ。それと同じことをしてるだけ。世の中そういうものよ。人生はそういうふうに回っていくの」

ウィリアム・モリス・エンデヴァー

翌日。今日も人生は回りまわっている。

僕は案内されてピカピカの床を進んだ。そこは世界最高の著作権エージェントの1つ、ウィリアム・モリス・エンデヴァーだ。玄関ホールですれ違う誰もが、このミーティングをお膳立てしたのがベンであることをわかっているみたいだ。

ベンの本は数カ月前に『ニューヨーク・タイムズ』のベストセラーリスト入りを果たしていたから、こちらからドアを蹴り開ける必要もなかった。

ベンのエージェントは机から立ち上がって、温かく迎えてくれた。大きなオフィスで、窓から外の景色を一望できる。みんなでカウチに座ると、さっそく僕は売り込みを始めた。

ミキのエージェントとのミーティングがうまくいったこともあり、プレゼンには倍の熱がこもった。統計、事実、マーケティングのアイディアをさらに増やして喋りまくった。

ミーティングは1時間を超え、終わりに彼女もまた出版企画書を送ってほしいと言った。ミーティングは最高の出来だという満足感があった。

次の日、僕は勝ち誇った気分のまま、飛行機でロスに戻った。収納部屋に行き、机の上に積み重なった本の山に目をやり、それにキスをした。

1週間が経ち、ベンとミキのエージェントに、様子うかがいのメールを送った。ミキのエージェントからは返事がなかった。ベンのエージェントからは、数日後に返事が来た。

「アレックス、先日はお会いできてよかったです。あなたの将来が楽しみです。でも……」

いつも「でも」がついてくる。

「……でも私ではお役に立てそうにありません。ただ力になれそうな者がいますから、そちらを紹介しましょう」

彼女はウィリアム・モリスの同僚を紹介してくれた。その人に電話でミッションについてアピールすると、なんと彼女はその場でイエスと言った。僕は電話の通話音を最小にしてから、思いきり「やった！」と叫んだ。

ビル・ゲイツまでの行く手をはばむレンガをすべて、ダイナマイトで粉砕した気分だった。

ダイナマイトの勢いは止まらなかった。その翌日、知り合いの作家がウィリアム・モリスの別のエージェントを紹介してくれて、その人もまたその場でイエスと言ってくれたのだ。

僕は再びニューヨーク行きの飛行機のチケットを買って、ウィリアム・モリスの2人のエージェントに直接会うことにした。

ミキのエージェントからなぜ返事がないのかはわからなかった。確実にうまくいくと思ったのに。いずれにせよ、今度はこっちがエージェントを選ぶ番だ。

その数日後のことだ。ニューヨークの地下鉄を出たところで、僕は携帯をチェックするためにポケットに手を入れた。少し暑い夏の日差しが顔に当たっていた。

僕が面会した2人に代わって、ウィリアム・モリスの別のエージェントがメールを送ってきていた。それにはずばりこう書いてあった。

「拝啓　アレックス様。残念ながら当方のオファーを取り消さざるをえません」

どうやら2人のエージェントは新人で、2人ともそろって僕にオファーしたため、この状況をどうしたものかと上司に相談したようだ。

上司が下した判決は、2人とも僕から手を引くことだった。その上司は、僕には時間をかける価値がないと判断したのだ。

まるで歩道の下からひっぱられているみたいに、僕の足取りは重かった。人生でこれほど自分が無価値に思えたことはなかった。

何よりも打ちのめされたのは、ミキのエージェントには望みがないとわかったことだ。

僕はリストに書いた19のエージェントに認められなかったし、新人の2人のエージェントともうまくいかなかった。ということは、ミキのエージェントがわざわざ僕と契約するはずがない。

彼女が僕をもてなしてくれたのは、ミキのご機嫌を取るためであって、僕と仕事がしたいからじゃない。僕は無価値で、何者でもない。メールの返事をする価値さえないというわけだ。

完全にもぬけの殻となって、ミキのアパートに行った。エージェントのリストを取り出して例の言葉を見た。「NO AGENT, NO BILL GATES」

リストの紙を丸めて壁に投げつけた。

お前はウォルマートだ

1時間後、まだカウチから動けずにいたときに電話が鳴った。人と話すような気分じゃなかったけれど、画面を見ると友人のブランドンからだ。

電話を取って、これまでのいきさつを洗いざらいぶちまけた。

「気の毒にな」と彼は言った。

「これからどうするつもりだ?」

「できることなんてないさ。作家からのアドバイスは全部やった。本に書いてあったことも全部やった。もう何も残ってないよ」

ブランドンは黙っていた。そしてこう切り出した。「別のやり方があるかもな。ずっと前に読んだ話で、どこで読んだかも覚えてないから、本当かどうかもわからないけど。大事な教訓なんだ」

「助けようとしてくれてるのはわかるよ。でもお前が読んだ本の話だったら、まだ聞く気になんてなれないよ」

「聞いてくれ」

僕はうーんとうなった。

「少しだけ時間をくれ」とブランドン。

「2000年頃の話だ。インターネットがブームになりつつあって、アマゾンがネットショッピングで独り勝ちしそうだった。

競合するウォルマートの重役は、最初はほとんど気にかけてなかったんだ。けど、アマゾンの勢いに食われそうになって焦り出してさ、緊急会議を開いた。

そして人員を整理して、エンジニアの数を増やして、ありったけの金をウェブサイトの構築につぎ込んだんだ。でもだめだった。

そこでアマゾンの戦略をコピーし、彼らの技術まで模倣しようとして、さらに金をつぎ込んだ。それでも何も変わらなかったんだ」

「ブランドン、それと僕に何の関係があるんだよ」

「いいから、聞けって！」とブランドン。

「そしたらある日、新しい重役がやってきた。彼女は状況をよく見て、何が起きているかに気づいた。そして翌日、オフィス中に垂れ幕を掲げたんだ。そしたらほどなくして、ウォルマートのシェアは急激に伸びた。垂れ幕には、シンプルにこう書いてあった。『アマゾンのまねではアマゾンに勝てない』」

ブランドンは、僕が話を飲み込めるように間を置いた。

「わからないか？　お前はウォルマートなんだよ」

「何だって？」

「エージェント探しを始めた頃から、お前がやってきたのは他の人たちの戦略のコピーだ。まるでティム・フェリスと同等の力があるみたいにエージェントにアピールしたけどさ、お前にそんな力はないだろ。彼みたいな信用だってない。つまり、お前とフェリスじゃ状況がまったく違うんだ。フェリスをまねたって、彼みたいにはいかないんだよ」

〝ちくしょう、こいつの言うとおりだ〟

寮の部屋のベッドに寝転がってからというもの、僕はずっと成功者の歩んだ道を調べることばかりに取りつかれていた。

それはそれで、何かを学ぶのに有効なアプローチかもしれない。でもそれであらゆる問題を解決できるわけじゃない。他人の戦略をコピペしたら自分の問題が全部解けたなんて、虫のいい話はないだろう。彼らの戦略が有効だったのは、それが彼ら自身のものだったからだ。彼らの力と状況に応じた戦略だったんだ。

なのに僕は一度も自分の内面を見つめて、自分の力や状況について考えたことはなかった。どうやったらアレックスのままで、うまくやることができるのか。他人のやり方を研究する時間も大事だけど、自分の個性を磨く時間も必要なんだ。

そうするためには、自分という人間について、深く知る必要があったんだ。

午前3時に考えたこと

その晩遅く、当然ながら眠れずにいた。ミキのアパートのベッドで、何度も寝返りを打ちながら、ブランドンの話について考えた。

〝アマゾンをまねてもアマゾンに勝てない……〟

数時間が過ぎた。どうしても心が落ち着かない。夜中の3時頃、ベッドから出て部屋の隅に行って、丸めて投げたエージェントのリストを拾って開いた。リストの一番上の名前に目をやった。例の最もハードルが高い、大本命のサンフランシスコのエージェントだ。

〝もう失うものなんてない〟

僕はノートパソコンを開いて、彼女にメールを書き始めた。でもこれまで使っていたのと同じ文面にするのはやめて、自分のミッションになぜ信念を持っているのかを書いた。

出版業界にはうんざりで、駆け引きはもうたくさんですとも書いた。

これまでのいきさつと、なぜこのミッションに人生を捧げているのかを話し、どのパラグラフにも、「あなたと2人で世の中を変えることができます」と書いた。

タイトルは「午前3時に考えたこと」

読み返すといかにもティーンエイジャーのラブレターみたいだったが、とりあえず送信した。

返事は期待していなかった。

1日が過ぎ、返事が来た。「電話をください」

電話をかけると、その場で彼女はあなたのエージェントになりましょうと言ってくれた。

16

1日CEO

僕はミキのアパートのクローゼットからダッフルバッグを引っぱり出して、荷造りを始めた。

「ちょっと、ちょっと、ちょっと!」とミキが止めた。

「どこ行くの? 今はダメよ」

「あと数時間で帰りの飛行機が出るんだ」

「ありえない。キャンセルして。あなたはアグラパルーザに出るのよ!」

アグラパルーザは、ミキがホストを務めるサマーキャンプのことで、コスプレパーティだ。

ニュージャージーのミキの友人の家が会場になる。

「そうしたいよ。でもやらなくちゃいけないことがあって」

著作権エージェントと話をして、出版企画書を根本から書き直す必要があるのがわかった。なるべく早くそうしたかったのだ。

「いいから、予定を変えてちょうだい。話し合いは終わりよ」

「でも……ミキ、ミキ……」

トニー・シェイへのお願い

次の日の朝、僕はミキの友人の家のカウチで目を覚ました。ニュージャージーの太陽が窓から押し寄せてくる。

部屋の向こうで、ネイビーブルーのザッポスのTシャツを着た坊主頭の男とミキが話している。僕はまさかと目をこすった。クリスマスの朝にサンタを見た気分だった。

僕の前にいて、ミキと話しているのはザッポスのCEO、トニー・シェイじゃないか。

〝深呼吸だ……深呼吸〟

エリオットから以前、誰かの友人かファンのどちらかにはなれても、両方にはなれないと教わった。だから僕はクールに振る舞おうとし、どう自己紹介したものかと考えた。

でも考え過ぎてしまって、結局何も言えなかった。

ガラスでできたスライドドアを開けて裏庭に出ると、移動用の大きなゴルフカートが停めてある。パーティが始まると、僕は二人三脚レースに出てつまずき、エッグトス・ゲームでは2位になった。

次のゲームが始まる前に、僕らは食べ物を取りにテラスに行った。大きなオレンジのパラソルの下に立っていたら、トニー・シェイが通り過ぎていく。僕もみんなも、その様子をこっそり見ずにはいられなかった。

数分後、トニーがまた近づいてきた。今度は足を止めて、僕たちの輪に加わった。彼は片手にクリップボード、もう片方の手に紫のマーカーを持っている。

「君の望みは何だい」と、トニーは僕の右手にいる男性に聞いた。

「えっ?」と彼は言った。

トニーはクリップボードを見せた。一番上に「望みのリスト」と書いてある。

「聞こえなかったのかい」とトニー。「今日、僕は魔法使いなんだ」

彼が真顔で言うものだから、これが彼流のユーモアだと気づくまでしばらくかかった。

ミキが後で教えてくれたのだが、トニーはいつも石のような硬い表情とガラスのような鋭い目つきでいるらしい。彼は常にポーカーフェイスを崩さない。

「テレポートしたい」と僕の右手の男性は言った。

「わかった」とトニーは言った。

「ただしテレポートしても、ここから目的地までの85パーセントしか行けないよ」

彼はクリップボードの一番下を指さした。

「望みがかなったら、15パーセントの手数料をいただきます」

「魔法使いというより」とトニー。

「『望みをかなえるブローカー』だね。魔法使いだって生活がかかってるからさ」

彼は僕の方を向いて願いは何かと聞いた。僕は何か笑えることを言って、気に入られようと考えた。僕の中で、今頭に浮かんだことをすぐ言えと促す声がする。

〝でもそれはさすがに……不快な人間だと思われるかも。それにミキが怒ったらどうする？ それにそれに――〟

だが幸い、状況がプラスに働いた。

こういうときに出るフリンチ《萎縮》は、「慎重に考えている」みたいに装ってくれるのだ。

僕は心の中で自分の頬《ほお》に平手打ちを浴びせて、思い切って言った。

「1日だけザッポスのCEOになりたいです」

トニーは返事をしなかった。クリップボードに僕の願いを書くこともしない。僕を見つめるばかりだ。

「いえ、あのう」と僕は言って、説明しようとした。

「というか、あなたにくっついて行って、あなたの生活がどんなものか見てみたいんです」

「ああ、僕の影になりたいってことか」

僕はうなずいた。トニーはしばらく考えて、こう言った。

「わかった……いいだろう。やるならいつがいい?」

「あと数週間で20歳の誕生日が来るので、その日はどうでしょうか」

「いいね。君の誕生日ってことで、2日間あげよう」

自分に正直に

日が暮れて数時間が経ち、コスプレパーティが始まろうとしていた。

キッチンを通るとトニーがテディベアの格好をして、ヒルビリー(カントリー風)の格好をしたアーシフ・マンドヴィと話し込んでいる。

アーシフは、政治を風刺する人気コメディ番組『ザ・デイリー・ショー』で「中近東担当上席特派員」を演じている人物だ。

アーシフが本を執筆中だと言っているのが聞こえた。どうやらトニーに本のマーケティングのアドバイスを求めているようだ。僕は会話に加わろうと近づいた。

「そうだね、使える戦略はいろいろある」とトニー。

「でも本を書くモチベーションが何なのかがわからないと、どの戦略が一番効果的なのかアドバイスできないよ。君の最終的な目標は何だい?」

アーシフは額にしわを寄せた。

トニーは言う。

「たいていの人間は、自分がやっていることについて、なぜそれをやっているのかとじっくり自問することはない。自問したとしても、たいていは自分に嘘をつくんだ。

僕が『ザッポス伝説』を書いたとき、心の底に見栄とかエゴがあるのは自分でもわかってた。両親の前で、僕の本が『ニューヨーク・タイムズ』のベストセラーリストで1位になったよって伝えるのは、結構なことじゃないか。

それも1つのモチベーションだよ。もう1つは……」

それを聞いて、ショックを受けたのか、それとも混乱したのか、自分でもわからなかった。僕は以前から見栄やエゴを「悪い」ものだと思っていた。だから僕は自分をアピールするとき、その言葉を決して使わなかった。

なのにトニーは使った。何の後ろめたさも、ためらいもなく。彼は相変わらず無表情だ。

「エゴは健全だよ、とまでは言わないけど」とトニーは続けた。

「もっと悪いのは、エゴを持ちながらそんなのはないと自分に嘘をつくことだ。マーケティング戦略を考える前に、自分の本当のモチベーションは何なのか、自覚した方がいい。

今やっていることについて、なぜそれをしているのかと自分に問うんだ。『いい』とか『悪い』でモチベーションを判断しちゃダメだ。

自分の最終目標を知れば、妥当な戦略なんて簡単に決まるさ」

トニーが言うには、ベストセラー作家になりたいという見栄があってもいい。その見栄のせいで、若い起業家をインスパイアする本にしたいとか、強力な企業文化の作り方を読者に提示したいというモチベーションが損なわれることはない。

見栄とモチベーションは共存するんだ。

2人の会話が進んでいき、それを聞こうとキッチンに人が集まってきた。

状況を理解しようと、僕は少し冷静に考えてみた。

僕はここでカメレオンのカウボーイ・ランゴの姿をしている。尻尾を生やし、頭にはカウボーイハットを被って。そして、ヒルビリーに本の売り方を教えているテディベアの言葉に耳を傾けているのだ。

「発売してから最初の3カ月が一番大事だ」とトニーは言う。

「僕の最終目標は本をベストセラーにすることだったから、その3カ月の間はできるだけいろんなところに行って講演したんだ。ビジネス・カンファレンスとか大学の授業とか、あらゆる場所に出向いたよ。RV車を買ってそれに本の表紙の写真を貼って、3カ月間走り回ったんだ」

「その3カ月ほど、消耗した時期はなかったよ」と彼は、声の調子を弱めた。

「1日中話しまくって、ひと晩中車を走らせ、種をまくためにあらゆることをやった。もちろん同時にあちこち行けるわけじゃないから、本を箱に詰めていろんなイベント宛てにタダで配ったんだ。僕のメッセージが届くようにって」

「正直言って」と彼は付け加えた。

「そうやって配った本を誰かがちゃんと読んでくれたかどうかわからない。送ってよかったのかどうかもわからないんだ」

〝彼に言わなくちゃ……〟

でも、エリオットの言葉が僕の肩にのしかかってきた。

〝バカなマネはよせ。それを話せば、お前はいつまでもファン扱いされるだけだぞ〟

でもその瞬間、僕は自分に正直でありたいと思った。

「トニー、僕は大学1年のとき、あなたが本を送ったビジネス・カンファレンスで、ボランティアをやってました。

あなたの名前も、ザッポスの名前さえ知らなかったけど、会議のコーディネーターが本を配っていたので、一冊家に持って帰ったんです。

それから数カ月経って、人生で一番苦しかったとき、あなたの本を手にとったら手放せなくなりました。その週末に全部読みました。夢を追いかけるあなたの姿を知って、自分にも夢がかなえられるんだって思えるようになったんです」

「あなたがあの会議に本を送ってくれなかったら」と声を震わせて付け加えた。

「僕は今日こうしてここにいないでしょう。トニー、あなたの本が僕の人生を変えてくれたんです」

キッチンの誰もが固まっていた。

トニーは静かに僕をただ見ていた。でも彼の表情は穏やかになり、うるんだ彼の目が言葉以上のものを僕に伝えてくれた。

ザッポスCEOの世界

僕は宅配便の箱を開けて、ネイビーブルーのザッポスのTシャツを取り出した。

他の人にすればこれはただの布きれだろう。でも僕にとっては、これはスーパーマンのマントだ。

僕はトニーのマンションの一室で目を覚ました。ここに泊まるように手配してくれたのだ。頭からTシャツを被りバックパックをつかんで下の階に行くと、ザッポスの社用車が待機していた。

車は通りを曲がり、10分後にザッポスの本社前に停まった。

ドアをくぐると、受付ロビーのデスクの上にはポップコーンメイカーが、カウチのそばにはダンスダンスレボリューションというアーケードゲームがある。壁には何百本もの切られたネクタイがピンで留められている。

アシスタントの案内で廊下を歩いて仕事場に行くと、こちらも受付ロビー以上にワイルドに飾りつけられている。

誕生日の飾りリボンで埋め尽くされた通路が1本あり、2本目の通路はクリスマス用の電球が点滅している。3本目の通路には3メートルもある風船の海賊船が置いてある。熱帯雨林ふうに飾られたエリアにある、散らかった机に座っているのがトニーだ。彼はノートパソコンの前で背を丸めている。僕を見て、イスを持ってきて座るよう合図した。

「おはようございます」と挨拶すると、トニーのアシスタントがかがんで僕に耳打ちをした。

「5時間遅刻ですよ。トニーは朝4時に起きてます」

トニーはノートパソコンを閉じて立ち上がり、ついてくるよう僕に合図した。僕たちはカーペットを敷いた廊下を歩いて、最初のミーティングへと向かった。

彼の黒い革靴は整然としたステップを刻んで進み、僕はその少し後ろをついていった。自分の足取りがひどく萎縮しているのがわかる。

トニーは最初からいい人だったけど、このときもまだ僕はここにいる資格はあるのかと思っていた。少しでもヘマをしようものなら家に帰されるんじゃないかと、内心ビビっていたんだ。

会議室に着いた。後ろの方のイスに座ろうとしたら、その席じゃないとトニーが合図してきて、彼の隣の席を指さした。

次のミーティングのために別の会議室に行くと、またしても彼は自分の隣に座るよう合図した。その次のミーティングでも。

午後に行われた4つ目のミーティングでは、彼の指示がなくても、僕は自分から彼の隣に座った。

販売業者とのランチミーティングを終えて、トニーは僕を連れて廊下に出た。振り返って僕に「どうだった？」と聞いた。僕は言葉に詰まりながらも答えたが、彼からは何の反応もない。ただ聞いてうなずくだけだ。

次のミーティングを終えると、彼はまたしても僕を振り返って「どうだった？」と聞いた。次も、そしてその次も、トニーは僕の意見を聞いた。

窓の外は暗くなり、オフィスには誰もいなくなった。最後のミーティングを終えて、トニーはまたもや僕にどう思うか聞いた。

でももう彼が振り向くことはなかった。僕は彼の後ろではなく、彼と並んで歩いていたからだ。

誰も頼んでこないんだ

翌朝、もう1枚のザッポスのTシャツを着て下に降りると、トニーの運転手が僕を待っていた。僕らは街の向こうにある2000人を収容するホールに向かった。トニーが全社ミーティングの準備をしていた。彼は2時間前からすでにそこにいた。

僕はホールに着いて、午前中はずっとバックステージからトニーのリハーサルを見ていた。彼のプレゼンは、企業トップの基調講演とハイスクールの激励会の中間みたいなものだった。

数時間後、会場の明かりが消え、カーテンが開いた。

トニーの父親と僕は、最前列の席に並んで座り、本番を見守った。

1日が終わる頃、ホールから出ようとすると、ドアの近くでザッポスの従業員の1人に呼び止められた。昨日の午後、僕がトニーにくっついていたのを見たらしい。

彼はザッポスに勤めて数年になり、一番の夢はトニーの影となってお伴《とも》をすることだそうだ。

どうして君はそんなチャンスを手に入れられたのかと聞かれた。

そんな羨望《せんぼう》の眼差しで見られたのは、それが初めてじゃなかった。前日も何人かのザッポスの社員が、自分もそこにいたいと言わんばかりに、同じ視線で僕を見ていたのだ。

その夜遅くに、僕はトニーの元へ行き、別れを告げて、2日間のお礼を言った。

「変な質問だと思うかもしれませんが」と僕は聞いた。

「どうして他の社員の人に影の役をやらせてあげないんですか?」

トニーはあっ気にとられたように僕を見てこう言った。

「喜んでやらせたいよ。でも誰も頼んでこないんだ」

17

カレッジ・ドロップアウト

2週間後、収納部屋で

僕はずっとウロウロしながら机の上の携帯をちらちら見ていた。電話すべきなのはわかっている。でもできない。あのときのやり取りが脳裏をよぎるのだ。

エリオットは僕に言った。「(大学を)中退するつもりかい?」

「えっ?」

「聞こえただろ」

この件は彼にだけは相談したくなかったけれど、相談できるのは彼だけだとも思っていた。僕は携帯に手を伸ばした。

「よお、調子はどうだ？」

「エリオット、助けてくれませんか」

僕は彼に、著作権エージェントから言われたことを伝えた。エージェントによれば、出版社に本の企画を売り込む理想の時期は来月だそうだ。つまり僕はそれまでに出版企画書を仕上げる必要がある。でもあと1週間で、僕の大学3年目が始まるところだった。

「それで、問題は何？」とエリオットが聞いた。

「大学が始まったら、また宿題とテスト漬けで、出版企画書の書き直しが間に合わないんです。やるべきことはわかってるんだけど、でも両親の目をまっすぐに見て、大学を中退しますなんて、どうしても言えなくて」

「まあまあまあ、中退なんてしなくていいだろ」

「えっ、どういうこと？」

「賢い人間なら、本当に大学を中退したりなんかしないよ」と彼は続けた。

「話が一人歩きしてるんだ。ビル・ゲイツやマーク・ザッカーバーグはお前が思ってるようには大学を中退していない。俺の言っている意味がそのうちわかるよ」

すべてはグレーだ

電話が終わって、僕はすぐに本棚を探し、まだ読んでいなかった本を取り出した。『フェイスブック　若き天才の野望』。フェイスブックの創設時について書かれた公認本だ。この本の52ページに、関連する記述があった。

ザッカーバーグが大学3年になる前の夏、彼はサンフランシスコのパロアルトでいくつかのプロジェクトに携わっていた。その1つがフェイスブックで、立ち上げたのは7カ月前のことだった。その夏の終わりにザッカーバーグは、メンターのショーン・パーカーにこっそりと、フェイスブックについてアドバイスを求めた。

「こういうのが続くと思う？」とザッカーバーグは聞いた。

「一時の流行かな？　いずれ廃れていくかな？」

フェイスブックのユーザーがほぼ20万人に達したときも、彼は将来に不安を持っていた。

僕は何か違和感を覚えたが、それが何かはわからなかった。そこでもっと深く調べようと、ノートパソコンを開いた。ユーチューブで何時間もザッカーバーグのインタビューを観るうちに、ついに違和感の正体が見えてきた。

3年生になる数週間前、ザッカーバーグはフェイスブックの資金を集めるために、有名なベンチャーキャピタリストのピーター・ティールに会う。ティールから大学を辞めるのかと聞かれたザッカーバーグは、ノーと言った。彼は3年生に進級するつもりだったのだ。

授業が始まる日の直前に、共同創業者でありクラスメートのダスティン・モスコーヴィッツは、もっと現実的なやり方を見出した。

「いいか」とモスコーヴィッツは言った。

「ユーザーは増えてきてるし、サーバーの数も増えてるけど、オペレーション担当がいない。これはかなり厄介だ。この問題に対処しながら同時に授業に出るなんてできっこない。だから一緒に1学期休学して、事態を収拾しよう。そして次の春学期から復学しようぜ」

エリオットが話していたのは、このことだったんだ。

フェイスブックの映画『ソーシャル・ネットワーク』を観てからというもの、僕はザッカーバーグは大学を中退した反逆者で、空に中指を突き立てて、決して後戻りしない人だと思っていた。映画では、ザッカーバーグがフェイスブックの将来に不安を抱いているシーンなどいっさいなかった。彼が大学を1学期休学しようと共同創業者と慎重に議論しているシーンなんて、まるでなかったんだ。

僕は何年もの間、「ドロップアウト、マーク・ザッカーバーグ」という見出しを見て、彼は自分の意志で進んで大学を辞めたんだと思い込んでいた。

見出しとか映画は、物事を白黒はっきりさせて描くことが多い。でも僕にはわかってきた。真実は決して白か黒かで割り切れるものじゃない。グレーだ。すべてはグレーなんだ。

話の一部始終を知りたいなら、もっと深く掘り下げるしかない。見出しやツイートなんて当てにならない。グレーの部分は、140字のつぶやきじゃ言い尽くせないんだ。

ビル・ゲイツの本を取ってみると、ゲイツも大学を中退するに当たって、勢いに任せてなんてことはしていない。

93ページにこうあった。彼はマイクロソフトでフルタイムで働くために、3年生のときに1学期だけ休学している。そして会社が十分にうまくいかず、まだ機が熟していないときに、大学に戻っていた。

でも、それについて触れている人はいない。

翌年になってゲイツはマイクロソフトの成長を見ながら、もう1学期休学し、それからまたもう1学期休学した。

リスクを取るときに難しいのは、取るかどうかの決断ではなく、いつそうするかというタイミングの判断だ。学校を辞めるという一大事について機が熟したかどうかなんて、はっきりわかるわけがない。

仕事を辞めるタイミングだってそうだ。いざ大きな決断をするというときに、それが正しいタイミングかなんて決してわからない。後で振り返ってみて初めてわかることだ。だから僕らにできるのは、できるだけ慎重に一歩を踏み出すことだけだ。

大学を辞めるのはさすがにどうかと思っていたが、1学期だけ休学するのなら何の問題もない。

僕は車で大学キャンパスまで行き、指導教官に相談し、彼女から「USC休学申請書」と書かれた鮮やかな緑の申請書をもらった。7年の猶予があって、いつでも復帰することができる。

僕は両親にいい知らせを伝えようと自宅に急いだ。

人生の優先順位

「1学期を休学ですって？」と母は叫んだ。「気は確かなの？」

母はキッチンでトマトを切っていた。

「ママが思うほど大変なことじゃないよ」

「いいえ、あなたが思ってる以上に大変なことよ。私にはわかるの。あなたのことはあなたが物心つく前からわかってる。一度学校から離れたら、あなたは絶対戻らないわ」

「ママ、別にただ――」

「いいえ、私の息子が大学中退者になるなんて許さないわ」

「中退じゃないって」と言って、緑の申請書を振ってみせた。

「休学申請書って書いてあるでしょ」

トマトを切る包丁の勢いが増した。

「ママ、信じてよ。エリオットが僕に――」

「わかった！　エリオットが裏で糸を引いてるのね！」

「エリオットは関係ない。大学は好きだよ、でも――」

「じゃあ、なぜ残らないの？」

「どうしても出版契約を結びたいんだよ。契約を結べばビル・ゲイツに会えるし、ゲイツに取材ができれば、ミッションが大きく動いてインタビューしたい他の人たちにも会えるんだ。実現させたいんだよ」

「実現できなかったらどうするの？　もっと悪いのは、不可能だってことにあなただけが気づかないことよ。契約をとろうとがんばって、失敗して、またがんばる。

そうやって何年も過ぎたらどうするの？　無理だってことにやっと気づいて大学に戻ろうとしたけど、もう大学が受け入れてくれないなんてことになったら？」

僕は母に7年の猶予期間を説明した。母は歯を食いしばって僕を見つめ、嵐の勢いで出て行った。僕は自分の部屋に戻って思い切りドアを閉めた。ベッドに倒れると同時に、僕の中から声がした……。〝ママの言うことが正しかったら？〟

いつもなら母とここまでの口論になったら、祖母に電話する。でも今回はどうしてもできない。そうしようと思っても、心の中で歯止めがかかるんだ。

〝ジューネイマン〟

祖母には絶対に大学を辞めないと誓った。もし約束を破ったらどうなるんだろう。

でも祖母との約束を守ることで、自分に嘘をつく結果になったらどうなんだ？

祖母に誓ったときには、自分の人生がその先どうなるかなんて考えもしなかった。サミットでダン・バブコックから聞いたアドバイスを思い出した。

〝成功とは、自分の欲求に優先順位を付けた結果なんだ〟

でも何を優先させればいいんだろうか。もちろん家族が一番だ。でも僕らはどのタイミングで他人のために生きるのをやめ、自分のために生きるようになるのか。

僕は板挟みになった。その晩、不安と混乱でいっぱいになりながらエリオットに電話した。彼の話は今まで以上に核心をついていた。

「俺も同じことで両親ともめたよ。でも気づいたんだ。学校なんて、別に全員が行く必要はないってね。数年前に聴いたカニエ・ウエストの歌にこんな歌詞がある」

学校を辞めて事業をやるとみんなに言った。
みんな聞くんだ。「お前卒業したのか」と。
いや違う。自分で見切りをつけたのさ。

「今までよく大学でがんばったよ」とエリオット。「今度はお前自身のためにがんばる番だ。区切りを付けるときだよ」

祖母の涙

次の週は毎日のように、母と父と一緒にリビングに座って、僕の決断から両親が感じている不安を和らげようとした。

そしてついに、休学申請書を提出する期限が来た。締め切りまであと3時間しかない。僕は申請書に署名して、キャンパスまで提出しに行こうと部屋で準備をしていた。

ベッドの上に置いた緑色の申請書を見れば見るほど、血管の中で不安が脈打つような気がした。エリオットはできるだけの指導をしてくれているが、彼との電話での20分と、母と暮らした20年とでは比較にならない。僕の中には、まだこう感じている自分がいる。

〝ママの言うとおりかもしれない。夢物語が終わるまでに10年もかかったらどうなる？　出版契約をものにできず、大学の学位もとれずに〟

猶予期間が7年もあるのは知っている。エリオットも心配するなと言ってくれたが、僕は人生で最大の過ちを犯そうとしているのかもしれない。

靴ひもを結んでいると、玄関のベルが鳴った。

僕は緑の申請書をポケットにさっとしまい、車のキーをつかんでドアに向かった。ノブを回してドアを開けた。

祖母だった。戸口に立つ祖母は肩を震わせ、その頬には涙がつたっていた。

STEP 4

ぬかるみを歩く

18

ハレルヤ！

僕は収納部屋にこもって全速力で出版契約書を書き直した。友人たちと話すこともなく、家族の顔も見なかった。毎晩3、4時間しか寝なかった。

目を閉じようとすると、まぶたの裏に刻まれたかのように、ある光景が絶えず浮かんでくる。涙が頬をつたう祖母の姿だ。

チー・ルーから、ヤフーショッピングを立ち上げるときは毎日数時間しか寝なかったと聞き、どうしてそんなことができるのだろうかと思った。でも今ならそれがわかる。

エージェントから、出版企画書を書き直すのにひと月はかかると言われていたけれど、僕はそれを8日で仕上げた。

追い詰められたときにこそ、自分の本当の力がわかるんだ。

140ページにもなった企画書をメールでエージェントに送って祈った。どうか、彼女が魔法を使って、契約をとれますようにと。

すると、休学申請書を提出してちょうど11日目、出版契約を結ぶことができた。

夢の出版契約

喜びを分かち合おうとこのニュースをすぐに両親に伝えた。でもどんなときも祝福してくれた父が、笑顔を見せてくれない。

このときもまだ、僕が学校を辞めるんじゃないかと不安だったのだ。

それなら、僕に負けず劣らず喜んでくれる人に知らせなければ。僕はエリオットに電話した。

「まさか」と彼は言った。「ありえない。嘘だろう」

「本当に実現したんだよ」

「す……すげえ。やったんだ！　よくやった。お前はスーパースターだ！」

エリオットが僕をこんなふうに言ってくれたのは初めてだ。

「クレイジーだな！」と彼は続けた。「それで次にどうするんだ？」

「いよいよビル・ゲイツにインタビューするときが来たかなって」

「そんなわけないだろ！　ゲイツにインタビューするまで、どれほど時間がかかると思ってるんだ？　彼のオフィスでやるつもりか？　それとも彼の自宅で？　2人だけで、1対1でやるつもりか？　それともたくさんの広報担当者と一緒に、どこかの会議室でやるのか？」

「それが、まだ彼の首席秘書には出版契約を結べたって話してないんだ」

「ちょっと待て」とエリオット。

「これからメールを出すなら……完璧にしなきゃな」

僕たちはそれから1時間電話で話し、メールの原稿を考えた。インタビュー依頼はあえて書かなかった。メールを送る理由は、当然察してくれると思ったからだ。

メールを送信する前に思い出した。わずか2年前、寮の部屋のベッドで、ビル・ゲイツから学べたらどんなにいいだろうと夢を膨らませていたことを。

それがついに実現しようとしている。

翌日、首席秘書からの返事が画面に表示された。ゴスペルの聖歌隊が収納部屋に入ってきて、ハレルヤを歌い出した気分になった！

エリオットに電話して一緒に返事を読もうかと考えたが、待ちきれずメールを開いた。


すばらしいニュースだ。おめでとう！

僕は下にスクロールして、その続きを探した。でもそれだけだった。

どう見ても僕のメール戦略はうまくいかなかったようだ。ここでくじけてなるものか。

もう一度、首席秘書にメールした。

1週間が過ぎた。返事がない。

きっとまだ僕のメッセージを読んでいないんだ。そう自分に言い聞かせて、3度目のメールを送った。

さらに1週間が過ぎた。まだ返事がない。

沈黙の意味が飲み込めてきた。答えはノーなんだ。ノーだけならまだしも、首席秘書は僕と話そうともしない。

聖歌隊は歌うのをやめて、荷物をまとめてドアからさっと出て行ってしまった。

嘘と失敗の悪循環

ビル・ゲイツに会えると出版社に請け負っていたのに会えない。

エージェントは何て言うだろうか。

両親にはどう説明しよう。休学申請書を出しさえすれば、ビル・ゲイツの取材は決まったも同然だと言ってしまったのに。どんな顔をして祖母の元に行けばいいんだ。

僕は家族をガッカリさせ、エージェントをガッカリさせ、出版社にも嘘をついた。忌々しい失態の3連発だ。

僕は収納部屋で、懸命に別の選択肢を考えた。

〝よし……ビル・ゲイツがダメなら……ビル・クリントンだ。エリオットは彼とコネがある。それでクリントンがダメならウォーレン・バフェットだ。ダンが手伝ってくれる。しかもバフェットはゲイツの親友だから、バフェットにインタビューできたら、ビル・ゲイツにつないでくれるだろう。首席秘書なんてもうどうでもいいや〟

以前こうした人たちにインタビューを申し込んだときは、自分が何をしているのか自分でもわからなかった。今ならちょっとは経験を積んだので、次のステップを想像できるし、それでテンションも上がってくる。

〝サミットで知り合った友人がオプラ・ウィンフリーの下で働いている。ということは僕にはコネがある。もう1人サミットで知り合った友人が、ザッカーバーグの下で働いている。彼女なら僕をザッカーバーグにつないでくれる。それにエリオットはレディー・ガガのマネージャーと親しい。間違いなく前途は明るい〟

僕はレディー・ガガ、ウォーレン・バフェット、ビル・クリントン、オプラ・ウィンフリー、マーク・ザッカーバーグの写真をダウンロードして、たくさんプリントアウトした。その写真を机のそば、壁、ベッドの上、車のダッシュボードに貼った。

今になって思えば、このとき、状況の変化が僕に重くのしかかっていた。

学校を離れて完全に思いのままだと思っていたし、周囲のみんなには僕の夢を自慢していた。それが崩れ去ろうとしていた。

嘘つきと思われるのが怖くて、失敗と見なされるのが恥ずかしくて、面目を保つために何でもやろうと必死だった。

皮肉なことに、必死になればなるほど嘘をつき、さらに失敗を重ねるという悪循環にはまっていく。

「ついに機が熟してきたんだよ！」と僕は電話でエリオットにまくし立てた。

「ビル・ゲイツの首席秘書はすぐにでも返信をくれるはずさ。とにかく、うまく回り始めてるから、他の人にインタビューするのにも絶好の時期なんだ。

レディー・ガガのマネージャーを紹介してくれないかな。たしかバフェットの孫とも知り合いだって言ってたよね。あとクリントンのアシスタントは？」

嘘をでっちあげてエリオットをそそのかしているような気分になって不安だった。

でも1時間後、エリオットがレディー・ガガのマネージャーに書いてくれた紹介メールが僕に届いて、気分が良くなった。インタビューを申し込むと、マネージャーは返事をくれたが、答えはノーだった。

エリオットはビル・クリントンのオフィスにも連絡してくれた。

これまたノーだ。

エリオットはウォーレン・バフェットの孫にも紹介してくれた。

これもダメ。

サミットで知り合った友人が、バフェットの息子が出るパーティに連れて行ってくれた。

まったくダメ。

サミットで知り合った別の友人が、バフェットのビジネスパートナーの1人を紹介してくれた。

これも返事はノーだった。

3人目のサミットの友人がオプラ・ウィンフリーの広報チームを紹介してくれた。

ミッションの説明をすると彼らは高く評価して、オプラ宛てに手紙を書くように言ってくれた。

そして、僕が書いた手紙を担当部署に渡してくれた。

社内手続きの第1段階はクリアした。その後、第2、第3段階もクリアして、最終的に手紙はオプラのデスクに届けられた。

でも彼女の答えはノーだった。

失敗するという不安が僕の首を絞め、脳まで血が届かなくなる気分だった。それでも窒息死を免れたのは、とっておきの秘策があったからだ。

下心を抱いて

ダンに電話するときが来た。

サミットで知り合った、ウォーレン・バフェットの下で7年間働いたという人物だ。

ダンを通せばバフェットにたどり着けるのは間違いない。サミットの朝食でダンが「やらないことリスト」を教えてくれてからというもの、僕たちは毎週電話で話す仲になっていた。でも会話でバフェットの名前が出るたびに、ダンは動揺しているようだった。ダンは、かつての上司をわずらわせまいとしていたんだろうと僕は思った。

バフェットに会うにはエリオットに仲介してもらう方が簡単だろうけど、今やダンが唯一の希望だ。

僕の要望をあからさまに伝えるのはやめて、僕は電話で「ダン、会いたいよ！　いつ会える？」と言った。すると彼は、週末にサンフランシスコに来て自分の船に泊まらないか、と言ってくれた。

僕はその誘いに飛びついた。

数日後、僕はサンフランシスコに行き、タクシーに乗って霧に覆われたマリーナに着いた。ダンは船を泊めてそこで生活しているのだ。

荷物を下ろす間もなく、ダンは僕をしっかりハグし、僕のダッフルバッグを船の中に投げ入れて、そのままサンフランシスコ湾での豪勢なディナーへと連れていってくれた。

それから彼のお気に入りのカフェでライブ演奏を楽しみ、翌朝は芝生の生い茂る公園でフリスビーをした。

こうして2日間にわたってダンは街を案内し、僕を家族のようにもてなしてくれた。一緒にいる間に、僕からバフェットの話を持ち出すことはなかった。ダンとの絆をより深くすれば、彼がバフェットを紹介してくれる可能性が増すのではと期待したのだ。

何だか、新しいクライアントに媚《こび》を売るセールスマンの気分だった。

でも時間がなくなりかけていた。

サンフランシスコでの最終日、目を覚まして腕時計を見ると、あと2時間で空港へ向かわなくちゃいけない。

デッキに出ると、ダンと彼のガールフレンドがのんびりとゴールデン・ゲート・ブリッジを眺め、手にはコーヒーのマグカップを抱えている。

しばらく2人と話した後、もう1度腕時計を見ると、あと30分しかなかった。ダンにはまだ、紹介してほしいと話もしていない。

「ダン、これを見てほしいんだけど」

僕はノートパソコンを取り出して、彼に渡した。画面にウォーレン・バフェットへの手紙の下書きがあるのに気づいて、彼はけげんそうに目を細めた。

ダンはそれを読み、ちょっと間を置いてからこちらの方を向いた。

「アレックス、これは……すばらしい。バフェット氏はきっと評価してくれるよ」

僕は黙ったまま、ダンの方からバフェットに電話してつないであげるよと切り出してくれるのを期待した。

「それでだけど」とダンは言った。

僕は身を乗り出した。

「2部コピーしてくれないか。1部はバフェット氏のオフィス用、もう1部は彼の自宅用だ！」

ダンのガールフレンドがマグカップを置いて、ノートパソコンに手を伸ばし、「私にも読ませて」と言った。読み終えて、彼女はダンに目をやった。

「すばらしいわね。直接バフェットさんにメールしたら？」

「そうなれば人生が変わるね」と僕は言った。

ダンはノートパソコンから目を離して、ガールフレンドと僕に視線を移した。黙っていたが、ちょっとしてからこう言った。

「わかったよ、アレックス。この手紙を添付してメールで送ってくれたら、彼に送るよ」

ダンのガールフレンドが彼の頬にキスした。

「もしそれでうまくいかなければ」と彼は付け加えた。

「君と一緒にオマハに行って、バフェット氏に直接話そう。実現させようじゃないか、アレックス。すぐにインタビューできるよ」

19
グランパ・ウォーレン

船を去るとき、ダンが指摘してくれた。

バフェットに手紙を送ってすぐにイエスの返事が来ても、肝心のインタビューの準備が間に合わなかったら元も子もないと。

バフェットの魅力

そこで僕は手紙をすぐには送らないことにして、帰宅してバフェットのことを調べた。

バフェットについて、みんなが知っていることくらいはすでに知っていた。

史上最も成功した投資家であり、アメリカで2番目の富豪であること。

それなのに彼はニューヨークに住むでもなく、ウォールストリートにでかいオフィスを構えているわけでもないこと。

バフェットはネブラスカ州のオマハで生まれ、今日に至るまでその地で、彼の会社バークシャー・ハサウェイを経営している。

世界中の数万もの人が、同社の株主総会に出るために、年1回オマハに「巡礼」するのをテレビで見たことがある。それだけの人たちが彼を崇拝し、愛しているのだ。

収納部屋に行って、800ページもある自伝本の表紙にある彼の顔を見たとき、僕も崇拝者の1人になろうとしている、という気がしてきた。

彼の柔らかいシワとフサフサの眉毛をじっと見ると、ぬくもりを感じてしまう。バフェットの目は中西部の男性らしい魅力にあふれている。

彼の写真を見ていて、今にも動き出すんじゃないかと感じてきた。僕に向かって笑いかけ、ウィンクして手を振って「アレックス、さあおいで」と言うんだ。

僕は机の上で本を開いて、ウキウキとページをめくった。ダンがインタビューを手配してくれると思っていたから、プレッシャーは消え、読むのが楽しくて、あっという間に数時間が過ぎた。

学ぶことがこんなに楽しいと感じたことはなかった。大学ではテストや宿題ざんまいで、読書は苦い薬を飲むような気分だった。それが今じゃあ、おいしいワインを飲んでいるみたいだ。

昼間は彼の自伝を読み、夜は彼についてのオーディオブックを聴き、深夜までユーチューブで彼の動画を観て、彼のすばらしさを1つひとつ噛みしめた。

私は大学生諸君にこう言いたい。君たちが私の年になって、自分を愛してほしいと思う人から愛されていれば、君たちは立派な成功者だ。

どんなに才能に恵まれて多大な努力をしても、時間を要することがある。9人の女性を妊娠させたからといって、1カ月で赤ちゃんを産んでもらうことはできない。

じっくり考えることに、毎日でも時間を費やせと言いたい。アメリカの実業界はそれをやらな過ぎる……私は実業界の誰よりも多くの本を読み、じっくり考える。思いつきで決断することは少ない。

僕は金融のことはあまり知らなかったし、さほど興味もなかったけれど、バフェットの説明の仕方にどこか引き込まれてしまった。

ウォールストリートで金持ちになるコツをお教えしよう。他人が不安を抱いているときに貪欲《どんよく》になることだ。そして他人が貪欲になっているときに、不安を抱くことだ。

私に言わせれば、株式市場に三振アウトはない。すべての球を振る必要はなく、これはという球を待てばいい。ただ資金運用者になって困るのは、ファンから「振れよ、バカ野郎」とやじられることだ。

私が買おうと思うのは、愚か者でも経営できそうなほどすばらしい会社の株だ。遅かれ早かれ、そういう人が経営するようになるのだから。

８００ページの自伝を読み終えて、すぐにもう1冊別の本を開いた。

机に積まれたバフェット関連の本は最終的に15冊までいったが、まだ飽き足らない。

僕は彼についてできる限りのことを学んだ。６歳のときに「実業家」となってから、バークシャー・ハサウェイを世界で五指に入る価値ある会社とするまでのことを。

彼は6歳のとき、家々を回ってジューシーフルーツ・ガムを売り、「実業家」としてデビューする。バークシャー・ハサウェイはコカ・コーラ、ＩＢＭ、アメリカン・エキスプレスに投資をし、ハインツ、ＧＥＩＣＯ（ガイコ）、シーズキャンディーズなど複数の会社を直接所有するまでになった。

バフェットの経験や知恵に夢中になればなるほど、彼のことをグランパ・ウォーレン（ウォーレンおじいちゃん）と親しみを込めて呼びたくなった。

バフェットの選択

特に好きなのは、バフェットが僕の年齢だった頃のエピソードだ。僕の周りには、似たような悩みを持っている友だちが何人かいたが、グランパ・ウォーレンはそんな悩みについて答えを出していた。

友人のコーウィンと、バフェットについて語る日が来るとは思いもしなかった。彼の関心は金融とはかけ離れているからだ。

映画監督になりたいという彼の情熱は日増しに強くなり、電話しても会ってくれない映画監督にどうやって会えばいいか、彼からアドバイスを求められた。

僕はグランパ・ウォーレンを見習うように勧めた。

バフェットは、ネブラスカ州リンカーンにあるネブラスカ大学を修了して、株式ブローカーとして働いていた。ブローカーとは、言わば株のセールスマンだ。

彼はオマハで株を売ろうとしてビジネスマンたちに面会を打診したが、ほぼ全滅だった。信用もないのに株を売りつけようとする人間に、会おうという人はいなかった。

そこで彼はやり方を変えた。ビジネスマンたちに電話して、彼に聞けば節税のアドバイスをもらえるという印象を抱かせたのだ。

そしたら彼らは手のひらを返したように「さあ、入って！」と言った。こうしてバフェットは面会にこぎつけることができた。

「ここがポイントさ」と僕はコーウィンに言った。

「こちらの都合じゃ会ってくれないってのは、決して会いたくないってことじゃない。視点を変えるんだ。相手が望むものを見つけて、それをエサにして懐に入っていけばいい」

友だちのアンドレは音楽業界に入りたがっていた。

レコード会社に入って給料のいい仕事を目指すべきか、大物ソングライターの下で直接、無給で働くべきか。僕はアンドレに悩むことじゃないと言った。

バフェットが株のブローカーとして働いていたとき、スキルを磨くためにビジネススクール（経営大学院）に行こうと決めた。彼はコロンビア大学を志願した。その理由は、ベンジャミン・グレアムという、ウォールストリートの伝説的投資家がそこで教えていたからだ。

グレアムは、基準より割安な株を買って長期の利益を狙う、バリュー投資の父として知られていた。バフェットはコロンビア大学に入ってグレアムの授業を取り、グレアムは最終的にバフェットのメンターとなる。

バフェットは卒業を間近にして、大半のＭＢＡ（経営学修士号）取得者が選ぶような給料の高い会社勤めではなく、直接グレアムの下で働くことを選んだ。

バフェットはグレアムに仕事が欲しいと言ったが、グレアムの返事はノーだった。給料はいりませんと言っても、グレアムの返事は変わらない。

そこでバフェットはオマハに戻って、再び株のブローカーとして働いた。だがその間もグレアムに手紙を出し続け、ニューヨークにいる彼を訪ねた。

バフェット自身の言葉を借りれば、こうして2年間「グレアムをわずらわせた」あげく、彼からやっと仕事をもらうことができた。

バフェットはこのとき結婚して子どももいたが、すぐにニューヨークに飛んで仕事を始めた。給料がもらえるのかどうかさえ聞かず、数年間グレアムの仕事部屋の外に机を置き、直接彼の手ほどきを受けた。

2年後、グレアムが引退し会社を閉じると、バフェットは自身のファンドを立ち上げるためにオマハに戻った。グレアムの得意客が代わりの投資会社を求めたとき、グレアムが推したのはバフェットだった。

バフェットもバリュー投資家として有名だが、この話からは、彼が自分のキャリアも同様に長期的な視点で考えていたことがわかる。

MBAを取ってすぐに高給の仕事に就けば、短期的にはずっと多くの金を稼ぐことができただろう。でも彼はグレアムの下でタダ働きをしてもいいと考え、長期的にははるかに多くの額を稼ぐことができた。

バフェットは目先の利益にこだわるよりも、指導を受けたり、専門性や人脈を築いたりしながら稼ぐことを選んだのだ。

そういえばエリオットも以前、これと似たようなことを言っていた。

「直線の人生か、一足飛びの人生か、道は2つに一つだ」と。

脚注14を読め

一方で、悩みがない友だちもいる。ライアンがそうだ。彼は金融の仕事をしたがっていて、どうやったらグランパ・ウォーレンみたいになれるかを単純に知りたがっていた。

僕の答えはこれだ。脚注まで読み込め。

バフェットが自分の投資ファンドを創ったとき、1人の記者が電話でインタビューを申し込んできた。記者はある公開会社に関する難しい質問をした。

するとバフェットは、その会社の年次報告書に答えが書いてあると言った。記者はその年次報告書を調べたがそんな記述はなく、電話でバフェットに答えなんかないよとこぼした。

「しっかり読んでないからだ」とバフェットは言った。「脚注14を見てごらん」

確かに、そこに答えが書いてあった。記者は唖然《あぜん》とした。

「短いエピソードだけど」と僕はライアンに言った。

「得られる教訓はとてつもなく大きい。これこそバフェットが成功できた一番の秘訣だと思う。

他の人は報告書の上っ面《うわつら》しか読まないのに、バフェットは小さな活字の上から下まで丁寧に目を通し、一言一句をチェックして手がかりを探すんだ。脚注を読むのは天才でなくたってできるよね。選択の問題なんだよ。時間をかけて、努力に努力を重ねて、他の人がやりたくないことまで引き受ける。それを選ぶかどうかだ。面倒くさい脚注にまで目を通すことは、バフェットの『やることリスト』にある1つだし、彼の人生観でもあるんだよ」

友人たちはすぐにグランパ・ウォーレンを好きになった。僕がエピソードを語るほどに、彼らはバフェットに親しみを覚えていった。

そしてついに、ダンにメールを送る用意が整った。

バフェットへの手紙を書き直し、彼についての事実をありったけ詰め込み、どれほど彼を尊敬しているか示した。最終チェックを求めてダンにメールを送ると、完璧だと言ってくれた。

パソコンで打つか、手書きにするか、どちらがいいかとダンに聞くと、「両方だ!」と答えた。言われたとおりに、バフェットのオフィスに1部を、またもう1部を彼の自宅に宅配便で送った。ダンにもデータをメールで送った。そのままバフェットに転送してもらうためだ。

ダンは2日後電話をかけてきた。

「今ごろ、君の手紙はバフェット氏に届いているはずだよ」

こんな幸せな言葉で始まったこの先の6カ月間は、僕の人生で最も悲惨な時期となった。

20
モーテル6

送信者：ウォーレン・バフェットのアシスタント
宛先：アレックス・バナヤン
件名：ミスター・バフェットへの手紙

拝啓、バナヤン様
　バフェット氏からあなたへの手書きの返事を添付しました。

バフェットの秘書から返事が来た。そのとき僕は収納部屋にいて、添付ファイルをクリックした。

僕が送った手紙がそのまま画面に出てきて、下にスクロールすると、バフェットが筆記体で書き殴ったようなライトブルーの2行があった。

きっと彼は僕の手紙をすごく気に入って、その場で手紙を書いて、秘書にこれをスキャンしてすぐに返信するように言ったのだろう。

でもスキャンの状態が悪くて、何て書いてあるかわからない。アシスタントに返信して、何と書いてあるのか聞いた。きっとこう書いてあるのだろう。

「アレックス、この手紙を書くのに数カ月かけてリサーチしたんだね。正直、感心したよ。君のミッションを手伝いたい。アシスタントに電話してくれたら、来週にでもインタビューの時間を用意しよう」

5分後、アシスタントから返事が来た。

送信者：ウォーレン・バフェットのアシスタント
宛先：アレックス・バナヤン
件名：バフェット氏への手紙

彼はこう書いています。

「アレックス、私はこれまで何度もこういう申し出を受けてきた。こちらは手いっぱいで、こうした依頼に応じる余裕はないんだ――WEB」

この断りの文を書くのに、彼はちょっとしか手を動かしていないだろう。でも僕からすれば、彼が大きく腕を振り上げて、喉元にパンチを浴びせてきたように思えた。

粘り強くいけ

僕はダンに電話した。

「完璧だと思ってた……決まったも同然だって……何がダメだったんだろう」

「アレックス、わかってほしいんだが、相手はウォーレン・バフェットだよ。彼は1日に数百ものリクエストに応えているんだ。これぐらいで悲観しちゃダメだ。君に手書きの返事を送ったということは、君を気に入っているってことさ。僕は彼のことをよく知っている。彼は誰にでも返事を書くような人じゃない」

次にどうしたらいいか聞いた。

「粘り強くいくんだ」とダンは言った。

「カーネル・サンダースなんて、ケンタッキーフライドチキン（KFC）を立ち上げたとき、

1009回も断られた。君はまだ1回だろ。バフェット氏は君を試してるのさ。君の気持ちがどれくらい強いのか、見たがっているんだ」

電話を切ってすぐに僕は10個の名言をプリントアウトして、部屋中に貼った。

粘り強さ——使い古された言葉だが、ちゃんと効果はある。成功する人とは、他の人が断念した後も続けられる人のことだ。知性より、生まれより、コネよりも大事なのが粘り強さだ。根気を持て！　ドアが倒れるまで叩き続けろ！

——ジェリー・ワイントローブ（音楽プロモーター、映画プロデューサー）

エネルギーと粘り強さはすべてを制す。

——ベンジャミン・フランクリン（アメリカ建国の父の1人）

成功への最も確かな方法は、常にあともう1回試してみることだ。

——トーマス・エジソン（史上最大の発明家。発明王）

あきらめない人間を打ち負かすことはできない。

——ベーブ・ルース（アメリカの野球選手。野球の神様）

私の成功の基になっているのは、運ではなく粘り強さだ。
——エスティ・ローダー（化粧品会社創業者）

私は頭がいいのではなく、粘り強く問題に向き合っているだけだ。
——アルベルト・アインシュタイン（20世紀最高の物理学者）

十分にじっくり粘れば、望むことは何でもできる。
——ヘレン・ケラー（障碍者の教育・福祉の向上に尽くした教育者）

地獄の真っ只中にいるとしても、そのまま突き進め。
——ウィンストン・チャーチル（第二次世界大戦でイギリスを導いた政治家）

粘り強さに取って代わるものなど、世の中にはない。
——カルビン・クーリッジ（アメリカ第30代大統領）

ダンに手伝ってもらってバフェットへの2通目の手紙を書いて送った。1週間が過ぎても返事がない。

僕はバフェットのアシスタントにメールして、彼のデスクに届いているか確認した。

送信者：ウォーレン・バフェットのアシスタント
宛先：アレックス・バナヤン
件名：ＲＥ：バフェット氏への手紙

バフェット氏は2通目の手紙を受け取りました。ただ最初のお返事のとおりです。お手伝いできなくて申しわけありません……。

〝バシッ〟

ティム・フェリスにインタビューしたときも、パンチを浴びた気分だったが、今回のショックに比べれば、あれは小学3年生の遊び場での取っ組み合いだ。

今思えば、バフェットは何も間違ったことはしていない。彼からすれば、僕に対してそんな義理などあるわけがない。

でもそのときは冷静に考えられなかった。しかも、ダンは繰り返し僕に念を押した。粘り強く頑張れと。

1対1の勝負だ

翌朝5時に目覚ましが鳴った。僕はランニングシューズの紐を結んで暗い通りに出て、イヤホンをつけて映画『ロッキー』のテーマ曲「アイ・オブ・ザ・タイガー」を爆音で聴いた。

歩道を走り各ブロックを通り過ぎるたびに、バフェットが脳裏に浮かぶ。これは僕と彼の1対1の勝負だと自分に言い聞かせた。僕に会いたくないという彼の気持ちより、彼に会いたいという僕の気持ちの方が勝っているはずだ。

もしこれが映画だったら、僕が数カ月も走り続けているような映像になるだろう。歩道を走っている間に、背景の木々は緑から黄色に変わって葉が落ち、雪が積もっていくというシーンだ。

僕はこれまで以上にバフェットについての本を読み、ユーチューブでインタビューを観て、オーディオブックを聴いた。きっと僕が見逃した何かがあるはずだ。

バフェットは脚注14に答えを見出した。僕の答えは脚注1014にあるのだろう。

気づくと1月になり、USC（南カリフォルニア大学）の春の新学期が始まろうとしていた。ためらうことなく、僕はもう1学期休学した。

僕はバフェットについてさらに調べ、もっと早く起きて、もっと速く走った。

認めたくはないけれど、そうしていたのは、もうバフェットのためだけじゃなかった。周囲にいる人たちが何もかも間違っていると証明するためでもあった。

僕をただの友人としてしか見てくれなかった女の子たち。僕を透明人間みたいに扱った子どもの頃の人気者たち。僕を無視した大学の同級生たち。

僕はバフェットに3通目の手紙を送った。返事はない。

〝バチン〟。あごに一撃をくらった。

4通目。

〝ガツン〟。目にフックが来た。

シュガー・レイは僕にこう忠告してくれた。

「戦い抜くんだ。もちろんしんどい戦いになるさ。『無理だ』って言われることもあるだろう。でも貫き通せ」

バフェットのアシスタントに毎週水曜日に電話して、バフェットの気が変わっていないか確認した。答えは決まってノーだ。

5通目の手紙を送った。

〝ビシッ〟。鼻に一撃。

6通目。

〝ボキン〟。歯が折れた。

2月になって、より詳細な内容の手紙を書いた。僕がどれほどインタビューを望んでいるか、バフェットに伝わってくれることを願って。

送信者：ウォーレン・バフェットのアシスタント
宛先：アレックス・バナヤン
件名：ウォーレン・バフェットにお送りいただいた手紙

アレックスへ

バフェット氏は2月5日付のあなたの手紙を読みました。申しわけありませんが、インタビューに応じることはできません。最初のご返事をしてから、面会の要望が相次ぎスケジュールがさらに立て込んでいるのです。

〝ガンガンガン〟。ショックが重なって血が吹き出した。

この頃には、自分のセコンドについてくれているのはダン1人だけという気分になっていた。彼の友情のおかげで、かろうじて望みをつないでいた。

「直接バフェットに電話してくれないかな」と僕は彼に頼んだ。

「アレックス、僕を信じるか？」

「もちろん、信じてるよ」

「じゃあ悪いことは言わない。僕がやるよりも、君がやった方がいい。僕がバフェット氏に電話をするのは簡単さ。でも君が自力でイエスと言わせる術を学ぶことが大事なんだ。次の手紙では、中身をもっと工夫した方がいい」

ダンは、ビル・クリントンに会いたがっていた彼の友人の話をしてくれた。クリントンのスタッフから面会を断られたこの友人は、AskBillClinton.comというドメインを購入する。それからクリントンにこのドメインをプレゼントする手紙を送ると、クリントンのオフィスは会う時間を設定してくれた。

僕もバフェットに対して同じようにしてはどうかと、ダンは言った。

そこで僕はAskWarrenBuffet.comというドメインを購入し、映画監督志望のコーウィンと2人で動画を撮影してランディングページに載せた。

そして、このウェブサイトを使って世界中の学生に指導してくださいと書いた手紙をバフェットに送った。

送信者：ウォーレン・バフェットのアシスタント
宛先：アレックス・バナヤン
件名：ＲＥ：ウォーレン・バフェットにお送りいただいた手紙

アレックス、返事が遅れてすいません……添付したのはミスター・バフェットの直筆の返事です。

〝ほら見ろ。思ったとおりだ！　粘り強さだよ！〟

バフェットから手書きの返事が来たのは1通目以来だ。ダンのアドバイスが効いたんだ。僕はファイルを開いた。


アレックス、学生を指導するというアイディアについて、私は友人たちと何年も前から議論してきた。そうしたことはしない方がいいし、何かを書き残すことにこだわらない方がいいというのが大方の意見だ。私も同感だ。

ウォーレン・E・バフェット

僕にはもうなす術がなかった。

片方だけの革靴

「君に何が欠けているか、自分でわかるかい？」とダンは言う。

「時間をかけて担当者の気持ちを解きほぐさなくちゃ。バフェット氏のアシスタントに花を贈った方がいい」

「さすがにやり過ぎじゃないかな？」と僕は聞いた。

「彼女のことは何年も前から知ってる。喜ぶはずさ」

僕は不安だったが、とりあえず花を注文して、電話に応対してくれたり手紙を渡してくれたことに感謝する言葉を添えた。

送信者：ウォーレン・バフェットのアシスタント
宛先：アレックス・バナヤン
件名：お花をありがとうございます。

アレックス
美しい花と素敵な言葉をありがとうございます。連絡しなくてすみません。残念ながら年次ミーティング関連の仕事が詰まっていて……。
でもお花のおかげで1日が華やぎました。心からの感謝の気持ちを伝えたいと思います。

僕はダンに電話した。
「いいぞ、いい方向に向かってる！」と彼は言った。
「次に何をすべきかわかるか？　バフェット氏のアシスタントに直接会うんだ。
彼女は今忙しいと言ってただろ？　あなたのオフィスに行っていろいろ手伝いたい、と書いて送るんだ。封筒の整理をしたりコーヒーを用意したり、何でもやってあげるんだ。向こうが君のことをわかってくれれば、すぐにインタビューにこぎつけられるさ。

ああ、それから手紙と一緒に靴の片方を贈るんだ。素敵な箱に入れてさ。箱の上に『ちょっとお邪魔します』って書いたらいい」

「あのう……冗談でしょ?」

「冗談なもんか。必ず大きな文字で『ちょっとお邪魔します』と書くんだぞ。ジョークが伝わるように」

「いや……さすがにちょっと靴はやり過ぎだと思うな」

「靴を贈るからこそいいんだよ。僕を信じて」

僕は不安な気持ちになったが、議論しても仕方ない。ダンこそ唯一の頼みの綱だ。

そこでサルベーション・アーミー(救世軍)のストアに行って、黒の革靴を買って、ダンに言われたとおりのメモを添えて送った。

送信者:ウォーレン・バフェットのアシスタント
宛先:アレックス・バナヤン
件名:(なし)

こんにちは、アレックス

申し出は嬉しいですが、こちらでは人手は足りていますし、スペースもありません。バフェット氏はあなたの粘りに感心していますが、スケジュールは今のところいっぱいで、会うことはできません。

申し出はあなたが初めてではありません（最後にもならないでしょう）が、彼が会うことはありません。これ以上メールをいただいても、お応えできないものとご理解いただければと思います。

今後私を助けてくださるというのであれば、仕事に集中させ、わずらわせないでいただくことが何よりです。ご理解ください。

「ダン、お願いだから助けて。バフェットに直接連絡してもらえないかな」

「してもいいが」とダン。「でも君のメンターとしてそれはよくないと思う。アレックス、まだ9回目のノーだろ。ロープ際に追い詰められたわけじゃないんだ」

1つの的に執着するな

他に選択肢はないかを考えていて、ひらめいた。

エリオットは、幸運を信じてハンプトンズまで行き、またとないチャンスをたぐりよせた。同じように僕もオマハまで行ってみるのはどうだろう。

バフェットの行きつけのレストランとかスーパーで、彼に偶然出会えるかもしれない。ダンはすばらしいアイディアだと言ってくれた。

僕はさっそく、飛行機のチケットの手配を始めた。

エリオットもさぞ喜んでくれるだろう。これこそ彼が僕に教えてくれたことだし。

ところが彼に電話してこの計画を打ち明けると、まさかの沈黙となった。

「ぜんぶ台なしにする気か?」とエリオット。

「どうして? 僕は毎日24時間バフェットにかかりっきりだよ! これ以上できないくらいに」

「そこだよ。いいか、ビジネスは射撃訓練じゃない。1つの的に執着しちゃだめなんだ。できるだけたくさん選択肢を用意して、そこから当たりを見極めるんだよ。ビル・ゲイツに会うことに最後に取り組んだのはいつだ?」

「ええと、数カ月間やってないけど」

「レディー・ガガに会うことに最後に取り組んだのは?」

「それも数カ月間やってない」

「バフェットに会うことに取り組んだのは?」

「毎日ずっとバフェットのことばかりだって!」

「ほらな! 一つひとつ、ちゃんとパイプを築くところから始めろよ。そうして、たくさんの選択肢につなげていくんだ。1つの的に固執し過ぎるなって。たくさんのボールを宙に投げて、そこから当たりをつかみとるんだ。ビジネスは射撃訓練じゃない」

エリオットは電話を切った。彼の言っていることはわかる。でも僕にはそれが正しいとは思えなかった。

ダンは僕にやらないことリストについて教えてくれた。

〝成功とは、自分の欲求に優先順位を付けた結果なんだ〟

これまで読んだどのビジネス書にも、粘り強くあれと書いてあった。

何より、ダンはバフェットと個人的に知り合いで、その彼が前に進めと言っているんだ。

エリオットは僕のメンターだ。だからって、彼が常に正しいわけじゃない。

僕はチケットを予約した。

2日後、オマハ、冬の嵐

エプリー・エアフィールド空港のターミナルは静まり返っていた。深夜12時を過ぎていて、ダッフルバッグがずしりと肩にのしかかってくる。中にはキンドルと、バフェット関連のハードカバー本が10冊入っている。

本を持ってくることでインタビューできる可能性が1パーセントでもアップするなら、そうする価値はある。

僕は誰もいない通路をとぼとぼと歩いた。沈黙を破って反響するのは僕の足音だけだ。目の前には、ネブラスカ大学のポスターが貼ってある。

それはバフェットの卒業アルバムの写真をひきのばしたもので、その下に「1951年」と書いてあった。彼は当時21歳だった。

彼の写真を見たが、よくあるアルバムの写真となにも変わらない。彼だって普通の人間だ。なのになぜ半年間も彼に会おうと懸命に頑張って、そのたびにパンチを食らってきたのだろうか。

1人の人間に、ちょっと質問しようと思っただけなのに。

空港を出ると、突風がコートを突き抜けていった。空から雪が落ちてきた。

タクシー乗り場まで行くと、息を吸うたびに冷たい空気が肺に刺さるようだ。1台のタクシーが近寄ってきた。前のバンパーがなくなっている。

「いつもこんなに寒いの?」と僕は車に乗り込みながら運転手に聞いた。車内は、3カ月前から捨てられずに残っているビッグマックのような臭いがする。

「オマハは初めてなんだろ?」

「なんでわかるの?」

運転手は笑った。「お前さんはまったく世間知らずの若造だ」

彼は助手席から新聞を取り上げて放り投げ、僕の顔にぶつけた。その見出しによると、今夜のオマハはこの30年で最悪の吹雪に見舞われるようだ。

タクシーはさびれたハイウェイを曲がった。すると車が揺れ始めた。雪がひょうに変わって、上から半自動小銃で撃たれているみたいな音がする。20分その音を聞き続けて、車はモーテル6への車道に入った。

ロビーの明かりは点いたり消えたりしている。

チェックインしてエレベータに向かうと、2人の女性が壁にもたれて立っていた。着ている服はかろうじて体を覆っている程度で、2人とも爪を10センチほども伸ばし、髪はむき出しの腰にまで伸びている。2人は僕を見つめて眉を上げた。

僕は体がこわばり、すぐさまエレベータのボタンを押した。

エレベータが開くと、強烈な臭いに襲われた。何週間も風呂に入っていない人が発するような臭いだ。エレベータの中に青白い顔で血走った目の男がいた。前によろめき、片方の手で自分の首をひっかき、もう一方の手をこっちに伸ばしてきた。

部屋に入って鍵をかけた。部屋の中なのに、外にいるような寒さだ。ヒーターが壊れていて、コートを着ていても凍えそうだ。

フロントに電話してまだ開いているレストランか食料品店はないかと聞いた。この天気のせいでどこも閉まっているらしかった。廊下を歩いて自動販売機に行ったが、壊れている。あきらめて、洗面台の蛇口から水をくみ、飛行機でもらったスナック菓子を夕食にした。

バッグからバフェットの本を取り出したときに、やっとわかった。こんな数十年ぶりの吹雪の中で、バフェットに会えるはずなんかないと。

僕はいったい、ここで何をやっているのか。オマハに来たら、元気が出ると思っていたのに。ガランとした部屋を見回すと、これまでにバフェットから送られてきた断りのメールが、壁中に貼られているように思えてきた。

人生でこれまでにないほど、孤独な気分になった。

携帯を手にとりフェイスブックをスクロールすると、友だちのケヴィンとアンドレが一緒に笑っている写真があった。みんなは今晩、パーティを楽しんでいるんだ。

姉妹のブリアナとタリアの写真もある。僕の行きつけのレストランで、笑顔で食事をしている。

１００枚を超える写真をアップロードしていたのは、大学の初日に僕が熱をあげた女の子だ。それをスクロールしながら見ていった。

彼女はオーストラリアに留学中だ。熱い太陽の下、浜辺で笑顔を見せる彼女を見ると、僕が今どれほど寒くて惨めなのかを思い知らされる。

最悪なのは、これが自分でまいた種だってことだ。こうなることを自分で選んだんだ。僕は大学にとどまることもできた。留学することもできたし、人生を楽しむことだってできた。なのに僕はそのすべてに背を向けた。

いったい何のために？

携帯を枕に投げつけてベッドに転がった。シーツは凍っていた。僕は転がり下りてカーペットの上に横になり、胸元でひざを抱えた。寒さに震えながら床に寝て、半年前から断られ続けたことに思いをはせた。

あれこれ考えていると、ゴキブリが出てきて僕の鼻先まで来た。そのゴキブリが壁のひび割れに入って見えなくなると、涙があふれてきて僕の頬をつたった。

シュガー・レイは僕に「秘めた力」のことを話してくれた。でも僕はシュガー・レイじゃない。僕には秘めた力なんかない。

僕には何もない。

21
カエルにキスをしろ

数日後、何の収穫もないままオマハを出た。

翌週はずっと収納部屋には行かず、本に触れることもなく、1通のメールも送らなかった。ただ座っているだけで、何かしようなんて気にはなれなかった。

セグウェイの発明者

カウチに深く腰掛けテレビのチャンネルをあちこち変えていると、ステファン・ワイツから電話が来た。僕をチー・ルーに会わせてくれた、マイクロソフトのインサイドマンだ。

「信じられないだろうけど」とステファンは言った。

「ディーン・ケーメンとのインタビューを取り付けたよ！」

「ディーン……誰……？」

僕はテレビのチャンネルを変え続けた。

「ディーン・ケーメンは僕のヒーローなんだ。頼むから、彼のことを調べてみてくれ。終わったら電話をくれよ」

数日経ってからようやく、グーグルで「ディーン・ケーメン」を検索してみた。セグウェイに乗った彼の写真が出てきて、彼が発明者だという説明書きがついている。

さらに調べてみると、彼は浄水器のスリングショット、輸液ポンプのオートシリンジ、携帯用人工透析器、電動車いすのiBOTなども発明していた。現代の有名な発明家らしい。

１００万回を超えて再生された彼のＴＥＤトークは、彼自身が発明した最先端の義肢、ルーク・アームについて紹介するものだった。

彼は全米発明家殿堂入りを果たしているだけでなく、アメリカ国家技術賞、ベンジャミンフランクリンメダル、エンゲルバーガー賞などの数々の賞を受賞。自身の名で４００を超える特許を持っていた。

そしてこの言葉を見つけて、僕はイスに座り直した。

「カエルにキスをしろ」。ケーメンがエンジニアを激励するために、おとぎ話の「カエルの王様」

からヒントを得て考えた言葉だ。

池の中にたくさんのカエルがいる。彼が言うカエルとは、問題解決法のことだ。ケーメンはエンジニアに対してこう言う。

たくさんのカエルの中に、お姫様がいる（正解がある）かもしれない。だからキスをしすぎて気持ちが悪くなったとしても、あきらめずにカエルにキスをし続けろ。そうすればお姫様（正解）に出会えるんだ。

〝でもすべてのカエルにキスをして、お姫様がいなかったらどうなるんだよ〟

さらに僕はこう思った。

〝インタビューできるまでバフェットにトライし続けるべきか、それともやめるべきなのか。それを忠告できる人がいるとすれば、ディーン・ケーメンかもしれない〟


2週間後、ニューハンプシャー州マンチェスター

アルベルト・アインシュタインの大きな絵がオフィスを覆い尽くし、高い樫《かし》の木の棚には本がぎっしり詰まっている。

ケーメンのオフィスのイスに僕が腰を下ろすと、彼は向かいに座って、紅茶をすすった。デニムのシャツをブルージーンズの中に入れている。

まだ午後3時なのに、彼はまるで20時間ぶっとおしで働いていたみたいな顔をしている。「それで」とケーメンは切り出した。「どんな話を聞きたい？」

バフェットとのいきさつを細かく話して、ケーメンからアドバイスをもらいたかったが、やめておいた。これは僕個人のためのセラピーセッションじゃない。

そこで僕がミッションを始めた理由を話すと、彼は悲しげに笑った。

「これまでも大勢の若者が、私から成功の秘訣を聞こうと期待してやってきたよ」

彼は考えながら上を見た。

「例えば、正解にたどり着く可能性が100分の1だとしようか。100回以上かかってもいいからやってやろう、という気持ちがあるなら、少しずつ正解に近づいて、最後にはたどり着くと思うよ。

それは運のおかげでもあり、粘り強さのおかげでもある。努力の限りを尽くせば、最後は正解が得られるよ」

「でも必ず行き詰まるときがあると思うんです」と僕は言った。

「今の僕がそんな状況です。すべてのカエルにキスをしたつもりで家に帰った。池中すべて探り終えたのに、正解にたどり着かないんです」

ケーメンは身を寄せた。

「もっと悪い話になるが」と彼は言った。

「君は家に帰って、何の成果もなかったとうなだれる。カエルにキスしすぎて顔にいぼができただけだったって。

そしてベッドに寝そべって君はこう考える。『全部のカエルにキスしたのに、解決策が見つからない。次のカエルがどこにいるかもわからない』とね」

「それから」と彼は続けた。

「君はベッドで寝返りを打って自分を責める。『初めからわかってたはずだ。手ごわい問題だから、そう簡単にはいかないと。これだけ時間と労力をかけたのにあきらめようなんて、自分が弱いせいだ。ビジョンを失い、勇気をなくしたんだ。いつか答えは出る。それなのにあきらめるなんて、臆病者だ』と」

「それから」とさらに続けた。

「君はまた寝返りを打ってこう考えるんだ。『前に進め。トライし続けろ。なぜあきらめようとしているかわかるか。お前はバカで、失敗から学ばず、身勝手で、変化を嫌う頑固者だからだ。お前はせっかくの時間、才能、エネルギー、人生を無駄遣いしているんだ。まともな脳ミソがあるなら、前に進むしかないとわかるだろ』とね」

「どうやって決めるんですか?」と僕は聞いた。

「戦い続けるべきか、やめるべきかをどうやって判断すればいいんですか?」

「最低で、最悪の答えを言おうか……」と彼は答えた。

僕は身を乗り出した。

ケーメンは上を見て、深くため息をつき、僕をじっと見つめた。

「……私にはわからない」

〝わからないだって？　何千マイルもかけて、世界でも最も賢い人物の1人にわざわざ会いにきたっていうのに〟

「考えると夜も眠れなくなるような質問だね」とケーメンは落ち着いて言った。

「最も悩ましい質問だ。粘り続けたのに答えが出なくて、さらに粘り続けても答えが出ない、そしてついにやめる時が――」

「どのタイミングでやめればいいんですか」と僕は聞いた。

「君が決めることだ。こういう質問は答えようがない」

ケーメンは僕が納得していないのを察した。

「いいかい」と彼は言った。

「私はここで君にロードマップ《計画表》を与えるつもりはない。私が言いたいのはこういうことだ。アメリカ大陸の横断に初めて成功したルイスとクラークの作った地図があれば、誰だってここから西海岸までたやすく行けるだろ？

だからこそルイスとクラークの名前は誰もが知るところとなったんだ。でもその地図を見ながら2番目に旅をした人の名前なんて、誰も覚えていない」

「不安が消えずに失敗が恐くて無理だと思うなら」と彼は続けた。

「ルイスとクラークみたいな先駆者の助けを待てばいい。彼らのリードに従えばまずまずの仕事ができるよ。でも先駆者の仲間入りをしたいなら、彼らみたいに、失敗して凍傷になる覚悟を決めて、自分でやるしかないんだ。他の人に任せたりしないで。

そういう覚悟がないなら、やらなきゃいいってだけのことだ。それでもいいんだよ。やりたい人は他にいくらでもいる。

本当にビッグなことをやりたいなら、思ったより時間も費用もかかる。失敗だらけで傷ついて恥をかくことになるし、イライラだって募る。それは覚悟するしかない。

その覚悟があるのなら、ひたすらぬかるみを歩んでいけばいい」

ぬかるみを歩くコツ

「ではたとえば、僕がぬかるみを歩んでいるとします」と僕は言った。

「せめて正しいカエルを見つけるコツや、チェックすべきポイントを教えてくれませんか」

「わかった」とケーメンは言った。

「大事なコツを紹介しよう。まず、だらだらと失敗を重ねるよりは、それが不可能であることを証明した方がいい」

ケーメンは、いろいろ試してうまくいかないときは、一歩下がって自分のしていることが不可能かどうかを自問するそうだ。熱力学の法則、ニュートン物理学、その他の基本原理に照らして矛盾したことをしていないかと。

「時間を浪費しているのに気づくのは重要なことだ」とケーメン。

「解決できない問題だと納得できたら、自分を臆病者と思わずに撤退すればいい」

〝バフェットは絶えず記者のインタビューを受けている。だから、物理的にインタビューが無理だということはない〟

「カエルにキスし続けたのに」と彼は続けた。

「同じような結果しか出ないなら、どこかでこう考えた方がいい。『運には頼らない。宝くじなんて買わない』とね。私はいつも『粘り強さは大事だ』とか『臆病者になるな』と言っているが、やみくもに頑張るのは単なるバカだ」

「2つ目のコツは」と彼は言った。

「すべてのカエルにキスしようとするなってことだ。カエルが何十億匹といたって、その種類が10種類だけってこともあるだろ？　まず何種類のカエルがいるか突き止めるんだ。そして、それぞれの種類から1匹だけとってキスすればいい」

別の解決策を探る

ケーメンはいったん黙って、それから指先をパチンと鳴らした。

「問題を別の角度から捉え直せば、画期的な解決策のヒントが得られることもある」

彼はアメリカの公立学校でサイエンスとテクノロジーのカリキュラムが不足していた時期について語ってくれた。

だれもがそれを教育の危機だと訴え、従来どおりのやり方で解決しようとした。最新のカリキュラムを採用し、教師の数を増やしたのだ。でも、何も効果がなかった。

ケーメンは、別の観点で考えることを提案した。これを教育の危機ではなく、文化の危機と考えたらどうか？

こうして彼が問題の視点を変えると、たちまち新たなカエルが現れた。

ケーメンは、学生たちが科学技術への関心を高めるようにＦＩＲＳＴという組織を設立し、ロボットの競技会を開催した。科学者をセレブのようにもてはやし、ハイスクールで学ぶ工学生たちをスポーツ選手のように競わせたのだ。

するとＦＩＲＳＴは世界中に広まる現象となり、何百万人もの学生の生活に影響を及ぼした。

「失敗を繰り返してイライラを溜めたりせずに」とケーメンは言う。

「別の解決策が当てはまるように、問題を別の観点から見直すんだ」

〝別の解決策……〟

僕はバフェットに1対1でインタビューすることばかり考えていた。でも問題を捉え直したらどうか。大事なのは質問に答えてもらうことで、やり方や場所にこだわる必要がないとしたら。

〝そう考えれば、まだキスしていないカエルが見つかるかもしれない……〟

22

株主総会

3週間後、ネブラスカ州オマハ

凍った針が頬に刺さるような寒さだった。

会場のアリーナに入ろうと待ち構える人たちの行列は、ブロックを超えて角を曲がったところまで続いている。僕たちは午前４時から3時間もの間、その行列の中に並んでいた。もう一度、オマハで勝負だ。

今回の僕には頼れる助っ人がいる。仲間を連れてきたんだ。

まずライアン。数字のことはこいつが頼りだ。でも今は計算どころじゃない。体を丸めて寒さに震えている。頭にマフラーをぐるぐる巻いて、ミイラみたいだ。

彼のテンションを上げようと、バフェットが僕の質問に答えてくれる確率を聞いても、こう口ごもるばかり。「あのさ……寒くて……寒くて……考え……られない……」

ブランドンもいる。本を開いて顔をうずめ、頭の上に携帯を置いてライト代わりにしている。15分間身動き一つしていない。本に熱中しているのか、それとも寒さで固まっているのか。

ケヴィンは寒さで固まるどころか、元気に飛び回って笑顔でグラノーラバーを配り、僕らを盛り上げようとしている。

アンドレにはグラノーラバーをかじる時間なんてない。唇にリップクリームを塗って、列の後ろで女の子をナンパしている。まだ太陽も昇っていないのに、電話番号を聞き出そうとがんばっていた。

そしてコーウィン……疲れ切っていて寒さを気にすることもできない。フランネルのジャケットを毛布代わりにして歩道に横になり、もう起き上がってこないんじゃないかとも思えるほどだ。

海軍特殊部隊みたいな優れたチームとはいかないが、それでも僕の仲間たちだ。

前に並んでいた男性が振り返って聞いてきた。

「君たちは株主になってどれくらいなの?」

僕たちの中に誰一人バークシャー・ハサウェイの株主はいないから、答えに詰まった。ありがたいことに、コーウィンが救いの手を差し伸べようと起き上がって、ずりさがっていたズボンを上げた。「実は」と彼は指を上に向けて言った。

「僕たちはバフェットさんのオフィスから直々《じきじき》に呼ばれたんです」

僕は笑いをかみ殺した。コーウィンの言うとおりだが、事実の99パーセントを省略している。数カ月前、バフェットのアシスタントが、毎年行われる株主総会の招待状をくれたのだ。あれだけ断り続けて申しわけないとでも思ったんだろうか。いずれにせよ、彼女の好意はありがたかった。

確かにバークシャー・ハサウェイの株主総会は一大イベントで、アメリカ最大のスポーツイベント、スーパーボウルみたいなものだ。そこに入れるのは、限られたチケットを持っている人だけ。同じように、「バフェット・スーパーボウル」に入れるのも、同社の株主とジャーナリストだけだ。最初は、彼らに紛れて中に入ってもしょうがないと思っていた。でもディーン・ケーメンと話して気持ちが変わったので、アシスタントに電話して、まだ招待状をもらえるか聞いてみた。

「もちろんよ、アレックス。喜んで送るわ」

「ありがとう！　それと実は、もう何枚かもらいたいんですけど」

「もちろんいいわ。何枚欲しい？」

「あのう……6枚でも？」

「た、たぶん大丈夫よ」

「ありがとうございます。念のため確認だけど、イベントの質疑応答のとき、会場の参加者はバフェットさんに質問できるよね？」

「アレックス……あのね、あなたの考えてることはわかるわ。そう、会場の人はバフェットに質問できる。でもチャンスがもらえるのは30～40人だけよ。それも3万人が集まる中での抽選でね、完全にランダムなの。だからあなたの意気込みは買うけど、希望は持たせられないわ」

そう、希望を持つことにかけては、僕は誰にも負けない。

どのステーションが正しい？

アリーナの扉が開くと、行列の先頭から喝采があがり、すごい数の人が走って突入していく。腕と腕がぶつかりあい、革の手帳を振り回しながら、みんなが「失礼！　失礼！」と叫んでいる。まるでオフィスカジュアルの格好をした人たちが集まった牛追い祭りだ。

僕も仲間たちと一緒にその群れの中に飛び込んだ。アンドレは階段を飛び降り、コーウィンは手すりを滑り降り、ケヴィンはイスによじ登る。僕たちは前方まで駆けて、ステージ近くの6つの席を確保した。

アリーナは巨大で、最上階まで見上げると少なくとも6段上の席まであるみたいだ。この数え切れないほどの席が、ウォーレン・バフェットに質問できたら死んでもいいと思っている人たちで埋まるのだ。その様子を想像せずにはいられなかった。

僕のまっすぐ目の前には巨大な黒のステージがある。黒いカーテンをバックにして3面の巨大なスクリーンがそびえ立ち、ステージの中央には2脚のイスが用意されている。そこにこれからバフェットと、バークシャー・ハサウェイの副会長を務めるチャーリー・マンガーが座るのだ。

大きな希望を持ってきたものの、具体的な計画は考えてこなかった。友人たちと僕は、時間が来たら何とかなると思っていた。『プライス・イズ・ライト』で1つ学んだのは、常に道はあるということだ。

さあ、もたもたしている時間はない。

僕は「ステーション1」と書かれた掲示を見つけた。その前に行列ができている。

「ライアン」と僕は大声で呼んだ。「一緒に来てくれ！」

ステーション1では、ボランティアのスタッフが金色の紙を配り、参加者がカゴにそれを入れている。カゴの左には黒のマイクスタンドがあった。ライアンと僕は行列の最後尾に飛んでいった。順番が来ると、女性のボランティアが僕たちに2枚の抽選券をくれた。

「抽選券はいらないから、質問していいですか？」

ここに来たのは初めてだからと彼女に言って、抽選がどういうシステムなのか聞いた。

彼女が言うには、身分証明書を提示して抽選券をもらい、それをカゴに入れるのだそうだ。「総会が始まる直前に、このカゴから30人の当選者を引き当てます」と言う。

「単純なナンバーズゲームよ。当たるといいわね。確率は1000分の1だから」

ライアンと僕は脇に寄ってステーション2を探した。さらに向こうにはステーション3がある。

3階に小さな点がいくつか見えて、ステーション8、9、10、11、12と書いてあるようだ。

「来いよ」とライアンの腕をつかみながら言った。

僕たちはステーション2までダッシュして、何か有利になるような手がかりがもらえればと期待しつつ、ボランティアにさらに詳しく聞いてみた。でも答えは同じだった。

ステーション3でも。ステーション4でも。ステーション5でも。

できるだけ多くのボランティアに声をかけて、僕らがここにいるいきさつを話した。半年間バフェットに手紙を書き続けたことも。でもボランティアはみな同じ答えを繰り返すばかりだった。

だがついに1人が、僕を脇に呼んでくれた。

「私からは聞かなかったことにしてね」と彼女は言った。

「昨年の株主総会では、ステーションによって待遇の違いがあったわ」

「どういうこと?」

彼女が言うには、当たりくじはステーションごとのカゴから引き抜かれるそうだ。つまり、12カ所で抽選が行われるのだ。

ステージに一番近いステーションには数千人の質問希望者がいるだろう。でもステージから一番遠いステーションでは? 質問希望者は少ないはずだ。

「なるほど、わかった」とライアンが言った。

「前に座る人たちはきっと質問したくてうずうずしてる。でも後ろに座ってる人たちは目立ちたくないんだよ」

ライアンは顔を上げた。彼の頭の中の計算機が同時に動き出したようだ。アリーナをざっと見渡しながら、彼は瞳孔を狭めた。

「あそこに座ってるのは3000人くらいだな。あそこに1000人、あそこに500人、あそこに100人。それでもし僕たちが行くとすれば……」。そう言って彼は沈黙した。彼の頭の中で数字がひらめき、それから叫んだ。「ステーション8だ！」

僕たちはアリーナの前列に走って戻り、仲間たちについて来いと叫んで、最上階までダッシュした。ステーション8に着き、みんなで抽選券をもらってカゴに入れた。

20分ほどして、ボランティアたちがカゴから抽選券を引き始めた。

喉が締め付けられる思いだった。僕だけでなくみんなも緊張している。僕たちの誰もが心の底でわかっていた。これがウォーレン・バフェットに質問に答えてもらう最後のチャンスだと。

ボランティアたちが当選者を読み上げた。確率は1000分の1――1000人に1人と言われていたのに、僕たち6人のうち、何と4人が当選した。

バフェット登場！

アリーナが暗くなった。僕は緊張で脚をぴくぴくさせながら、周囲の様子をうかがった。

あちらの列では、スーツを着た人たちが、背中を丸めて手帳やノートパソコンに何か書いている。別の列には、イスに深く座って、手にマフィンやコーヒーを持ち、一大イベントの開幕を今か今かと待っている人たちがいる。

開場前に一緒に並んでいた人たちから、バークシャー・ハサウェイの株主総会はとても大事なイベントだから、毎年カレンダーにまっ先に印をつけるんだと聞かされた。毎年欠かさず、何十年も来ている人もいるらしい。

客席が静まり返り、ステージ上の巨大なスクリーンに、バフェットとマンガーがアニメになって登場した。

アニメになった2人の億万長者は、まずは人気テレビ番組の登場人物になって、スクリーン上でパロディを繰り広げた。次に、イスから飛び上がって、前年の夏に流行ったK-POPの「江南《カンナム》スタイル」に合わせて踊り始め、アリーナ中が笑いに包まれた。

サビの「オップ、オップ、オップ……オッパン、カンナム・スタイル！」のフレーズがスピーカーから流れるが、喝采にかき消されてほとんど聞き取れない。

それから、バフェットがドラマの有名人たちと寸劇を演じたりするビデオが流れ、ついにスクリーンが真っ黒になった。

いよいよ始まるのかと思ったが、まだだ。ディスコのミラーボールが天井から降りてきた。

赤と青のライトがアリーナをナイトクラブのように照らし、「YMCA」が流れ始めた。ただ、「YMCA」のところは「BRKA」に置き換わっている。BRKAは、バークシャー・ハサウェイの株式コードだ。

参加者みんなが、この世で一番好きな言葉だと言わんばかりに、BRKAと合唱している。そしてチアガールたちのパレードが通路を下りてきた。

ステージ上では、バフェットとマンガー本人が「BRKA」と歌いながら、ステージ右手から登場した。彼らの歌を聴いて歓声が沸き起こり、アリーナ全体が小さな地震みたいに揺れた。

この混乱の最中に、左の通路でコーウィンが腰をくねらせ、色っぽくチアガールたちに近づいている。チアガールの1人からポンポンを渡され、彼はそれを頭上で振りながら彼女と一緒に「BRKA」を歌っていた。まるでハネムーンの初夜みたいな浮かれぶりだ。

バフェットは席について、マイクの方に身を乗り出した。

「ふう！　疲れた！」

彼がバークシャー・ハサウェイの財務状況を発表し、最前列に座っている取締役を紹介して、総会が始まった。

「それでは」と言うバフェットの声が会場に響き渡った。「質疑応答に移ろうか」

質疑応答が総会の大半を占めるのはわかっていた。バフェットとマンガーのテーブルにはいくつかの書類と、水の入ったコップが2つ、チェリーコークが2缶、シーズキャンディーズ社のピーナツ・キャンディーの箱が置いてある。

ステージの左側には3人の金融担当記者がいる。雑誌の『フォーチュン』、ニュース専門放送局のＣＮＢＣ、新聞の『ニューヨーク・タイムズ』から派遣された人たちだ。右側には3人の財務アナリストが座っているテーブルがあった。

質疑応答はこんなふうに進んで行く。まず記者から、バークシャー・ハサウェイの株価パフォーマンスについて、Ｓ＆Ｐ５００種指数と比べてどう見るか、という質問が出た。

次にアナリストが、バークシャーのある子会社の競争優位について質問をした。バフェットがスムーズに答え、ジョークで締めくくる。

バフェットは合間にピーナツ・キャンディーを食べ、それから「チャーリー?」と呼びかけ、マンガーに何か言うことはないか聞く。マンガーはだいたい「何もないよ」と即答して、そのまま進行を続けさせる。

そして、スポットライトがステーション1に当たる。当たりくじをひいた人が客席からバフェットに、バークシャーの業績について一番の懸念点は何かと尋ねた。

質問のサイクルはこうして続く。記者—アナリスト—ステーション2、記者—アナリスト—ステーション3という具合だ。

アンドレの質問

ライアンの計算では、僕たちが最初に質問するまであと約1時間ある。僕たちはみんなで集まって打ち合わせをするために、売店がある通路に向かった。

「じゃあ」と言って、僕はポケットから1枚の紙を取り出した。

「これがバフェットへの質問リストだ。アンドレ、最初に当たりくじを引いたお前が、交渉術について質問してくれ。僕が2番目で、ブランドンが3番目だ。資金集めについて聞いてほしい。コーウィンはしんがりで、バリュー投資に関する質問を頼む。いいかみんな、質問の前に……」

「なあ」とコーウィンが言い出した。

「誰かベルトを1本余分に持ってないか？」

そんなの聞くまでもないとは思ったが、とりあえず聞いてみた。

「ベルトを余分に持ってるやつなんているか？」

コーウィンは肩をすくめた。

「待て」と僕は言った。

「お前、ベルトを忘れてきたんだろ？」

「大丈夫、何とかする」

カーキのズボンを穿いて髪をきちんと撫でつけた人たちばかりの中で、自分たちがどれほど場違いな格好をしているかは、なるべく考えないようにしていた。

アンドレはシャツのボタンを胸まで開け、ブランドンとケヴィンはパーカーを着ている。コーウィンは3週間前からずっと編集室にこもっていたような格好で、僕が着ているのはトニー・シェイのザッポスのTシャツだ。

ゲンを担いで、下着は『プライス・イズ・ライト』のときと同じものを着ていた。

僕には、とっておきの質問があった。バフェットの下で7年間働いていたダンが教えてくれた、「やらないことリスト」についてだ。

前日ダンに電話して、もし抽選に当たったらこのリストについて質問するからねと言っておいた。ダンはそれはいいねと言ったが、なぜか「自分の名前は出さないように」とクギを刺してきた。

僕たちは席に戻った。バフェットがステーション7からの質問に答え終わると、僕はアンドレに質問を書いた紙を渡し、アンドレはステーション8のマイクに向かった。

記者―アナリストと順番に説明していき、いよいよアンドレにスポットライトが当たった。

「こんにちは、アンドレと言います。カリフォルニアの出身です」と言う彼の声は数百個のスピーカーを通じて響き渡り、アリーナ中にこだました。

「これまでに、サンボーン社とかシーズキャンディーズ社、あるいはバークシャー社など、あなたにとって節目となる投資があったと思います。当時あなたは、相手が売りたくないと言っても、そこを説得して株を買っていたようですが、そうした状況で相手をその気にさせられたコツを3つ教えてください」

「ええと」とバフェットは言った。

「まさか、ええと、サンボーンの話が出るとは思わなかったな。それにええとシーズ……」

考えついたときはいい質問だと思ったが、アンドレが「相手が売りたくない」と大声で言うのを聞いて、質問というよりも、バフェットを非難しているように聞こえてきた。

「シーズ一族」とバフェットは続けた。

「シーズ一族で亡くなった人がいたな……」

僕はバフェットがこの話をどう持っていくかに耳を澄ませたが、彼はどこにも持っていかなかった。シーズキャンディーズ社について取りとめなく何かを語るばかりで、交渉術のアドバイスを言うことはなかった。そこが一番聞きたかったのに。

「チャーリーが私よりよく覚えているはずだ」とバフェットは言ったが、そのままもう少し自分で話を続けて、次の質問に移った。

シーズキャンディーズとサンボーンの件は40年近く前のことだから、バフェットはそれについて聞かれるなんて思ってもいなかっただろう。

質問に細かい情報を詰め込みすぎて、予想外に非難めいた質問にしてしまった。どう考えても、裏目に出た。

いっせいの大爆笑

でも幸い、質問はまだ3つ残っている。
記者―アナリストの質問と続いて、ついに僕の番になった。ボランティアのスタッフが僕のチケットをチェックして、マイクの方へ行くよう合図した。

僕は真っ暗闇の中でバルコニーからアリーナを見降ろした。

ステージ上には、半年前から机に写真を貼ってある人物がいる。ここまで来るのに何千ページも本を読み、何百もの記事を調べ、ダンと電話で何十時間も悪戦苦闘した。そのすべての努力が実って、いま僕はここにいる。僕は、ついにこの瞬間を手にしたように感じていた。

「さて」と言うバフェットの声が四方から聞こえてきた。

「ステーション8」

僕にスポットライトが当たった。あまりの明るさに、手に持っている紙がほとんど見えない。

「アレックスと言います――」

自分の声がスピーカーを通してこだまして、ブーメランのように跳ね返ってきて、その大きさに思わずよろめいてしまった。

「――ロスの出身です。バフェットさん、聞いた話ですが、あなたは大事なことにエネルギーを集中するために、達成したい25のことを書き出して、そこから上位5つを選んで残りの20個は断念するらしいですね。

僕は、あなたがなぜそんなリストを思いついたのかにすごく興味があります。それと、優先順位を決める何か別の方法をお持ちでしたら、それもぜひ教えてください」

「そうだね」とバフェットは含み笑いをしながらこう答えた。

「私の方こそ、君がどうやってそんなリストを思いついたか教えてほしいものだ！」

耳をつんざくような笑い声が客席から湧き上がった。会場のみんなから一斉に笑われたときの気持ちなんて、ここでどう説明していいかわからない。

「今の話は事実じゃないね」とバフェットは言った。

「非常に有効な方法に思えるが、実際の私よりもはるかにストイックなやり方だ。もし私の目の前にキャンディがあったら」と言って彼はシーズキャンディーの箱を指さした。

「すぐ食べちゃうね！」

スポットライトの中で、僕は顔が真っ赤になった。

「チャーリーと私の暮らしはすごくシンプルなんだ」とバフェットは言う。

「もちろん、私たちには楽しめるものがあって、それは一つじゃなくてたくさんある。チャーリーは建物の設計が好きで、今じゃ建築家としては素人どころかプロ並みだ。それに2人とも読書が大好きなんだ。

だからって、そんな優先順位のリストなんて作ったことがないよ。これまでの人生でそういうのを作った記憶はない」

「だが、始めてみようかな！」とバフェットは言って、さらに笑いを呼んだ。

「いいアイディアをもらったよ！」

たちまちスポットライトが消えた。

僕はすごすごと席に戻り、状況を飲み込めずにいた。ただ、席に戻るときに聞こえてきたひそひそ声とクスクス笑いだけはわかった。僕はうつむいたまま、誰とも目を合わせまいとした。

実績で納得してもらおう

席に座ると、ケヴィンが身を乗り出してズバリこう言った。

僕たちの最初の2つの質問は、きっとバフェットにとって想定外だった。彼からちゃんとした答えを引き出したいなら、次の質問はシンプルにして直球勝負をした方がいいと。

確かにそうだ。

僕とケヴィンはブランドンを呼び出し、バフェットが答えをはぐらかさないよう、的を絞った質問をするように言った。

それから僕らはブランドンを連れて通路に出て、彼がちゃんと声を出して一言一句をはっきり言うように練習させた。席に戻ると、すぐさまブランドンがマイクの前に立った。

「こんにちは……ブランドン……と言います……ロサンゼルスの……出身……です」

これ以上望みようがないほどはっきりと言ってくれた。問題は、あまりにはっきり、ゆっくり話したものだから、逆に怪しく響いてしまったことだ。

「僕は20代で……」とブランドンは続けた。

「共同出資で投資を始めたいのですが……まだ何の実績もありません。……個人投資家として……人々から……お金を集めるには……どうしたらいいでしょうか？」

間が空いた。

「そうだな」とバフェットは言った。「私に売り込んでみたらどうだい！」

また客席から笑いが起きた。

バフェットは状況にピンときたんじゃないだろうか。

またもや20代くらいの若者が、またもやジーンズをはいて、またもやロスの出身だ。しかもまたもやステーション8から、バークシャーの最近の業績とは関係ない特殊な質問ばかりが出る。

「他の人たちと一緒に投資をするときは、どこまでも慎重になるべきだね」とバフェット。

「たとえその人に実績があったとしてもね。たいした意味を持たない実績はたくさんあるんだ。とはいえ一般論を言うならば、お金を管理し、たくさんのお金をひきつける仕事をしたいと思っているあらゆる若者にこう言いたいね。なるべく早く数字に残る業績を出すことだ。

私たちが、トッドとテッド（バークシャーの投資を管轄している人だ）を雇った理由は彼らの業績だけでは決してないが、それを考慮したのは確かだ。

そして業績を見て、（チャーリーと私は）これなら信じられるし、なるほどと思ったんだ。何しろ日頃たいしたことのない業績ばかり目にしているからね」

「君がコイントスのコンテストを開催したとしよう」とバフェットは続けた。

「すると3億1000万頭のオランウータンが出場して、コイントスをする。10回ずつだ。10回連続で表を出すのが、そのうち30万頭くらいいる。

するとこの30万頭のオランウータンは、この先のコイントス競技で自分たちに賭けてくれよと、あちこちで金集めのアピールをするんだ」

「そこで私たちの仕事は」と彼は続けた。

「金を扱う人間を雇う際に、彼らがコイントスで単にツキに恵まれていただけなのか、それとも自分の力をわかっているのかを見極めて――」

「ちょっといいかな……」

バフェットの話をさえぎる声。チャーリー・マンガーだ。

「……下積み時代に、君は愛する家族から10万ドルを借りてやりくりしてなかったかい？」

「そうだね」とバフェット。

「お金を貸してもらった後も、家族の絆は保たれていたと思いたいがね」

バフェットはまた含み笑いをした。

「そうだな、私の……場合……」と彼は言葉に詰まりながら続けた。

「かなり時間がかかった。ゆっくりとした歩みだったんだ。チャーリーが指摘したように、私がポンジー・スキーム（投資詐欺）をしていると考える同業者もいた。そうは思わない人もいたが、強引に押すのは連中の方が一枚上手だった。なにせ彼らはオマハで投資を売り込んでいたんだから」

「お金を集めたければ、それにふさわしい人間になることだ。そしてちゃんとした実績を身につけるべきだね。その実績がちゃんと頭を使った結果であって、単に時代とか運に恵まれただけじゃないってことを、周囲に納得させるんだ。どう、チャーリー？」

「君はゲームに参加したばかりで、まだ20代」とマンガーは繰り返した。彼の声から、深く考えている様子が伝わってくる。「どうやってお金を集めようか」

チャーリー・マンガーが何を考えていたかは知る由もないが、きっと彼はバフェットがまともに答えようとしていないことに気づいたんだと思う。

マンガーは僕が再び笑いものにならないよう、助けようとしてくれていたのかもしれない。

彼が言うには、実績を作る前にお金を集める最善の方法は、自分を信頼してくれる人から集めることだそうだ。自分がやってきたことをちゃんと見てくれている人たち。家族や、友人、大学の先生、元上司や友人の親でもいい。

「若いときにそれを実行するのは難しい」とマンガーは続けた。

「だからみんな最初は小さいところから始めるんだ」

マンガーとバフェットの話し合いのテーマはヘッジファンドへと変わり、それから次の質問に移った。ブランドンは席に戻った。ブランドンも周囲の笑い声に耐えるしかなかったが、少なくとも答えをもらっただけマシだ。

僕たちにはあともう1回質問のチャンスが残っている。それはコーウィンにかかっている。

バフェットがステーション7からの質問をうまくまとめて、コーウィンはマイクに向かった。記者、それからアナリストが質問し、ステーション８にスポットライトが向けられた。コーウィンは身を乗り出し、片手に質問の紙を握って、もう一方の手でずり落ちそうなズボンをつかんでいた。

彼が質問を始めたが、聞き取れない。マイクの音が消えたのだ。

バフェットの声が響いた。

「５分ほど休憩しましょう。今日はありがとう。来年もぜひ来てください！」

こうして、バフェットの質疑応答は終わった。

コーウィンはスポットライトの中で、ズボンをつかんだまま立ちつくした。

嘘つきは誰だ？

僕たちは、困惑と不満と挫折感を抱えてアリーナを後にした。人波でごった返した通路を歩いていると、みんなが僕をジロジロ見ている。

１人が僕の背中をポンと叩いて言った。

「いい質問だったよ。笑いに飢えてたからありがたかった」

歩道に出ても、みんながまだ僕のことをクスクス笑っている。ケヴィンは僕の肩に手を回して「相手にするな」と言ってくれた。

僕たちは黙って歩いた。

数分後、ケヴィンが静かにまた口を開いた。

「納得いかないな……どうして質問が的外れだったんだ?」

「僕じゃない」と僕は言い返した。「的外れだったのはバフェットだ」

僕はケヴィンに話した。

ダンに会ったいきさつと、やらないことリストのこと。

ダンがバフェットに会わせると約束してくれたこと。

ダンがバフェットの下で働いていたときに教わったことを僕にシェアしてくれたこと。

ダンのアイディアでバフェットのためのウェブサイトを作ったこと。

ダンのアドバイスでバフェットのアシスタントに靴を贈ったことなどを。

ケヴィンはうさんくさそうに目を細め始めた。

「なんで、そんなリストなんて知らない、って言うんだよ!」と叫びたい気持ちを押し殺して僕は言った。

「バフェットがあんな嘘を言うなんて思えない」

ケヴィンは僕を見てこう言った。

「バフェットが嘘をついていないとしたら、考えられるのは……」

23

ミスター・キーング！

ほどなくして、ケヴィンの言うとおりだとわかった。

株主総会の後すぐに、ダンのガールフレンドから電話があって、彼女もダンを怪しんでいたと言うのだ。彼女がバフェットのアシスタントに連絡したところ、ダンがバフェットの直属として働いたことはないと聞かされた。

僕は信じられなかった。

ダンに電話すると、彼はきっぱり否定した。そしていきなり、誰かがこの電話を盗聴して、僕たちの会話を聞いていないかと言い出した。

そんなわけないだろと言って、彼の経歴をさらに尋ねると、会話はピリピリしたものになった。ダンは僕の質問に答えはするものの、最低限のことしか話さなかった。

ダンは電話を切った。以来彼とは話していない。

これほど裏切られた気持ちになったことはなかった。知らない人の嘘とはわけが違う。信用していて、好きだった人間につかれた嘘だけに、なおさら心の傷は深かった。

痛い目に遭わないとわからないことがあると、僕自身、身をもって知る必要があったということか。口から出まかせで自分を飾る人間もいるということだ。

そういう僕も、バフェットにたどり着こうと夢中になるあまり、ダンが発していた危険信号を無視していた。学ぶべき教訓ははっきりしている。必死になりすぎると直感が鈍るということだ。

そして僕にも、後ろめたいところがあった。ダンに会った瞬間から、僕は計画を練っていた。彼と親しくなった唯一の理由は、バフェットに会うためだ。

サンフランシスコでダンの船に乗せてもらったとき、彼のガールフレンドの前で質問をぶつけて彼を困らせた。

彼は真実をゆがめたが、僕が全部真に受けてやってみたりしなければ、彼だって嘘をつき通す必要はなかっただろう。僕に下心があって正直でなかったことが、逆に彼を追い詰めたのだ。嘘がさらに嘘の連鎖を生むということだ。

オマハからロスに戻っても、憂うつな気分は晴れなかった。

最大の奇跡

少し経ったある午後、食料品店の前の歩道に座って、コーウィンとサンドイッチを食べていた。彼は、僕を励まそうとしてくれた。

「なあ」とコーウィンは口いっぱいにほおばりながら言った。

「お前が怒るのも無理はないし、お前を責めるつもりもないけどさ、いいかげんに忘れて前に進んだらどうなんだ」

僕はため息をついてサンドイッチをかじった。

「またいつもの作業に戻るしかないだろ」と彼は言った。

「他は誰にインタビューするつもりなんだ?」

「他になんかないよ」と僕は言った。

「あったとしても、どうせ失敗するさ。この間の株主総会がいい例だろ。アンドレに交渉術の質問をしてもらおうと思ってたのに、細かい情報を詰め込みすぎてバフェットから反発を買った。インタビューなんて受けてもらえないし、それ以前にやり方すらわからないんだ」

「そう自分を責めるなって」とコーウィン。

「インタビューは簡単じゃない。ただ質問すればいいってもんじゃないし。コツがいるんだ」

僕たちがこんな話を続けていると、ミッション遂行の旅の中で最大の奇跡が起きた。

曇りガラスの黒い高級車リンカーンが寄ってきて、僕たちの前に駐車した。

ドアがさっと開いて出てきたのは、あのラリー・キングだ。

世界で最も有名なインタビュアーの1人は、僕たちの目の前で食料品店に入っていった。しかもたった1人で。

CNNの番組『ラリー・キング・ライブ』は25年も続き、彼は生涯で5万人を超える人たちにインタビューしている。

〝なんで今までラリーを追いかけなかったんだ？〟

彼が近くに住んでいるのは知っていたし、毎日どこで朝食を食べているかまで、オープンな情報になっているのに。

でも僕は体を動かせないまま、彼が店の入り口をくぐるのをただ見ていた。

「おい」とコーウィン。「話しかけるんだ」

両肩にサンドバッグがのしかかってきた気分だった。

「とりあえず店に入ろう」とコーウィンがせっついた。

体が動かないのはフリンチ《萎縮》のせいなのか、それとも半年間いろいろと断られ続けて、恥をかきまくって自信を失っていたせいなのかはわからない。

「さあ！」とコーウィンが僕の肩を突いて、立てと促した。

「彼は80歳くらいだろ。そんな遠くには行けないよ」

僕はしぶしぶ歩道から立ち上がり、店に入った。

パン売り場を見回した。ラリーはいない。

青果コーナーまで走った。カラフルなフルーツが積まれ、たくさんの野菜がある。ラリーはいない。

そういえば彼は配送トラック用のローディング・ゾーンに駐車していた。

〝ということは、すぐに立ち去るつもりなんだ〟

僕は店の奥まで走っていき、走りながら各通路をチェックした。

ラリーはいない。ラリーはいない。ラリーはいない。

大きく左に曲がってツナ缶のタワーをよけ、冷凍食品のコーナーを進んだ。入り口の方まで戻り、全部のレジをチェックしたが、ラリーはいない。

そこにあったショッピングカートを蹴りたくなったが自制した。またもやしくじってしまった。すぐそこにラリー・キングがいたのに、何もできなかったのだ。

しょんぼりと駐車場を歩きながらふと視線を上げると、10メートルほど先にサスペンダーを着けたラリー・キングがいた。

その瞬間、僕の中にため込んでいた怒りとエネルギーが弾けて、口からほとばしり出た。僕は思い切り絶叫した。

「ミスターーー・キーーーーング！！！！！」

ラリーの背筋がピンと伸びて、ゆっくりと振り返った。

彼の眉毛は弧を描いて上を向き、あんぐりと口が開いて顔のしわが伸びた。

僕は彼の元へ駆けつけ、息をぜいぜいさせながら言った。

「キングさん、僕はアレックスと言います。20歳です。以前からご挨拶をしたいと――」

彼は手を挙げた。「オーケイ……こんにちは」

そう言って足早に去っていった。

僕は黙って後を追い、とうとう僕らは、彼の車の前の歩道まで来た。

彼はトランクを開けて買ったものを詰め込み、運転席のドアを開けて乗ろうとした。

そのとき、僕はまた声を張り上げた。

「待って！　ミスター・キング！」

彼は僕を見た。

「できたら……できたら朝食をご一緒させてください」

彼は辺りを見回した。大勢の人たちが歩道にいて、成り行きを見ている。

ラリーは大きく息を吸って、ブルックリンなまりのガラガラ声で言った。

「わかった、わかった、わかった」

シートベルトを締める彼にお礼を言うと、そのままドアを閉めようとするので、また叫んだ。

「待って、ミスター・キング。何時に？」

彼は僕を見て、それからドアを閉めた。

「ミスター・キング！」と僕はガラス越しに叫んだ。「何時ですか？」

彼はエンジンをかけた。

僕は車の前に回って、フロントガラスに向けて手を強く振った。

「ミスターーー・キーーーーング！　何時ですかあああ！」

彼は険しい目つきで僕に、それから周囲の人々に目をやり、首を振って「9時だ！」と言って走り去った。

理由まで深く考えろ

翌朝レストランに着くと、ラリーは第1ブースにいて、シリアルの入ったボウルの前で背を丸めていた。数人の男性と一緒だった。

テーブルの上の壁には大きな銀のフレームが飾られ、ラリーが著名人にインタビューしている写真がある。相手はバラク・オバマ、副大統領のジョー・バイデン、俳優のジェリー・サインフェルド、オプラ・ウィンフリーなど、そうそうたる面々だ。

テーブルには空いたイスが1つあったが、前日の振る舞いが後ろめたくて、さすがにそのイスを引いて座る度胸はなかった。そこで遠巻きに、穏やかに手を振って言った。

「こんにちは、ミスター・キング。お元気ですか？」

彼は顔を上げて僕に気づき、ガラガラ声で何か言ってから、友人たちの方を向いた。数分待ってくれってことかな。勝手にそう考えて、隣のテーブルに座り、声がかかるのを待った。

10分が過ぎた。

30分。

1時間。

ようやくラリーが立ち上がってこっちに向かってきた。僕の頬がこわばった。でも彼は僕を素通りして出口に向かった。

僕は手を挙げた。「ミスター……ミスター・キング？」

「何だね？」と彼は言った。「何の用だ？」

またダメか。もうおなじみになった鋭い痛みが胸に刺さった。

僕はかすれた声で、「正直に言います」と言った。

「インタビューの仕方について、ただアドバイスをもらいたかったんです」

すると、彼は次第に笑顔になった。そして「なんでそれを先に言わないんだ」と言わんばかりの目をした。

「わかった」と彼は言った。

「人は駆け出しの頃、インタビューの仕方がわからないときは、尊敬する人物を手本にするものだ。バーバラ・ウォルターズとか、オプラ・ウィンフリーとか、私とかね。

それでインタビューのやり方を知ったつもりになって、そっくりコピーする。これは最大の間違いだ。私たちのしていることばかりに気を取られて、なぜ私たちがそうしているか、理由を考えもしないからだ」

彼が言うには、バーバラ・ウォルターズはしっかり練った質問をする。オプラ・ウィンフリーはありったけの情熱と感情を込めた質問をする。そしてラリー自身は、誰もが聞きたがるシンプルな質問をするそうだ。

「若いインタビュアーは私たちのスタイルをまねようとするばかりで、なぜ私たちがそうしているのかを考えない。私たちがそうする理由は、席についたときに自分が最もリラックスできるやり方だからさ。

こちらが最高にリラックスすれば、ゲストも最高にリラックスしてくれる。これが最高のインタビューを生むんだよ」

「秘訣を持たないことが秘訣さ」とラリーは付け加えた。

「自分らしくいることに、コツなんかいらないだろ」

彼は腕時計を見た。

「なあ君、私は行かなくてはならないんだが――」

彼は僕を見つめ、それから自分の中の迷いを振り払うように再び首を振った。僕の額に指を当ててこう言った。

「よし、月曜だ！　9時にしよう！　じゃあここで！」

カル・フスマンに出会う

月曜日にレストランに行くと、全席がラリーの貸し切りになっていた。彼は手を振って僕を呼び、なぜそこまでインタビューに興味があるのかと聞いた。

僕はミッションのことを話して、彼にインタビューを求めた。

すると「いいとも、受けてあげよう」と言ってくれた。

僕たちはミッションについてさらに語り合い、それから彼は紹介したい人物がいると言った。

「なあ、カル」と彼はテーブルにいる1人の友人の方を向いた。

「この若者のために少し時間を割いてくれないか」

カルはスカイブルーのフェルト製の帽子を被り、べっ甲縁のメガネをかけていた。年齢は50代くらいで、ラリーの他の仲間よりひと回り以上若そうに見えた。

ラリーによると、この人、カル・フスマンは『エスクァイア』誌のライターで、「私が学んだ教訓」というコラム欄を担当していた。

彼はこのコラムを彩ったムハマド・アリ、ミハイル・ゴルバチョフ、ジョージ・クルーニーら、大勢の著名人にインタビューしていた。ラリーはカルに、自分と一緒にこの若者にインタビューについてアドバイスしてくれと言った。

カルが近くに座り、僕はこれまでのインタビューの話をした。

「どんなに準備しても、計画どおりに運ばないんです。自分でもなぜだかわからなくて」

「インタビューはどんなふうに進めてるの?」とカルは聞いた。

僕が数週間、時には数カ月かけて質問の準備をしていると話すのを、彼はうなずきながら聞いた。それから、インタビューのときは質問をたくさん書いたメモ帳を持参するという話をすると、彼は僕をじっと見てこう聞いた。

「君がメモ帳を持っていく理由は? 手元にあるとリラックスするから? それとも、それがないと何を尋ねていいのかわからないから?」

「どうだろう」と僕は言った。「そういえば考えたことがないですね」

「よし、じゃあこうしよう」とカルは言った。

「明日また朝食に来てくれ。テーブルに席を用意しておく。インタビューとは思わなくていい。朝食を食べてリラックスすればいいよ」

翌週は毎日同じことを繰り返した。

毎朝僕はカルの隣に座り、ラリーがブルーベリー入りのチェリオスのシリアルを食べる様子を観察した。彼はどんなにシリアルが残っていても、ブルーベリーを全部食べつくした時点でボウルをどけてしまう。

ラリーが携帯で話す様子や、見知らぬ人が挨拶や写真をお願いしますと言ってきたときの様子も観察した。

1人ひとりに親切に対応しているラリーを見ると、食料品店の前で彼を追いかけたときの僕は、彼には相当イカれたやつに見えただろうと思った。

その週の終わりに、明日録音機を持ってくるようにとカルが言った。

「でもメモ帳は家に置いてくるんだ」と言う。

「君はもうリラックスしている。テーブルに座って、好奇心の赴くままに質問をすればいい」


バン！　バン！　バン！


翌朝、みんないつもの場所にいた。ラリーは僕の真向かいにいて、身をかがめてチェリオスを食べている。

その右手には、70年以上前からのラリーの親友シド。その隣にはブルーシー。ラリーの中学時代の同級生だ。それから彼らのブルックリンの幼なじみのバリー。そしてカルは、前回と同じスカイブルーの帽子を被っている。

オムレツを半分食べたところで、僕はラリーに放送業界に入るきっかけを聞いた。

「俺たちがガキの頃」とシドが先に答えた。「ラリーは紙を丸めてマイク代わりにしてさ、ロサンゼルス・ドジャースの試合を実況中継してたよ」

「ラリーが映画のことを話し出すと」と今度はバリー。「その解説は実際の上映時間より長いんだ」

ラリーはこんな話をした。

自分の夢はラジオのアナウンサーになることだったが、どうすればなれるかわからなかった。そしてハイスクールを卒業してから、荷物の配送、牛乳売り、集金などの仕事を転々とした。そんなある午後、22歳のときに、転機が訪れた。

友人と2人でニューヨークを歩いているとき、CBSに勤める人に出会ったのだ。

「彼はラジオのアナウンサーとして働いていたんだ」とラリー。「それにショーの合間のナレーションもしていた。『こちらCBS。コロンビア放送です！』ってね」

ラリーは彼にアドバイスを求めた。この業界に入るにはどうしたらいいでしょうかと。その人はラリーにマイアミに行けと言った。マイアミの多くの放送局には労働組合がなかったから、採用されやすかったのだ。

ラリーはフロリダ行きの列車に飛び乗り、親戚の家のカウチで寝て、仕事を探し始めた。

「私は扉を叩いただけだ」とラリーは言う。

「小さな放送局があって、そこで発声の試験を受けて『いいねえ。次のオープニングは任せた』と言われた。そうやって局に出入りするようになり、ニュース原稿を読む人たちを観察して学んだんだ。

そうして床を掃いていたある日、金曜日に1人辞めていった。そしていきなり『月曜の朝からスタートだ！』って言われた。その週末は緊張して眠れなかったよ」

「待って。『扉を叩いた』ってどういうことですか？」と僕は聞いた。

「どうやって扉を叩いたんですか？」

ラリーは幼児に話すように、「バン！　バン！　バン！」と言いながら、拳でテーブルを叩いてみせた。

「たとえ話じゃないんだよ」とシドが言った。

「ラリーは文字どおりに、いろんな放送局の扉を片っ端から叩いたんだ。自分を売り込んで仕事をくれと言った。俺たちはまさにそうやってたんだ」

「それしかできなかった」とラリー。「私にはマニュアルなんてなかった。大学にも行かなかったしな」

「なるほど、当時はそうですね」と僕は言った。

「でも今の時代にキャリアを始めるとしたら、どうしますか？」

「同じことさ」とラリーは言う。

「扉を叩くよ。これだという扉を片っ端からね。ノックする扉ははるかに増えているだろ。しかもいいかい、目新しいものはない。インターネットはあるが、通信以外は何も変わっちゃいない。人間の本質は変わってないんだ」

カルが言うには、この人を雇いたいと決断するのは今も昔も人間だ。実際に会ってその人の目を見てはじめて、その人が本物なのかどうかがわかる。

同じ言葉でも、メールで読むのと、直接会って本人から聞くのとでは違うんだ。

「みんな、人間が好きなのさ」とカルは言う。

「メールボックスの中の、誰ともわからない名前を好きになる人なんていない」

このとき、わかったことがある。

スティーヴン・スピルバーグがミッションの初めの頃に僕を励ましてくれたのは、エリオット・ビズノーが僕をロンドンに連れて行ってくれたのは、そしてラリー・キングが朝食に招いてくれるようになったのは、僕が彼らに直接会って、目を見て話したからだ。

〝ちょっと待てよ……〟

これまでずっと、ビル・ゲイツの首席秘書にとって、僕はメールボックスの中の誰ともわからぬ名前だった。彼が僕と電話で話してくれたのは、チー・ルーに頼まれたからで、僕を知っていたからじゃない。

首席秘書が返事をくれないのは、僕個人に問題があるんだと思っていた。でもそうじゃない。彼にとって、僕は素性のわからない単なる名前に過ぎなかったんだ。

どう立て直せばいいのかが、ようやく見えてきた。

24
最後のチャンス

4週間後、カリフォルニア州ロングビーチ

ウェスティン・ホテルのロビーにある、エスプレッソバーのイスに座った。

そこはTEDカンファレンスの出演者の宿泊先になっていた。このとき僕は、これまでのミッションの旅の中で、最高のシチュエーションにあった。

辺りを見渡すと、懐かしい光景が押し寄せてくる。少し先にあるダイニングエリアは、初めてエリオットと食事をしたところだ。

エリオット・ビズノーとの出会いは、ちょうど1年前の今ごろだった。妙な偶然に、運命が微笑みかけている気がした。

最初から気分が高揚していたのは、ザッポスCEOのトニー・シェイと朝食を共にしたばかりだったからだ。

僕がウェスティン・ホテルにいる理由を説明すると、彼はホテルの前に停めてある自分のRV車でTEDカンファレンスのライブ配信を観ないかと誘ってくれた。

もちろん、何もかもがスムーズにここまで来たわけじゃない。

ひと月ほど前、僕はマイクロソフトのインサイドマンであるステファン・ワイツに連絡を取った。ビル・ゲイツの首席秘書が毎年TEDカンファレンスに出席しているのを知って、5分でいいからそのとき直接彼に会えないかと、ステファンに頼み込んだのだ。

これでダメならもう二度と頼まないから、と念を押して。

これは僕に残された最後のチャンスだった。

ステファンは承知してくれて、数週間にわたって首席秘書にメールを送り続けた。それでも返事がなかったので、彼は同僚の1人に頼んで彼に代わってメールしてもらった。

ステファンの惜しみない好意には以前から驚かされていたが、今回は言葉にできないほど感謝した。

TEDの前日になっても、首席秘書から返事は来なかった。だがその夜の7時27分、ついに返事が来た。そして、TEDに参加した後で会ってもいいと言ってくれた。

TEDカンファレンスの第1セッションが終わった後、10時15分にロビーのエスプレッソバーで会おうということになった。

今僕はその場所にいる。壁の時計を見ると、午前10時14分だ。

「お客様」とバリスタが声をかけてきた。「何になさいますか?」

「ちょっと待ってください。連れがもうすぐ来ますから」

しばらく経ってバリスタが僕の前にまた来て、ご注文はよろしいですかと聞いた。

僕は時計を見上げた。10時21分だ。

「すみません、相手の方《かた》が遅れてまして。あと数分待ってください」

ロビーの方を見て、回転ドアから入ってくる人たちをざっと見た。そして時計に目をやると、10時31分だ。何かおかしいとは思ったが、僕はその不安を払いのけた。

きっと第1セッションが延びて、まだ終わっていないのだろう。

時間の流れがスローに感じられてきた。するとまた「お客様、ご注文は?」と声がした。10時45分。僕の隣の席は空いたままだ。あらゆる手を尽くしてここまで来て、こんなに待ったのに、結局このまま終わってしまうんだろうか?

僕は首席秘書のアシスタントから前にもらったメールを探して、署名をチェックした。集中して深呼吸しながら、彼女のオフィスに電話した。

「もしもし、ウェンディ。アレックス・バナヤンです。首席秘書との今日のお約束は10時15分で

したよね。彼が忙しいのは承知していますし、会う約束をしていただいただけでも感謝していま
す。でも、念のため確認させていただけますか。30分経ちましたが、まだ彼がいらっしゃらない
ので」
「どういうこと?」と彼女は言った。「彼から10分前に電話があって、あなたが来なかったって
言ってたわ」
「えっ?」
どうやら、ロビーのエスプレッソバーは2つあったらしい。1つはホテルのロビーで、もう1つ
はコンベンションセンターのロビーだ。僕は間違えてしまったようだ。
電話をつかんだまま、懸命に落ち着こうとしたができない。ウェンディに心からの思いを打ち
明け、ここまで来るのに2年間やってきたことのすべてを説明していると、涙があふれてきた。
「わかった、わかったわ」と彼女は言った。
「少し時間をちょうだい。できることがないか、検討してみるから」
1時間後、ウェンディからメールが来た。首席秘書は午後4時半に空港へ向かうという。彼が
乗る予定のハイヤーがホテルの車寄せの前に止まるから、空港まで僕を乗せて、その中で話をし
ようと言ってくれたそうだ。
僕は疲れ切ってガッツポーズもできなかったが、顔にわずかな笑みを浮かべた。今度こそは。
ホテルに車寄せは一つしかない。

リチャード・ソール・ワーマン

トニー・シェイのRV車でくつろぎ、TEDのライブ配信をフラットスクリーンのテレビで観た。それからトニーの友人たちとランチを食べようと外へ出た。

車に戻る途中で、ホテルの車寄せからRV車までのルートを歩いてみて、時間を測った。たったの1分ちょっとで行ける。

僕は携帯のアラームを4時10分にセットして、早めに着けるようにした。

トニーの車の茶色いフカフカのカウチでゆったりしていると、男性が乗り込んできた。彼の後ろから日の光が差し込んできて、シルエットしか見えない。

彼はゆっくりと体をかがめて、僕の向かいのカウチに座った。見覚えのある顔だ。年配の人で、薄くなった白髪に白いあごひげ、ふっくらしたお腹。

よく見ると……やっとわかった。TED創設者のリチャード・ソール・ワーマンだ。

「君は」と彼は僕を見て言った。「これをどう思う?」

彼はテレビの生中継を指さした。TEDの創設者が、彼の創った会議について、何と僕に感想を求めてきたのだ。

僕が意見を言うと、いつの間にか彼はTEDを立ち上げたいきさつを語り出していた。次から次へといろんな話が出て、夢中で耳を傾けた。僕は、知恵が詰まったピニャータ(くす球)を割って、中に入っていた知恵をできるだけたくさん集めてポケットに入れようとしているみたいな気分になった。

世界を変える術を知りたいって？　なら、世界を変えようと思っちゃだめだ。大きな仕事をして、その仕事で世界を変えるんだ。

自分は何も知らないんだと知るまでは、結果なんて何も残せないよ。君はまだ気取っている。何でも学べると思っている。もっと早くできると思っているだろ？

どうすれば成功者になれるかって？　自分より年配で、賢く、成功した人たちに聞けば、こう教えてもらえるだろう。「そうなりたいと死ぬほど願いなさい」

スライドを使ってスピーチをする人の気持ちがわからない。スライドを使ったら、自分はキャプション《脇役》になっちゃうだろ。決してキャプションになっちゃだめだ。

私の人生の教訓は2つだ。1つ目：人に教えを乞わなければ何も得られない。2つ目：大半のことはうまくいかない。

〝ビービービー！〟

僕の携帯が鳴り響いた。4時10分になったが、ソール・ワーマンがものすごい勢いで話しているので、それをさえぎって失礼するというわけにはいかない。

それに彼の深い話が面白くて、この場を離れたくなかった。何しろ相手はTEDの創設者だ。

〝とりあえずスヌーズにしておこう〟

彼はどんどん話し続けた。するとまた――

〝ビービービー！〟

彼はアラームが鳴っても話し続けた。途中の駅を飛ばして次の駅まで走る急行列車に乗っているみたいだ。話の途中で立ち上がるわけにはいかない。車寄せはここから1分と離れていないからまあいいか。

〝もう1回スヌーズにしよう〟

僕は座ったまま、彼が一息つくのを待った。これは人生で最も貴重な機会の1つになるんだろうか。それとも僕は身動きのとれない人質になってしまったのか。どっちだろう。ずっと時間を気にし続けていると――

〝ビービービー！〟

「天才とは」と彼は言う。

「期待を裏切る存在だ！」

「天才とは!!」と彼は繰り返し、くぼんだ目で訳知り顔で僕を見て言った。

「期待を裏切る存在だ!!!!」

〝ビービービー!〟

もうどうしようもなくなって、僕はさっと立ち上がり「残念ですが、行かなくてはいけません」と言って、彼が次の言葉を発する前に車を降りた。

ダッシュで歩道を過ぎてホテルの車道を左に曲がり、ハイヤーを見つけた。スーツとネクタイ姿の運転手が車の横に立っている。

息を整えながら時計をチェックすると、あと1分というところで間に合った。

車に乗る前に運転手と軽く話をして、ホテル入り口の回転ドアに目をやった。するとついに首席秘書が現れた。

機は熟した

黒いレザーのブリーフケースを片手に抱え、もう一方の手には携帯電話。髪は黒くてフサフサで、わずかに白髪が交ざっている。レイバンの黒いサングラスとブレザーを身につけ、見事に調和したルックスだ。彼は車に近づき、サングラスを下げた。

「君がアレックスだね」

僕は自己紹介して、握手を交わした。「さあ」と彼は車を指した。「乗ってくれ」

僕たちが乗り込むと、車は動き出した。

「聞かせてもらおうか」と彼は言った。

「プロジェクトの進行具合は?」

「はい、とても順調です」と僕は言って、「機が熟した」ことが伝わるように、これまで取り組んできたことを次々に話した。

「それで」と彼は言った。

「ビルにインタビューしたい気持ちは今も変わらないようだね」

それが僕の一番の夢ですと答えた。

彼は静かにうなずいた。

「他にインタビューした人は?」

僕は財布を取り出して、インタビューしたいと思う人たちを書いたメモ用紙を取り出した。すでにインタビューした人には緑色で印をつけてあった。

首席秘書は両手でそれを持って、通信簿を見るような目線でリストの下までチェックした。

「ああ、ディーン・ケーメンか。彼のことはよく知ってる」

「ラリー・キング」と彼は続けた。

「さぞ面白かっただろうね」

彼が次の名前を言おうとしたときだ。僕は予期せぬ感情に支配されて彼の言葉をさえぎった。

「名前じゃないんです」

思わず大きな声が出た。

彼はどうしたんだと言わんばかりに、こちらの方を向いた。

「大事なのは名前じゃない」と僕は繰り返した。

「大事なのはインタビューでもないんです。その、何と言うか、こう思うんです。リストにあるようなリーダーたちがみんな、一つの目的のために集まってくれたらって。何か商品の宣伝のためとか、売名のためじゃなくて、ただ次の世代に自分たちの知恵を伝えるっていう目的のために集まってくれたら。

若い世代の人たちは、もっともっと多くのことができるんじゃないかって――」

「わかった」と彼は手を挙げた。

「十分わかった……」

僕は体中が硬直した。

彼は僕を見て、手を下ろしてこう言った。

「……やろう!」

STEP 5 サードドアを開けて

25
聖杯 1

現代のスーパーヒーロー

ビル・ゲイツ。

ほぼ誰もが知っている名前だが、その物語まですべて知っている人は少ない。

オタクっぽいメガネと雑誌の表紙で見かける写真の向こうには、『ワールドブック百科事典』を9歳で読破した少年がいる。

彼が13歳だったときのヒーローは、ロックスターでも野球選手でもなく、フランス皇帝のナポレオンだった。

ある晩、食事の時間になっても彼が部屋から出てこなかったので、母親が「ビル、何をしているの？」と大声で呼んだ。

「考えてるんだよ」と彼は叫んだ。

「考えてる？」

「そうだよママ、考えてるんだ。ママはこれまで考えたことってある？」

ナマイキなエピソードに聞こえるかもしれないが、なぜか少し親近感を感じた。

ゲイツの人生に深く入っていくと、彼は世界で最も共感できない人でありながら、世界で最も共感できる部分も併せ持つような人に思えてきた。

たとえば彼は中学2年のとき、友人のポール・アレンと暇な時間をコンピュータルームで過ごし、ASR-33テレタイプのプログラミングを独学していた。これにはまったく共感できない。

ハイスクールに行く年頃になれば誰だって、夜になるとこっそり家を抜け出してパーティに行くものだ。それなのにゲイツは、ワシントン大学のコンピュータラボに忍び込んで、コードを書いていた。ますます共感できない。

一方で彼はコンピュータのスキルを活かして、学校のカリキュラムをオートメーション化する手助けをした。このとき、システムを悪用して、一番かわいい女の子と同じクラスになれるように計らっている。こっちの話は共感できる。

彼はハイスクールを卒業すると、ハーバード大学で応用数学を専攻する。応用数学を専攻すれば、彼が望む授業をどれでもとれるという抜け穴を見つけたからだ。

「数学を応用するんです」と言えば、経済学の授業もとれたし、歴史の授業をとることもできた。ただ彼はあまのじゃくだったから、とった授業はさぼって、とらなかった授業に忍び込んだ。

メディアには不器用でイケてないオタク扱いされた彼だが、大学では、真夜中過ぎまでいちかばちかの攻撃的な賭けポーカーをすることで知られていた。

20代の頃には、真夜中に憂さ晴らしに建築現場に忍び込んで、ブルドーザーを勝手に運転して土砂の上を疾走した。

マイクロソフトを立ち上げた頃は、コード書きの息抜きにポルシェに乗って、目いっぱいペダルを踏んでハイウェイを飛ばしていた。

そのスピード狂ぶりは車の運転に限ったことじゃなかった。彼がソフトウェアの大きな契約を結ぼうとしたときの話を読むと、一度に10人を相手にチェスをする天才プレイヤーを見ているように思える。

盤から盤へと飛び移り、瞬きもせずに1分に何十手も繰り出して、相手全員をやっつける姿が浮かぶのだ。

友人たちが大学を卒業する歳になる頃には、彼はすでにIBM、アップル、ヒューレット・パッカードといった世界有数の企業の、しかも彼より倍も年上の人たちを相手に会議室で戦っていた。

チェスの天才プレイヤーになぞらえて言うなら、ゲイツはプログラミング、セールス、交渉、経営者、有名人、慈善活動といったいくつものゲームをどれも高いレベルでこなし、そのすべてに勝利を収めたようなものだ。

1998年に彼はマイクロソフトを世界で最も価値ある会社に成長させ、世界一の金持ちになった。

金持ちと言えば、オプラ・ウィンフリーだって当然金持ちだ。フェイスブックのマーク・ザッカーバーグも、スターバックスのハワード・シュルツも、実業家のマーク・キューバンも、ツイッターのジャック・ドーシーも。テスラのイーロン・マスクだってそうだ。

でも僕がインタビューの準備をしているビル・ゲイツの資産額は、彼らの資産の合計額を超えるのだ。

マイクロソフトのCEOの座を下りた後、ゲイツなら引退してヨットでくつろぎ、世界中のありとあらゆる物を手に入れて楽しむこともできたはずだ。でも彼は新たなチェス盤を選んで、より困難なチャレンジにうって出た。

世界中の貧しい人たちに食事を与え、クリーンエネルギーを開発し、感染症の蔓延を食い止め、貧しい学生に平等な教育機会を与えようとしたのだ。

ビル&メリンダ・ゲイツ財団が世界最大の慈善団体であることは僕も知っていた。

でもその努力によって、500万を超える人たちの命が救われたとは知らなかった。ビル・ゲイツがそのように資産を使うことを選択したおかげで、幼児死亡率は半分に減った。彼らのプログラムによって、今後5年間でさらに700万人の子どもの命が救われるともされている。現代に実在のスーパーヒーローがいるとするなら、ビル・ゲイツこそまさにその人だ。

僕は彼について学んだことを、片っ端からインタビューに取り入れようと考えた。メモ帳に何十個もの質問を書き出し、セールスから交渉まで、テーマ別に色分けした。まるで自分だけの宝の地図を作った気分だった。

グラッドウェルの励まし

ゲイツと会う1週間前、ラリー・キングとカル・フスマンと朝食を共にし、インタビューの仕方についてアドバイスを求めた。

「前にも言ったが、念を押しておこう」とラリーは指をさして言った。

「秘訣を持たないことが秘訣だ。いつもの自分でいればいいんだ」

「それと、前にここでラリーにインタビューしたときみたいに、リラックスするんだ」とカルは付け加えた。

朝食を終えてから、僕がどれほどのプレッシャーを感じているか、2人にはわかっていないんじゃないかという気がしてきた。僕には、リラックスする余裕なんてない。

今回のインタビューは、他のインタビューとはわけが違う。僕は2年前から「道を外れて」ミッションに取り組み、まさにこの瞬間に賭けてきたんだ。

僕は出版社にも、エージェントにも、そして家族にまでこう誓った。

もしゲイツにインタビューするチャンスをもらえたら、若い世代に変革を起こすようなアドバイスを引き出してみせる。それはみんなのキャリアを根本から変えてしまうようなアドバイスで、僕らにとっての聖杯なんだと。

僕には、似たようなことをやってきた人の助けが必要だった。

マルコム・グラッドウェルが著書『天才！ 成功する人々の法則』の中の「1万時間の法則」という章で、ゲイツにインタビューしている。

僕が直面している事態を理解してくれる人がいるとすれば、グラッドウェルだ。そこでティム・フェリスのコールドメールを活用してメールを送ると、1日経って返事が来た。

送信者：マルコム・グラッドウェル
宛先：アレックス・バナヤン
件名：RE：グラッドウェルさん——ビル・ゲイツとのインタビューへのアドバイスを

僕のアドバイス？ ビル・ゲイツは君がインタビューする中でも最高に気さくな人物だ

よ。とてもスマートで率直で、感受性も強い。

彼との時間を無駄にしないように、彼の人生について広く深く読んでおくんだ。彼の好きに話をさせるといい。そうすれば驚くような方向に導いてくれるさ。

グッドラック！

グラッドウェルの励ましにはとても感謝したが、それで僕の気持ちが落ち着くことはなかった。自分で設定したハードルが高過ぎて、ゲイツのことを考えると怖じ気づいてリラックスなんてできない。僕の中の高いところにいる彼を引きずりおろす策はないのか？

そこで彼が僕と同じ歳の頃、どんな人だったのかをイメージしてみた。よれよれのTシャツのすそをジーンズに入れ、寮の部屋のベッドで寝転がっている姿を。

でも僕が読んだのは、こんな話だった。

ゲイツのコールドコール

ゲイツがハーバード大学の2年生で19歳のとき、ポール・アレンが彼の寮の部屋にわっと入ってきて、机に雑誌を放り投げた。

「ビル、僕らなしでこんなことが起きてるぜ」とアレンは叫んだ。

雑誌の表紙を飾っていたのは、ライト、スイッチ、ポートが付いたライトブルーのなめらかな箱。Altair《アルテア》 8800という、世界初のマイクロコンピュータだった。

ゲイツは記事をざっと読んで、これを開発したMITS社は、ハードは作ったけれどソフトウェアはまだできていないと知った。

2人は当時まだ、マイクロソフトを立ち上げようというアイディアさえ持っていなかった。でもMITS社の創業者エド・ロバーツに手紙を書いて、アルテアを動かすソフトウェアを提供したいと伝えようとした。

ゲイツとアレンは、これがちゃんとしたオファーだということを示したかった。そこで、ゲイツがハイスクールのときにアレンと立ち上げた、トラフォデータという会社のレターヘッドが付いた便箋《びんせん》を使った。

数週間が過ぎて返事がないので、ゲイツはこう思った。

〝創業者のロバーツは僕らの手紙をゴミ箱に捨てたんだろうか？　僕が10代で若過ぎるのがばれたのかな？〟

数年後にわかったのだが、エド・ロバーツは手紙を読んだばかりではなく、大いに気に入ってソフトウェアを買おうと考えたそうだ。そこでレターヘッドの番号に電話したところ、電話に出たのは事情を知らない女性だった。

ゲイツとアレンは、レターヘッドに記載した電話番号がハイスクール時代の友人宅のものだったことを忘れていたのだ。

2人はそれに気づかず、寮の部屋で次の手を考えた。ゲイツはアレンに電話を渡した。

「いや、お前がやるんだ！」とアレン。「こういうのはお前の方が得意だろ」

「電話は嫌だ」とゲイツは反発した。「君が電話しろよ！」

世界最大の富豪になる人にも、フリンチ《萎縮》があったんだ。

2人はついに妥協案をひねり出した。ゲイツが、アレンを名乗って電話することにしたのだ。

「もしもし、ボストンのポール・アレンと言います」とゲイツはできるだけ低い声で話した。

ＭＩＴＳは小さな会社だったから、創業者につないでもらうのに手間はかからなかった。

「アルテア用の、完成したばかりのソフトウェアがこちらにあります。お見せしたいのですが」

創業者はその話に飛びついて、ぜひニューメキシコ州のアルバカーキに来て、ソフトウェアを見せてほしいと言った。ゲイツはすごく喜んだ。ただし1つだけ問題があった。実は肝心のソフトウェアを作っていなかったのだ。

それから数週間、ゲイツはすべての時間をコードを書くのに費やした。まったく寝ない日もあった。

ある晩、アレンが部屋に入ると、ゲイツがコンピュータ端末のそばで、ネコみたいに丸まって床の上に寝ていた。また別の晩には、ゲイツがイスに座ったまま、キーボードを枕代わりに寝ているのを目撃したこともあった。

2カ月が経ち、ゲイツとアレンはアルテア用のソフトウェアを完成させた。

どちらがアルバカーキに出向いて売り込むかという話になり、アレンが行くことになった。理由は単純で、彼があごひげを生やしていたからだ。

アレンはその手にソフトウェアをしっかりと抱え、飛行機に乗った。離陸後、頭の中でプレゼンの練習をしていて気づいた。

〝しまった、ローダーを書いてないぞ〟

ローダーとは、コンピュータに「これがソフトウェアです」と伝えるプログラムだ。これがないと、せっかくのプログラムが使いものにならない。

機内の座席テーブルに背中を丸めて、ポールは曖昧な記憶を頼りにメモ帳にすべてのコードを書き始める。そして飛行機が着陸する寸前に作業を終えた。彼には、それが正しいかどうかテストする術もなかった。

次の日、アレンはMITSの本社に着いて、創業者に中を案内してもらった。彼らはアルテアが置いてある机の前で止まった。アレンが実物を直接見るのは初めてだった。

「では」と創業者は言った。「始めましょうか」

ポールが深呼吸してソフトウェアをロードすると……作動した。ゲイツとアレンは契約を結び、契約書にサインした。

これが、2人が初めてソフトウェアを売り込むまでの話だ。

僕には、特に1つの教訓が印象に残った。

ゲイツのプログラム作りの才能はすごいが、彼が寮の部屋で不安を抱きながら電話を取ってMITSに電話しなければ、何も始まらなかったということだ。

このチャンスを彼がものにできたのは、自分にとって苦手でわずらわしいことを、ちゃんとやってのけたからだ。未来を切り開く力は、自分の手の中にある。でもその力を解き放つには、苦しいことを最初に乗り越えなくちゃいけないんだ。彼の場合、それは電話をかけることだった。

……いい教訓ではあるけど、まだ聖杯にはほど遠い気がする。

ゲイツにインタビューするときには、パワフルで驚異的で人生を変えるほどの深い話を、そしてこれまで誰も聞いたことのないような話を引き出さなくては。

僕にとって、聖杯は生きて呼吸する真実だ。これを求めていたからこそ、2年間もぬかるみを歩んで来られた。今それが間近にある。これまで以上に強い覚悟で、この手に聖杯をおさめなくては。

インタビューの前の朝、僕はダッフルバッグに荷物を詰め、メモ帳をバックパックに入れて、マイクロソフトの本社があるシアトルに向かった。

26 聖杯2

金色の光に包まれた通路の先に、1つのドアがあった。

アシスタントは「そこで待っていて」と言ってドアの向こうに消えていき、僕はそびえ立つすりガラスのドアをじっと見た。

銀の縁飾りの付いた黒いレザーの取っ手をよく見て、手がかりはないかと探った。聖杯がどこに埋められているかわからないし、何が手がかりになるかもわからない。だからどんな些細な部分も見逃すわけにはいかない。

中に入っていきなり、「やあビル、聖杯はどれですか?」なんて聞くわけにはいかない。そんなことはできやしない。

ビル・ゲイツの方から手がかりをくれるとも期待できない。机の上にある仏像を指さして、「ああ……これ？　ビジネスの秘訣を忘れないように、ずっとここに置いてあるんだ」なんて彼が言うはずがない。

手がかりは自分で見つけるしかないが、そんなに時間があるわけでもない。

会話が始まったら、それに集中しないといけない。目に入る手がかりに気づくとすれば、部屋に入ってすぐのタイミングしかないだろう。

ゲイツのオフィスへ

すると、スローモーションのようにすりガラスのドアが開いた。僕のすぐ目の前にビル・ゲイツがいる。ダイエットコークを飲みながら。

彼は乾杯をするみたいにコークの缶を掲げて微笑んだ。

「やあ、ようこそ」と彼は言った。「さあ、入って」

ドアをくぐったとたん、僕は90年代のテレビ番組『スーパーマーケット・スウィープ』に出演した気分になった。

出演者が食料品店の中を駆け抜け、店で一番高い商品を見つけてカートに投げ入れ、ブザーの音が消える前にレジに駆け込むというゲームショーだ。

今僕がしなくちゃいけないのは、ありとあらゆる細部をチェックして、なるべくさっと記憶し、聖杯の手がかりになりそうなものを見つけることだ。

しかも会話が始まる前にすべてを終えなくては。

ゲイツが部屋の中のカウチのあるスペースに移動するとき、頭の中に響いていたのは「位置について……よーい……ドン」というかけ声とブザーの音だ。

ゲイツの机は木製で、きれいに片づいていてモニターが2台上に乗っている。机の後ろには、モルトウィスキーの色をした背の高いレザーのイスがある。

床から天井まである窓から陽の光が差し込み、壁にかかっている5つのガラス製のフォトフレームを照らしている。

中に入っている1枚はゲイツがウォーレン・バフェットと笑っている写真だ。もう1枚はU2のボノと一緒の写真。3枚目は子どもを抱いている母親がアップで写っている。たぶん発展途上国で撮ったものだろう。

フォトフレームの下にはつやのある楕円形のコーヒーテーブルがあり、2冊の本が重ねて置いてある。1冊は心理学者のスティーヴン・ピンカーが書いたもの。僕は頭の中で「スティーヴン・ピンカーの本を買うこと」とメモした。

カウチのあるスペースにいくと、茶色のカウチの両端に、アイボリーグレーのアームチェアが置かれていた。

ゲイツがアームチェアに座ったとき、彼が履いているローファーに目がいった。黒くて先端が丸く、トップにタッセル《房飾り》が付いている。これも頭の中でメモした。

「タッセル付きのローファーを買うこと」

彼は黒のスラックスをはいて、靴下がずり下がってモッコリしている。上に着ているのはゴルフ用のポロシャツだ。ゆったりめで色はダークゴールド、というかマスタードブラウンに近い。それから——。

僕の頭の中でブザーの音が消えた。ゲイツが切り出した。

「それで、これが君の最初の本になるの？」

おなじみの甲高い声が耳元でさらに高く響いた。僕に会えて喜んでくれているように感じられる。彼はおめでとうと言い、君がインタビューした人たちはすごいね、と言ってくれた。それから僕がチー・ルーと会ったいきさつを尋ねてきた。

ゲイツの首席秘書が部屋に入ってきて、僕に挨拶して隣に座った。「45分ということで」と彼は言った。

「時間を無駄にしないように、さっそく本題に入った方がいいでしょう」

なだれにのまれる

僕はテーブルに録音機を置いてメモ帳に目をやった。まずゲイツを、彼がビジネスを始めた頃に引き戻したい。

「僕はあなたがハイスクール時代に立ち上げた、トラフォデータについての本を読んでいたところです。そのときの経験の中で、後にマイクロソフトの役に立ったことは何でしょうか?」

「そうだね」とゲイツは言った。「ポール・アレンと僕はその会社名で一緒に仕事をしていた。用途がとても限られたマイクロプロセッサーで、僕たちにはむしろ都合が良くて……」

ゲイツはゆっくり話し始め、それからスイッチが入ったみたいになった。イスに座り直し、壁をじっと見つめ、『ワールドブック百科事典』のオーディオブックの2倍の速さで話し始めた。

「……最初のマイクロプロセッサーが出たのが1971年だ。4004で、ほとんど使いものにならなかった。それを見たポールが僕に知らせてきたんだ。これじゃあたいしたことはできないと彼もわかった。

それから8008が73年に出て、これ用にBASICのプログラムが書けるかとポールに聞かれて、僕は、いやそんなの無理だと言ったんだ。いや違うな。72年に8008が出て、74年が8080だ……」

詳しく調べて来たはずなのに、逆になだれのような情報に飲み込まれた。

「……2人だけでやれることは限られると思ったから、ワイヤラッピングの仕方がわかる3人目のパートナーを見つけた。当時は人力で真空管を使って交通量を測定したり、おかしな紙テープにパンチ穴をあけていた時代だよ。

以前からコンピュータにそれをさせるやり方があると思っていた。実際に手作業の処理だったんだ。手書きで番号を書いて、テープに穴をあけ、一括処理のコンピュータに入れて……」

なだれに襲われ続けて、僕は埋もれたまま顔を出せずにいた。

「……それから大学に行って、ポールはそこで仕事を見つけて、僕たちはハードウェアをやるか、ソフトウェアをやるか、いつ始めようかと話し合い、ついに1979年に本格的なソフトウェア会社をスタートさせた。

いや、いや、ソフトウェアの会社を始めたのは75年だ。そうだ、失礼、75年だ。79年にシアトルに移って……」

10分が過ぎたが10秒くらいに思えた。脈打つ不安が押し寄せてきた。

〝45分がたった45秒に感じるくらい、あっというまにインタビューが終わったらどうしよう〟

そのとき、部屋のドアが開いた。

「お邪魔して申しわけありません」と女性が顔をのぞかせて言った。

「ジェンから電話です。つないでもらえないかと言うので」

「わかった」とゲイツは言って、アームチェアから立ち上がった。

「戻るから」と彼は言った。「すぐにね」

首席秘書が身を乗り出して、「家族からだ」と僕に耳打ちした。

救助隊のヘリが到着した気分だった。

ドアが閉まった。

僕はカウチで前かがみになり、大きく息を吐いた。

僕はメモ帳を開いて、質問事項を必死でチェックした。

「これは……この話って役に立つの？」と首席秘書が僕に聞いた。

「この方向で進めていいのかい？」

僕は首席秘書に、インタビューに参加してもらって、困ったときに助け船を出してくれるようお願いしていた。彼はその役割を果たそうとしてくれているのだ。

僕の最初の質問はまったく浅はかなものだった。だから「ぜひとも助けていただきたいです」と言えばよかったのだ。

でもこいつのインタビューはずぶの素人じゃないかと思われることが本当に恐くて、こう言ってしまった。

「ええ、そうですね……大丈夫だと思います」

「わかった」と彼は言った。「それならいいよ」


売り込みのコツは？

僕はメモ帳に視線を戻した。聖杯につながる質問があるとすれば、ビジネス戦略、それも売り込みについて聞くのがいいだろう。

ゲイツにとってこれまでの人生で最も重要な取引は、間違いなく、１９８０年にフロリダ州ボカラトンで行われたＩＢＭとの契約だ。

当時ゲイツは25歳で、ＩＢＭは世界最大のハイテク企業だった。この契約を実現したことで、マイクロソフトはその後数十年にわたってソフトウェア産業の支配的地位にいられたのだ。ＩＢＭと契約した後、彼はヒューレット・パッカードとも契約を結び、ここからドミノ倒しみたいな成功の連鎖が始まった。

ゲイツはパソコン会社の重役たちにこう言ったに違いない。

「みなさんは二流の人たちが使うオペレーティング・システム（ＯＳ）を選ぶんですか？　それとも、あのＩＢＭが採用したＯＳに賭けるんですか？」と。

ＩＢＭとの契約はゲイツの成功にとってティッピング・ポイント《劇的な転換点》となったはずだが、僕が読んだどの本にも、どうやってその契約をものにしたかまでは書かれていなかった。

僕は首席秘書に言った。

「友人たちにボカラトンでのＩＢＭとの契約について話したら、みんなそれについて聞いてくれと言いました。もしゲイツさんが重要な売り込みの会議について5分間の講義をするなら、何を教えてくれるだろうかと」

「いいね」と彼は言った。「いい質問だ」

部屋のドアが開いた。

ゲイツがアームチェアに座ると、僕は今の質問をした。

「当時」と彼は言った。

「僕は若かったし、見た目はもっと若かった。ＩＢＭの連中がテーブルを囲んで、最初から僕をいぶかしく思っていた」

彼が言うには、会議で売り込むための第一歩は、まず相手の不信感を吹き飛ばすことで、そのための一番の方法は、専門知識で相手を圧倒することだ。

ゲイツは早口でまくし立て、たちまち話は細部に及んだ。文字集合、コンピュータ・チップ、プログラミング言語、ソフトウェア・プラットフォームなどなど。そうして彼は自分がただの若造ではないことをこれでもかというほど見せつけた。

「だいたいいつもこう聞かれるんだ。この仕事を終えるのにどれくらい時間がかかりますかって」と言って、こう続けた。

「僕らはこう答えた。『そうですね。今ここでお約束する期日より早く仕上げてみせますよ。いつがお望みですか？　今から数時間後とか？』」

ハッタリをかませというアドバイス自体は別に目新しくない。ただ彼はＩＢＭに対して、どう考えても無茶なスピードで、可能ですとアピールしていた。

実際には、マイクロソフトがソフトウェアを届けるのに数カ月かかったのだが、長い目で見ると、それは重要じゃなかった。重要なのは、ゲイツには大企業が抱える問題が何かちゃんと見えていたということだ。それは動きが遅いということだ。だからゲイツは、相手が最も欲しがるものをアピールしたんだ。

それからゲイツが話してくれたことは、契約というものについて僕が抱いていた思い込みを覆すものだった。彼はＩＢＭからできるだけお金を搾り取ろうとは考えず、むしろ本来の価値よりも安くこの話をまとめていいと考えた。

彼は、他の会社もパソコン市場に参入してくることを見越していた。もしＩＢＭと契約していれば、新規参入のパソコン会社はマイクロソフトにもっと金になる契約を持ちかけてくるだろうと考えたのだ。

「ＩＢＭと契約すれば、それなりに収益が入る」とゲイツは説明した。「でも新規参入してくる他の企業群との契約は、それ以上の収益になるんだ」

ゲイツは現金以上に価値あるものを手にしたかった。それは戦略的ポジショニングだ。その後に何も続かないデカい契約を結ぶより、その後にたくさんの契約につながるフェアな契約をした方がいいということだ。

ここでの教訓ははっきりしている。短期の利益に飛びつくよりも長期的なポジショニングを選べということだ。

今思えば、ゲイツが話してくれたこの教訓に感謝すべきだった。でもそのとき僕は、ただ座ってこう考えていた。

〝本当に……？　それだけ？　聖杯はどこにあるんだ？〟

なぜ僕はそこまでものわかりが悪かったのか、その理由に気づくのにしばらくかかった。

僕はバズフィードで育った世代だ。

ゲイツの深い話は、「世界一の大富豪の知られざる10の秘密」みたいなツイートや要約記事に載るような派手さがない。だから僕には、その場では価値がわからなかったのだ。

ゲイツの交渉術

僕は、きっとどこか別の場所に聖杯が埋もれているんだと思い、ゲイツに交渉のスキルについて尋ねた。

「自分よりずっと年上で、経験を積んだ人たちと交渉するのはどんなものでしたか？」

「ＩＢＭには制約があったからね」と彼は答えた。

それからソースコードと無限責任について語り始めたが、交渉には何の関係もなさそうだった。

なぜ彼が僕の質問に答えてくれないのか、理由がわからなかった。

後になってからようやく、彼がちゃんと答えてくれていたのだとわかった。ただ、僕が望むような答えじゃなかったというだけのことだ。

録音したものを後から聞いてやっと、彼の言っていることを理解できた。

ＩＢＭとの交渉中に、ゲイツはマイクロソフトのソースコードを秘密にしておいた方がいいと気づいた。だが、ＩＢＭが買おうとしていたのがまさにそれだったので、ソースコードは渡さないなんて言えるはずがない。

一方でゲイツには、ＩＢＭが何を恐れているかがわかっていた。訴訟だ。これを戦略に利用しない手はない。

彼は契約の際に、ソースコードが過失で外部に漏れた場合のＩＢＭの無限責任を主張した。つまりＩＢＭの従業員が意図せずにソースコードを漏らした場合でも、マイクロソフトはＩＢＭを相手に数十億ドル規模の訴訟を起こすことができる。

ＩＢＭの弁護士はその事態を恐れて、ソースコードには手を出さないことにした。こうして、まさにゲイツの思惑どおりとなった。ここでの教訓はこうだ。敵が恐れているものを知り、それを有利に活用すること。

「あれは見事な戦略だったね」とゲイツはにんまりとした。

「スティーヴ・バルマーと僕で考え抜いたんだ」

バルマーはゲイツの大学時代の寮のルームメイトで、後にマイクロソフトのＣＥＯになる人物だ。

残念ながらインタビュー中の僕には、この話はちんぷんかんぷんだった。そこで僕は深呼吸して、もっと絞り込んだ質問をした。

「エド・ロバーツとの交渉はどうでしたか？」

ロバーツは、ゲイツが開発したソフトウェアを初めて買った会社、ＭＩＴＳの創業者だ。

僕が期待していたのは、「1、イスに深々と座ること。2、握手はこの角度ですること。3、時間が少し余ったら立ち上がって、相手の目を見てこう言うこと……」みたいな、秘蔵のチェックリストだ。

でももちろん、ゲイツはそういうのはまったく話してくれなかった。代わりに彼はエド・ロバーツの生涯を語り出した。それからＭＩＴＳのビジネスモデルの話になった。

これまた今となれば、彼の答えは筋が通っていたのがわかる。彼は交渉相手の素性を詳しく知ることがとても重要だと言っていたのだ。

相手がＭＩＴＳの創業者だけに、ゲイツは彼の性格、癖、成功歴、夢などを片っ端から調べた。さらに、ビジネスモデル、財務上の問題、資本構成、キャッシュフローについても調べた。

だがこの話もちんぷんかんぷんで頭に入らなかった。僕は腕時計をチェックした。時間ばかりが過ぎていく。パニックになって、交渉について3つ目の質問をした。

「誰もが交渉でやりがちな失敗を3つ挙げるとすれば？」

ゲイツはため息をついた。自分の話を聞いてなかったのかと言いたげな顔だ。彼は答え始めたが、かいつまんで言うと、こんなことを言った。

〝そうだな……今僕が話したようなことを実行しないことかな……〟

僕はこう思いながら座っていた。

〝この人はどうなってるんだ？　なんでちゃんとした答えをくれないんだろう？〟

わかっていないのが自分の方だとは、思いもしなかった。

ゲイツは、交渉相手となるべく仕事抜きのつきあいをして、彼らの懐に入れてもらい、そして彼らからアドバイスをもらえばいいと言った。

今にして思えば、ゲイツは、バズフィードにあるような小手先の方法なんて気にするなと言っていたのだ。

最強の交渉戦術とは、純粋に信頼しあえる関係を築くことだ。自分が無名の起業家であればなおのこと、相手に信用してもらえなければ一緒にビジネスなんてしてくれるわけがない。

一方で、相手がメンターとか友人になってくれたら、もう交渉なんて必要ない。

ビジネス界における「チェスの天才」から、まさかそんな話を聞こうとは思いもしなかった。百戦錬磨の秘訣を聞けると思っていたのに、彼は敵と戦うのではなく、親しくなれと言っているのだ。

首席秘書が咳払いをした。

「もう1つ質問できる時間があるけど」

〝善処します〟

僕はメモ帳のページをめくった。まだ聞いてない質問がたくさんある。

〝ちくしょう。もう時間がないなら、いっそ楽しんだ方がましだ〟

僕はメモ帳を手離して脇に置いた。

「初めの頃の、最も思い出に残るバカげた笑い話は何ですか？」

ゲイツはしばらく考えた。

「そうだね」と言って彼は組んでいた腕をほどいた。

「日本の企業とは愉快な交渉のエピソードがたくさんある」

彼は映画のシーンを回想しているみたいに視線を上げた。日本企業の重役たちとのミーティングについて話す彼から、興奮ぶりが伝わってくる。

ゲイツは懸命に彼らに売り込み、繰り返し説明し、最後にやっと契約を結んでもらえますかと聞いた。重役たちは集まった。しばらく日本語で話しあって、5分、10分が過ぎ、20分が過ぎた。

やっと彼らは決定を下した。

「Answer is《答えは》……」ともったいぶって間を置いた。「……maybe《善処します》」

「日本語ではこれは『ノー』同然の意味なんだ」とゲイツは言った。

「そこで僕たちは彼らに、『ほう、おたくの弁護士は英語がお上手ですね』と嫌味を言ったんだ。

そしたら彼らは『ええ、でも日本語がひどいんです！』って言ったんだ」

首席秘書と僕は一緒になって吹き出した。45分間の緊張が一気にほぐれたような気分だった。

ゲイツはすぐにまた別の日本人重役の話に入った。

その人はシアトルまで飛んできてゲイツのオフィスに現れ、マイクロソフトを誉めちぎって、お世辞を繰り返した。

ゲイツは不安になってきた。その人の会社にソフトウェアを配送するのが遅れてしまっていたので、おかしいなと思い始めたのだ。

重役は異様なほど親切で、ありったけのお世辞を並べた。いったい何が望みなのか、ゲイツはいぶかしく思った。もっとソフトウェアを買いたいんだろうか？

重役は、最後にやっと本音を言った。

「ゲイツさん……私たちが買いたいのは……」とまたしてももったいぶった間を置いた。「……あなたです」

僕たち3人はまた笑い合い、もうインタビューではなくなっていた。ただそこにいる3人の男が楽しんでいるだけだ。

「それで何と答えたのですか？」と首席秘書が聞いた。「〝善処します《メイビー》〟と？」

それからちょっとジョークを言い合ったところで、首席秘書が身をかがめてバッグを閉じた。

ゲイツはそれをきっかけにアームチェアから立ち上がった。

「日本人と交渉したときは、おいくつだったんですか?」と僕は聞いた。

「日本でのビッグイヤーは僕が19歳から23歳の間の時期だね。何もかも、ビジネスパートナーで友人のケイ・ニシ(西和彦)のおかげだよ。彼と2人で駆けずり回ったんだ。ホテルで、シングルベッドが2台ある同じ部屋に泊まったこともあった。みんな夜中でもかまわず電話してくるものだから、ある晩3時間くらい寝た後で僕はケイを起こしてこう言ったんだ。『ねえ、何かまずいことでもあったかな? 3時間もあったのに誰も電話してこないなんて!』」

ゲイツはもう少し話を続け、僕は部屋にぬくもりが広がるのを感じた。

最初からこうやって始めればよかった。そう後悔したが、もう後の祭りだ。ゲイツは握手して別れを告げた。彼は自分の机に向かい、僕はドアに向かった。

部屋を出る前に、ちらっと振り返って、最後にもう一度部屋に目をやった。ようやく事態が良くなり始めたときに、インタビューは終わってしまった。

27

サードドア

2カ月後、収納部屋

以前の悪夢に襲われた気分だった。またもや僕は机にうずくまって、手で頭を抱えた。

〝冗談だろ……〟

ビル・ゲイツの首席秘書にTED会場で初めて会ったとき、彼はゲイツのインタビューだけでなく、ウォーレン・バフェットにもインタビューできるように手助けしようと約束してくれた。ゲイツとバフェットは親友同士だから、今度はさすがにバフェットも動いてくれるだろうと思った。首席秘書はついにバフェットのオフィスに連絡を取ってくれた。それから僕の知らないところで事が運び、首席秘書は以下のメールを送ってきた。

どうかこれ以上バフェット氏のオフィスには連絡しないでください。よろしく……。

僕は目を疑った。答えが相変わらずのノーだけならまだしも、しつこく粘ったせいで、僕はバフェットのブラックリストに載る羽目になったんだ。どの本にもそんなことは書いてなかった。どんな名言も、執着し過ぎると逆効果だなんて警告はしてくれなかった。

確かに僕は、一度たりとも、「僕はみんなが助けようと思ってくれるような人間だろうか」なんて立ち止まって自問することはなかった。それどころか、毎週のようにしつこくバフェットのアシスタントに連絡し続けた。

数カ月にわたってノーと言われ続けたあげくに、オマハへ行ったり、突拍子もなくアシスタントに靴を送ったりした。

僕は自分の目標を達成することばかりに捉われて、相手にどう受け取られるかが見えていなかった。自分で掘った深い穴に落ちてしまった気分だ。

ビル・ゲイツをもってしても、僕を引っぱり上げることはできないだろう。

執着し過ぎるのは逆効果だと、ずっと前に気づいておくべきだった。ティム・フェリスに31通ものメールを送って、彼を困らせていた頃に。

フェリスは僕に何の関心もなかった。ドナーズ・チューズにいた僕のインサイドマンの助力があったから、インタビューを引き受けてくれただけだ。

それなのに、フェリスがついにイエスと言ってくれたときに、僕は自分の勝利だと思ってしまった。今になってようやく、バフェットのインタビューが失敗に終わったおかげで、僕はじっくり時間をかけて考えるようになってきた。

人生とは、同じ教訓に何度も頭を叩かれて、やっとそれに耳を傾けるものなのだ。

だけど僕は、どれだけ叩かれても耳を傾けてこなかったようだ。断ってきたのはバフェットだけではなかったからだ。ビル・ゲイツに会ってからというもの、こちらから送ったインタビュー依頼には、ことごとくノーという返事が来た。

レディー・ガガ、ビル・クリントン、マイケル・ジョーダン、アリアナ・ハフィントン（『ハフィントン・ポスト』創業者）、ソニア・ソトマイヨール（ヒスパニック系初の米国最高裁判所陪席判事）、ウィル・スミス、オプラ・ウィンフリー。

そしてひと回りしてあらためてスティーヴン・スピルバーグに依頼すると、彼の返事までもがノーだった。スピルバーグから断られたのは、何かの間違いだと思った。大学で初めて会ったとき、彼は僕の目を見て、また来てくれと言ってくれたのに。

その後サミットで知り合った友人から、スピルバーグのプロダクションの共同社長を紹介してもらい、その人に直接状況を説明することができた。共同社長は僕の依頼を直接伝えてくれたが、スピルバーグの返事はノーだった。

共同社長はやり方を変えて、2度、3度とプッシュしてくれたが、それでも返事はノーだった。

いったいどうなってるんだ？

ノーに決まってるだろ

僕はノートパソコンをバタンと閉じて、収納部屋を行ったり来たりした。狭苦しい部屋だけに余計にイライラが募った。そこで携帯を取り出して、エリオットにメールした。

アドバイスを聞きたい。今大丈夫ですか？


携帯を置こうとしたら電話が来た。

「早いね」と僕が言った。

「もちろんさ」とエリオット。「どうしたんだ？」

「頭がおかしくなりそうで。ビル・ゲイツの首席秘書に言われたように、ちゃんと準備を進めて機が熟したのに、うまくいかないんだ。ゲイツにインタビューすれば、すべてがうまく回るはずだったのに、全然そうならなくて。

マルコム・グラッドウェルが本で書いてたみたいに、僕はティッピング・ポイント《劇的な転換点》を迎えたはずなんだけど……」

「お前ほんとバカだな。俺らが初めて会ったときも、お前、あなたのティッピング・ポイントはいつでしたかなんてバカな質問をしたよな。そんなものはないって言っただろ。小さな積み重ねがすべてだって」

僕は言葉を失った。確かに彼はそう言っていた。

「ティッピング・ポイントなんて、後から振り返ってあの時がそうだったと思うものなんだ」とエリオットは続けた。

「前線に立ってるときは気づかないよ。起業家は前に進むだけで、転換なんてしないんだ」

「そうだね、わかったよ」と僕は言った。

「でも頭にくるんだ。ノーばかりもらったって何のプラスにもなりゃしない。みんな、〝君のやっていることはすばらしい！　でもあいにくスケジュールがいっぱいでね〟って言うばかりでさ。

もちろん忙しいのはわかるけど、それを言ったらビル・ゲイツだって忙しいでしょ。本気で会いたいと思ってくれたんなら、時間を作ってくれるんじゃないのかな。

ノーって返事ばっかりでその理由を教えてもらえないんだからさ、どうすりゃいいっていうんだよ？　僕の人生こんなことばっかだよ。タイトルをつけるならこうでしょ。

〝ノーに決まってるだろ〟

週に1000回はそう言われてるよ。1人からノーって言われても平気なように、30人とパイプを作っておくしかないのかな」

「なんでパイプを作っておくのが効果的なのか知りたいか？」とエリオットは言った。

「1年半前だったよな。お前が初めて俺にコールドメールを送ってきたのは。実はその1カ月前に、俺は新年の決意として、誰かのメンターになろうと決めてたんだ」

僕は驚いた。

「驚いたか？　まさかだろ。俺が言いたいのは、お前がコールドメールを送ってアドバイスを求めたのは、俺だけじゃないだろってことさ。そうだろ？

お前はたくさんの人に連絡をとり、その中の1人にうまく当たった。お前の力の及ばないところで、予想しえないかたちでな。

そのとき相手がどういう状況にあるかなんて、お前に知る術はないだろ。彼らが今機嫌がいいとか、誰かの力になりたいと思っているかなんて、お前にはわかりっこない。だからバランスよくトライする必要があるんだよ」

「でも、僕の作った30個のパイプがすべて詰まったら？」

「2つやり方がある。1つはでかく考えること、もう1つは見方を変えること」

「お願い、具体的に教えてほしいんだけど」

「全部を教えるわけにはいかないけど、例を1つ話そうか。

ワシントンDCでサミットをやったときの話だ。俺たちは基調講演者を誰1人として確保できずにいた。みんな忙しかったんだ。トムスシューズのブレイク・マイコスキーから行けないって言われたときは痛かったよ。

そこで、でかく考えることにした。いっそビル・クリントンに頼もうってな。それから見方を変えた。彼の財団を支援しているファンドレイザー《資金調達者》を招待して、クリントンが出席せざるをえない状況を作ったんだ。

彼の出席が決まった後で、デフ・ジャム・レコーディングスの創始者ラッセル・シモンズに連絡した。一度はノーと言われてたんだけど、クリントンのために開会の言葉がほしいって頼んだら、手のひら返しでイエスさ。

それからサミットの開催日を、CNN創業者のテッド・ターナーがワシントンDCを訪れる日程に合わせた。しかもクリントンが出るときたら、ターナーも受けるしかない。

ここまでやってもまだブレイク・マイコスキーは他に約束があるって言うからさ、俺たちは依頼内容を変えたんだ。

マイコスキーのヒーローがテッド・ターナーだって知ってたから、ターナーのQ&Aコーナーのモデレーターをやってくれってお願いした。これでマイコスキーも決まりさ。

こうやって、向こうが断れないようなオファーを出せばいい」

僕にもアイディアが湧いてきた。「もし僕だったら――」

「そうだ」

「もし僕がこうしたら——」

「そうそう、その意気だ。そうやって考えていけば、必ずできる。誰だって、ちまちましたことなんてしたくない。より大きく、見方を変えて考えるんだ。ただし『もし僕だったら』だけで終わっちゃダメだぜ。実現までこぎつけるようにしなくちゃ」

1週間後、セントラルパーク

僕はジャケットのファスナーを上げて、エリオットにくっついて人混みの中を進んだ。日が沈んで1時間が過ぎていた。僕のすぐ目の前には野外ステージがあり、溶岩みたいに真っ赤な光がステージを照らしている。

「現代の3大ギタリスト」ジョン・メイヤーがステージに立ち、ギターのストラップを肩にかけると、6万人の観客の歓声が響き渡った。

僕はインタビューを再起動させるためのミーティングをするためと、新しいパイプを作るために、ニューヨークに来た。

エリオットがこのフェスティバルに招いてくれた。僕たちがステージに向かって前に進んでいると、エリオットが誰か知り合いを見つけて、手を振り、彼の方へ向かった。

僕は彼らの邪魔にならないように少し下がっていた。すぐにエリオットは僕の肩をつかんで、僕をひっぱった。

「マット」とエリオットが言った。「アレックスに会ったことは？」

エリオットの友人は関心なさげに首を振った。40歳くらいで、肩幅が広い。

「きっと気にいるよ」とエリオットは言った。

「アレックスがやっているプロジェクトは、まさに君がやってきたことそのものだ。ラリー・キングやビル・ゲイツにインタビューしてさ……」

マットは目を少し開いた。エリオットに促されて、『プライス・イズ・ライト』の話をすると、マットは最初から最後まで笑いっぱなしだった。

エリオットがまた入ってきた。

「アレックス、この間のたとえ話をしたらどうだ。サードドアの話だ」

数日前にエリオットと電話で話したとき、これまでインタビューした人たちの共通点は何だと彼に聞かれ、ずっといろいろ考えてきたけどこういうことじゃないか、という話をした。

僕がインタビューした人たちはみんな、人生にも、ビジネスにも、成功にも、同じやり方で向き合っている。僕から見たら、それはナイトクラブに入るのと同じようなものだ。常に3つの入り口があるんだ。

「まずファースト《第1の》ドアがある」と僕はマットに言った。

「正面入り口のことさ。長い行列が弧を描いて続き、入れるかどうか気をもみながら99%の人がそこに並ぶんだ」

「次にセカンド《第2の》ドアがある。これはＶＩＰ専用入り口で、億万長者、セレブ、名家に生まれた人だけが利用できる」。マットはうなずいた。

「学校とか普通の社会にいると、人生にも、ビジネスにも、成功にも、この2つのドアしかないような気分になる。でも数年前から僕は、常に必ず……サード《第3の》ドアがあることに気づいたんだ。その入り口は、行列から飛び出し、裏道を駆け抜けて、何百回もノックして窓を乗り越え、キッチンをこっそり通り抜けたその先に、必ずあるんだ。

ビル・ゲイツが初めてソフトウェアを販売できたのも、スティーヴン・スピルバーグがハリウッドで史上最年少の監督になれたのも、みんな――」

「――サードドアをこじ開けたからだろ」とマットは満面の笑みを浮かべて言った。

「俺もそうやってこれまで生きてきたよ」

エリオットを見ると、彼もニッコリしていた。

マットがくれたチャンス

「アレックス」とエリオット。

「レディー・ガガのソーシャル・ネットワークを創ったのはマットだって知ってるよな?」

僕が返事をする前に、エリオットは続けた。

「彼女にもインタビューしたいって言ってなかったっけ?」

もちろんエリオットはその答えを知っている。1年前にレディー・ガガのマネージャーを僕に紹介してくれたのはエリオットだ。

それからというもの、ずっとマネージャーと関係を築こうと努力してきた。彼のオフィスで打ち合わせをしたり、メールをしたり、電話をしたり。

でもインタビューを申し込むたびに返事はノーだった。わずか数週間前も、マネージャーは僕の依頼を再度断った。

でも世界のあらゆるミュージシャンの中で、レディー・ガガほど僕のミッションの精神を象徴する人はいない。

「彼女にぜひインタビューしたいんだ」と僕は言った。

マットは僕を見てうなずいた。

「それなら」とマットは言った。

「エリオットは彼女のマネージャーと親しいんだ。エリオットから彼に電話してもらって、お膳立てしてもらったら?」

マネージャーからすでに断られ続けていることを言いたくなかったので、それはいいアイディアですねと言っておいた。

ジョン・メイヤーが「ウェイティング・オン・ザ・ワールド・トゥ・チェンジ」を歌い始めたと

き、エリオットはまた1人友人を見つけて、駆け寄っていって挨拶した。

僕とマットはミッションについて話を続けたが、そのときマットがアイフォーンを取り出して、写真をスクロールし始めた。

マットは画面を見せてくれた。そこに写っていたのは彼とレディー・ガガだ。コンサート会場のバックステージで、彼女がマットの肩に手を回している。次に見せてくれたのも2人の写真で、今度はオフィスの中だ。ガガが両手を挙げて机の上に座っていた。

マットは写真のスクロールを続けた。

ゴルフトーナメントでコンドリーザ・ライス元国務長官と一緒に写った写真。スケートボーダーのトニー・ホークとハーフパイプでスノーボードしているところ。

元プロバスケットボール選手のシャキール・オニールと一緒にナスダック市場の取引開始の鐘を鳴らしているところ。バックステージでラッパーのジェイ・Zと一緒にいる写真。

それからネルソン・マンデラとカウチに座っている写真。

マットから発せられる引力のような力に、僕は引き寄せられている気がした。彼にキャリアを始めたいきさつをたずねると、「サードドア」みたいな話を次々に聞かせてくれた。

陸軍特殊部隊アーミー・レンジャーを目指していたが訓練中に負傷し、ヘッジ・ファンドを始めたこと。そこからeコマース（電子商取引）のプラットフォームを開発して、ウーバーやパランティアなどの新進企業に投資を始めたこと。

その後、ラッパーの50セントからの電話をきっかけに、ついにレディー・ガガと出会うことになるのだ。30分近く話しているうちに、背中を叩かれて励まされている気がした。

エリオットが行かなきゃと声をかけてきたので、マットと連絡先を交換した。

「サンディエゴに来たら」とマット。

「知らせてくれ。俺の牧場に案内するから」

エリオットのささやく声が聞こえてきた。

〝目の前にチャンスがあるんだ……ものにしろよ〟

彼を見たが、口は動いていなかった。頭の中で聞こえてきたんだ。

「あのさ」と僕は言った。

「実は来月サンディエゴに行くんだ。泊まるところがあればって思ってるんだけど」

「そうか」とマットは言った。

「2ベッドルームのゲストハウスがあるんだ。自由に使ってくれ」

28
成功を考える

1カ月後、ロサンゼルス

「そりゃあすごい」とカル・フスマンは言った。

僕は再び、ラリー・キングと朝食のテーブルを共にしていた。

そのとき2人に、今度スティーヴ・ウォズニアックにインタビューするんですと話したのだ。

ウォズニアックはアップルの共同創業者で、自らの手で最初にパソコンを作った先駆者の1人だ。パイプを作れというエリオットのアドバイスのおかげで、このインタビューの実現にこぎつけられた。

「一番大事なことは、ゲイツとのインタビューの二の舞をしないことだな」とカルは言った。

「今度は、緊張なんてもってのほかだよ。相手はザ・ウォズなんだから」とカル。

「インタビューはどこでやるんだ?」とラリーが聞いた。

「カリフォルニアのクパチーノのレストランです」

「私が駆け出しの頃は」とラリー。

「マイアミにあるレストランのパンパーニクス・デリでインタビューをしたものだ。レストランが一番だよ。誰だって楽しくやりたいと思ってるからな」

「アレックス、いいかい」とカルは言った。

「今回はメモ帳を持っていくな。それも経験だと思って試してみてくれ。もしインタビューがうまく行かなかったら、僕のことをボロクソ言ってくれてもかまわない」

僕はためらったが、ビル・ゲイツのインタビューがああなった後だけに、試す価値はあると思った。

数日後、僕は飛行機に乗って、マンダリン・グルメという、アップル本社から2ブロックしか離れていない中華レストランに向かった。

レストランの入り口まで来たときに携帯が鳴った。友人のライアンからだ。

僕が今どういう状況なのか話すと、ライアンは「ザ・ウォズだって?」と言った。

「お前がインタビューをとるのに苦労してるのはわかるよ。けど、ウォズのピークは20年くらい前だぜ。『フォーブス』の金持ちリストを見てみなよ。そこにだって載ってない。なぜお前が彼に頼んだのかわからないけどさ、まあでも、インタビューも悪くないかもな。ウォズが何で共同創業者のジョブズほど成功しなかったかがわかるし」

僕が返事をする前に、スティーヴ・ウォズニアックがこっちに向かってくるのが見えた。スニーカーを履き、サングラスをかけ、緑のレーザーポインターとペンをシャツの胸ポケットにクリップで留めている。

僕は電話を切って彼に挨拶し、一緒にレストランに入った。

レストランは白いテーブルクロスのかかったテーブルであふれていた。

席について僕がメニューを手にすると、ウォズニアックがそれを置くように合図した。そしてウエイターを呼んで、好きなデザートをみんな注文していいわよと言われた子どもみたいに夢中になって、2人分の料理を頼んだ。

テーブルはたちまち料理でいっぱいになった。チャーハン、野菜チャオメン、中華風チキンサラダ、セサミチキン、エビとクルミのハチミツソース、モンゴリアンビーフ、パリパリ春巻きなど。出された料理を食べる前から、すでにウォズニアックは僕がこれまで会った中で最高に幸せそうな人に見えた。奥さんのこと、飼い犬のこと、好きなレストランのこと、予定しているタホ湖へのドライブなどを話してくれて、彼が人生の何もかもを愛しているのが伝わってきた。

彼の話によると、スティーヴ・ジョブズとの出会いは1971年で、今僕たちが座っている場所から数マイルしか離れていないところだった。ジョブズはハイスクールの学生で、ウォズニアックは大学生。ビル・フェルナンデスという共通の友人の紹介だった。

ウォズニアックのイタズラ

会った瞬間から2人は意気投合し、歩道に座って何時間も過ごし、自分たちがしでかしたイタズラについて語り合い、笑い合った。

「特に大好きだったイタズラは大学1年のときのだね」とウォズニアック。

「テレビの電波妨害器を作ったんだ。手のひらに隠れるくらいの。つまみを回せばどんなテレビでも、空電で画面がぼけるんだ」

ウォズニアックによると、ある晩友人と2人でイタズラしようと談話室に行った。20人くらいの学生が座ってカラーテレビを見ている。ウォズニアックは後ろの方に座って、手に隠した妨害器を使って、画面がぼやけるようにした。

「最初に何度か、友だちに頼んでテレビを〝ボン〟って叩いてもらった。叩くと同時に妨害器のスイッチを切って、テレビは元どおり。それからまた妨害器を使う。そして友人にもっと強く叩いてもらう。強く叩いてやっと正常に戻るように見せかけたんだ。

それで30分も経ったら、そこにいた誰もが拳でテレビを叩くようになってさ、本当に観たい番組になったら、イスで叩こうとするんだよ」

ウォズニアックは何度も談話室に行って、どれくらい遠くからテレビを操作できるか試した。あるとき、テレビを直そうと数人の学生が集まっていて、1人が片手を画面に当てて、片足を宙に浮かせていた。ウォズニアックはそこですぐに妨害器を切った。

その人が画面から手を離したり、足を地面に下ろしたりしたら、妨害器のスイッチを入れた。そしたらその人は30分間、画面中央に手を当てて、足を宙に上げたまま立って、他のみんなはテレビを観ていた。

ウォズニアックが別のイタズラについて話そうとしたとき、茶色いショートヘアの女性が会話に加わってきた。「ウォズ」と彼女は言った。

「レーザーポインターのテストをしてあげた?」

ウォズニアックは、奥さんのジャネットだと紹介してくれた。

彼はシャツのポケットから緑のレーザーポインターを取って、僕の顔の近くに掲げた。これで僕の脳ミソがどれくらい詰まっているかを探知できるそうだ。

彼がそれで僕の右耳を照らすと、僕の左の壁にグリーンのライトが映った。

「何てことだ!」と彼は言った。「君の頭は完全に空っぽじゃないか!」

ちらっと下を見ると、彼が別のレーザーポインターでテーブルの下から左の壁を照らしていた。

僕と彼は吹き出した。

彼はレーザーポインターをポケットに戻し、奥さんに僕のミッションについて話した。それから彼は、僕がインタビューしたいと思っている人のことを奥さんに伝えた。

「あのさ」と彼は僕の方を見て、小声で言った。

「君がなぜ僕にインタビューしているかわからないんだ。僕はスティーヴ・ジョブズみたいに成功した大物じゃないし」

この言葉から、彼は僕の返答を待っているように思えた。僕を試しているみたいだ。でも言葉に詰まってしまい、とっさの思いつきで春巻きを口に詰め込んだ。

「僕が子どもの頃」とウォズニアックは言った。「2つの人生の目標があったんだ。1つは電子工学で世の中を変えるものを作り出すこと。2つ目は自分で決めた道を生きること」

「大半の人は、社会からやれって言われたことをやる。でも立ち止まってしっかり考え、自分をちゃんと見つめればさ、もっといい道があることに気づくんだ」

「だからあなたは幸せなんですか?」と僕は聞いた。

「まさしくそうさ」とウォズニアック。

「僕が幸せなのは、毎日やりたいことをやっているからだ」

「そうね」と奥さんは笑った。「この人は本当にやりたいことをやっているわ」

ジョブズと2人でアップルを設立したときはどうでしたかと尋ねてみた。ウォズニアックとジョブズの違いを知りたかったからだ。

幸せって何だろう？

ウォズニアックはいくつかのエピソードを教えてくれた。僕にとって特に興味深かったのは、2人の価値観の違いが際立つ話だ。

1つは、アップル設立前の話だった。ジョブズはアタリという会社で働いていて、テレビゲームの制作を頼まれた。彼はウォズニアックの方がいいエンジニアだとわかっていたので、ウォズに取引をもちかけた。

もしウォズニアックがゲームを作ってくれたら、報酬の700ドルを折半したいと。ウォズニアックはそんな機会をもらったことに感謝して、ゲームを作った。

ジョブズは報酬を受け取ると、すぐにウォズニアックに約束の350ドルを支払った。だが10年後、ウォズニアックは、ジョブズがその仕事で手にしたのは700ドルどころか数千ドルだったことを知る。

その話がニュースになったとき、ジョブズは否定したが、アタリのCEOは真実だと主張した。

2人の価値観の違いがわかるもう1つの話は、アップル初期の成長期の頃のことだ。

当時、ジョブズが会社のCEOになることは確実だったが、重役陣の中でウォズニアックにふさわしいポジションはどこなのか、判断が難しかった。

そこでジョブズは彼にどのポジションがいいか聞いた。ウォズニアックは、社員の管理や会社の権力闘争に関わることは絶対やりたくなかった。そこでエンジニアのトップがいいと言った。「世間的には、成功とはなるべく権威のあるポストに就くことだろうけど」とウォズニアック。「僕は自分に問うたんだ。それで僕は本当に幸せなのかってね」

最後にウォズニアックが話してくれたのは、アップルが株式公開をしたときのことだ。IPO（新規株式公開）で、ジョブズとウォズニアックは想像を超えるお金を受け取ることになった。

株式公開の前、ウォズニアックは、ジョブズがアップルの初期から共にいる従業員数人に対して、ストックオプション（自社株購入権）を与えないつもりでいることを知った。でもウォズニアックにとって、彼らは家族も同然だ。彼らがいたから会社ができた。だけどジョブズは頑として認めない。

そこでウォズニアックは、自分が手にした株の一部を昔からいる従業員たちにあげることにした。全員がお金を受け取れるように。アップルが株式を公開すると、彼らはミリオネア《百万長者》になった。

ウォズニアックがイスに座り直して、フォーチュンクッキーを割って、奥さんと笑っている。その姿を見ていたら、ライアンがインタビュー前に言った言葉がよみがえってきた。

〝ウォズが何でジョブズほど成功しなかったか〟

でも僕にはこの言葉しか浮かんでこなかった。

〝ジョブズの方が成功者だなんて、誰が断言できるだろうか？〟

29
生涯見習い

3週間後、フロリダ州マイアミ

僕は高層マンションの20階で、バルコニーの手すりにもたれて、街を眺めていた。太陽は沈みかけ、ぼやけたピンクやオレンジの光がヤシの木を照らしている。

隣にいるアルマンド・ペレスが、故郷であるこの風景の美しさを話していた。

僕は、映画『ライオン・キング』で、王のムファサが息子のシンバに語りかけるシーンを思い出していた。風景を見渡す岩の上からムファサがシンバに言う。

「光の当たるところすべてがわれわれの王国だ」と。

アルマンドは左を指さして言った。「マーリンズ・パークだ」

それから右を指さした。「俺が設立したチャーター・スクールのSLAMだ」

「あれがいつも俺が使っているホテル」

「向こうにあるのは、海に出るときに使う俺のヨットだ」

「グローヴ島の隣に白い建物があるだろ。マーシー病院さ。俺はあそこで生まれたんだ」

僕の横にいるアルマンドの姿を実際に見たら、きっと誰もが、ああ、この人だとわかるだろう。グラミー賞を受賞したマイアミの「お祭り番長」、ラッパーでミュージシャンのピットブルだ。

エリオットが教えてくれたやり方、見方を変えて考えることと、パイプを作ることが、成果につながり始めていた。

ウォズニアックに会えた後で、今度はピットブルだ。そしてこの日の朝、動物行動学者のジェーン・グドールからも、インタビューを受けてもいいという連絡があった。

ミッションが実を結びつつあり、僕はかつてないほど幸せな気分だった。

ピットブルの案内で部屋に入ると、彼の友人が何人か、カウチでくつろいでいた。

ピットブルは赤いプラスチックカップを手に取り、ウォッカのソーダ割りをギリギリまで入れた。それから僕たちはテラスに出た。

一緒に座っていると、数時間前にコンサートで見たような、ガッツポーズをする威勢のいい人物とは違って見える。彼のエネルギーは静まり、動作もゆっくりになっていた。

僕は質問から入るのはやめて、ゆったりと雑談しながら成り行きに任せようと思った。すぐに彼は、子どもの頃から新しい挑戦をするのが好きだったという話をしてくれた。

「本物のハスラー《やり手》は絶えず次のターゲットを探しているんだ」と彼は言った。「テレビゲームみたいなもんさ。マリオブラザーズとかな。レベル1を突破したらレベル2、そしてレベル3を目指す。ついにそのゲームをクリアしたら『ウォウ、ウォウ、次はどれをやる？どのゲームだ？』ってなるだろ」

僕の思考は広がっていき、質問が次々に湧いてきた。

〝そうやって絶えず上を目指すカギは？〟

〝トップに上りつめた後で、さらなる成功を手にする秘訣は？〟

〝成功を成し遂げた後で、その状態を維持するには？〟

前にカル・フスマンが、「好奇心の赴くままに質問をすればいい」と教えてくれたが、あれはこういう状態を作れということだったんだ。

ピットブルの挑戦力

僕はピットブルに、あなたの人生をテレビゲームにたとえて話してほしいと言った。そうすることで、彼の成功の秘密が見えてくるかもしれない。

「あなたにとってレベル1の挑戦は何でしたか？」と聞いた。

彼は赤いプラスチックカップに手を伸ばし、一気に飲み干して、少しの間何も言わず座っていた。そして言った。自分は80年代初めに母親の子宮から、血液にコカインが入った状態で生まれてきたと。

彼の家では父親が出て行ってしまい、母親がドラッグマネーで生計を立てて、女手一つで彼を育てた。一家は引っ越しを繰り返し、ピットブルはハイスクールを8回も転校する。

ドラッグの売買ばかりを見て育ったから、それに手を染めるのもごく当然のことだった。そのことを振り返ったとき、その目から苦悩の表情が見えた。

「俺は何でも売ったよ」と彼は言う。「自分の時間すら売ったんだ」

彼はエクスタシー、マリファナ、コカイン、ヘロインを売った。ハイスクール時代は、クスリを持ち歩くことはなかった。学校中の女子ロッカーにそれを隠して、話がまとまると、どのロッカーに隠しているかを相手に教えた。

ある日、校長がピットブルをつかまえ、校長室に押し込んでこう言った。

「お前がドラッグを売っているのはわかってるぞ！　ポケットを見せろ！」

ピットブルのポケットは空だった。

「くそう！　靴を見せろ！」

ピットブルは靴を脱いだ。

「帽子だ！」

校長のイライラは募り、それからピットブルは言った。

「よお、ここも調べたらどうだ?」

そう言ってパンツを下ろした。

その後すぐに校長は卒業証書を印刷し、ピットブルに手渡して、学校から出て行け、2度と戻ってくるなと言った。

「あいつは俺に卒業証書を渡しやがった」とピットブル。

「実際にハイスクールを卒業したわけじゃない。けど俺はフォトスタジオに行って自分の卒業写真を撮ったんだ。笑ってる写真が1枚、もう1枚は中指を突き立てたやつさ。どっちの写真も婆ちゃんの部屋に今でも飾ってあるよ」

ただピットブル本人は、あの頃コカインをやったことは一度もないと言い切った。

両親がコカインでダメになる姿を見ていたから、自分の人生まで台なしにしたくなかったんだ。

ハイスクールを〝卒業〟して、ドラッグ取引の世界でのし上がると、テレビゲームで言う「レベル2」への挑戦を目指す時が来た。

それは、マイアミで一番のラッパーになることだった。

「本気を出せば、チャンスが見つかるってことが俺にもわかり始めてた。

自分に与えられたチャンスはこれだってわかったなら、それでナンバーワンを目指しゃいいんだ。俺の場合はラップで、それで金を稼ぎたきゃ曲を書くしかなかった。だから俺はライム（韻を踏んだ歌詞）を書き始めたんだ。

そのときは、レコードがどんなものかすら知らなかった。ただライムを書いて、書いて、書いて、書きまくったのさ」

ピットブルはわかっていた。マイアミのラップシーンで次のキングを目指すなら、当時のキングから学ぶしかないことを。当時のキングとは、ヒップホップグループ、２ライヴクルーのリーダー、ルーサー・キャンベルだ。

「ルーサー・キャンベルはこの辺りで一番の大物で、しかも起業家でもあった。つまり、自分でレコードを作って自分でプロモーションして、何百万枚も売ることができたんだ。

あの人は俺に独立心を教えてくれた。自分が思い描くようなビジョンを描いてくれる人間は、自分しかいないってことを」

ピットブルはキャンベルのレコードレーベルと最初の契約を結んで、１５００ドルの前払い金をもらった。

当時のピットブルにとって、彼以上のメンターはいなかっただろう。１９９９年、ナップスターという会社が登場して、音楽産業のあり方を根底からひっくり返した。ナップスターは音楽を無料でダウンロードできるようにしたのだ。

当時成功したアーティストの大部分は、起業家精神を併せ持った人だった。

「ルーサー・キャンベルから学んだ一番のことは」とピットブルは言う。

「人生はいつでも見習いでいろってことだ。ビジネスで最高のＣＥＯは、見習いから始めたやつばかりだ。見習いからＣＥＯまで登りつめれば、誰もそいつに文句は言えない。そして、そいつの言葉はみんなを鼓舞するんだ。

『俺もその仕事をやったよ。それを成功させるのに何が必要か、俺が一番よく知ってる』ってね」

ピットブルのラップの才能は、ルーサー・キャンベルから学んだ教訓と合わさって、ついに開花する。彼のデビューアルバム『M.I.A.M.I.』はよく売れて、ゴールドディスクに認定された。

「あなたにとって、その次の挑戦は何だったんですか？」と僕は聞いた。

ピットブルが言うには、マイアミで一番のラッパーにはなったものの、メインストリームでブレイクするのに苦労していたそうだ。

その頃最もヒットした彼のシングルは、『ビルボード』誌の上位１００曲中32位が最高だった。変わらずにナンバーワンを目指していた彼は、一緒に仕事ができ、学びも得られるような音楽のプロフェッショナルたちを探した。

それは、デヴィッド・ゲッタ、フロー・ライダー、クリス・ブラウンの仕事を手がけた音楽プロデューサーだったり、ケイティ・ペリー、レディー・ガガ、ブリトニー・スピアーズのナンバーワン・ヒット曲をプロデュースしたソングライターのような人たちだ。

「俺は常にゲームを研究しているんだ」とピットブルは言う。

彼は数年かけて自分のサウンドとイメージを変え、『プラネット・ピット』というアルバムをリリースする。これにはナンバーワン・ヒットが含まれ、後に彼はグラミー賞も受賞した。

王様と見習い

テレビゲームはまだ続いている。

次の挑戦は、ミュージシャンの枠を越えることだそうだ。

ピットブルは、何かの役に立つ人間になりたかった。そこで自分の力を社会に役立てようと、マイアミのリトルハバナでSLAMというチャーター・スクールに取り組むようになった。

チャーター・スクールは、認可を受ければ誰でも開設できる学校のことで、ピットブルは、自分と同じ境遇に育った子どもたちを救おうとしている。

金網のフェンスに覆われ、いかがわしい酒屋が集まる街の一角で、SLAMの真新しい7階建ての建物は希望の火をともしている。

同時に、歌詞の力によって世界的にメジャーになった彼は、その力を使って、ラテンアメリカの人たちがアメリカに与える影響に光を当てようとした。

ラテンは新たなマジョリティ、そうさ、わかるだろ
次に目指すはホワイトハウス
車がなけりゃ、ボートで行くぜ

「レイン・オーバー・ミー」というタイトルのこの曲は、6カ国でナンバーワン・ヒットとなった。ジェニファー・ロペスの元夫として知られるラテン系のシンガー、マーク・アンソニーをフィーチャーしたことでも有名な曲だ。

その後もピットブルの政治的コメントは止まらなかった。というのも2012年に、バラク・オバマから、大統領選挙の再選キャンペーンを手伝ってくれと依頼されたからだ。

その2年後、ホワイトハウスで行われた7月4日の祝賀会で、彼はステージに立った。

ピットブルはまた赤のプラスチックカップに手を伸ばし、会話が一瞬途切れた。何かが僕に何もしゃべるなと命じたので、成り行きに任せた。

「先月」とピットブルが沈黙を破った。

「メキシコの大富豪で実業家のカルロス・スリム・ジュニアと打ち合わせしてたときに、言ったんだ。『あんたらの世界で、あんた方が何をしているか知らないから、学びたい。あんたの見習いになりたい』ってね」

「本気で？」

「100パーセント本気さ。あの人に言ったよ。『あんたのそばにいて、話していることとか、仕事ぶりを見たい。1カ月くらいかかっても俺はかまわない。ドーナツを運んだり、コーヒーを淹《い》れたりとか、そこから始めたっていいんだ』って」

ピットブルの目を見ると、本気なのが伝わってくる。

僕にはちょっと信じられなかった。

世界で最も有名なミュージシャンが、マディソン・スクエア・ガーデンでヘッドライナー（メインパフォーマー）をつとめるほどの人が、カルロス・スリム・ジュニアに本気でコーヒーを出そうと考えているなんて。

僕たちの会話は続き、ピットブルは生きている限り見習いで居続けたいと繰り返した。王様のようにレコード会社を渡り歩く日がある一方で、別の日には、見習いとしてメモを取りながらアップルやグーグルの通路を歩くのさ、と彼は言う。

今の彼があるのはこの2つの顔があるおかげだ。ピットブルの成功を維持するカギは、常に見習いでいたいという姿勢にあった。

それは、学びに対して謙虚でいるということだ。

それは、トップであることに居心地の良さを感じた瞬間に、凋落が始まると知ることでもある。

そして、王のムファサで居続けたければ、同時に、シンバのように成長し続ける必要があると知ることでもあるのだ。

30

偏見と葛藤

2週間後、サンフランシスコ

「こちらミスターHよ。私の行くところなら、どこでも一緒に来てくれるの」

ジェーン・グドールのホテルの部屋に入ると、彼女はぬいぐるみのサルを僕に紹介してくれた。グドールはついて来るよう手招きして僕をカウチに案内し、ミスターHを抱いてあげてと言って、お茶に手を伸ばした。

隣に座ると、79歳の動物行動学者を前に、僕はすごくリラックスできた。

この最初の和やかな出会いのときには、まったく予想できなかった。インタビューが終わったときに、怒りと混乱、そして激しい葛藤を抱えることになるなんて。

グドールによって、僕の目は開かれることになる。でも新たに見えたその世界は、正直言って、見るに耐えないところだった。

会話はごく普通に始まった。

グドールは、2歳のときに父親からもらったチンパンジーのオモチャについて語った。これは、すごい贈り物だった。第2次世界大戦当時のことで、ロンドンが爆撃され、グドール一家にはソフトクリームを買う余裕さえなかったからだ。

グドールはこのチンパンジーをどこへ行くにも持っていき、動物への思いを募らせていく。彼女の親友は愛犬のラスティで、大好きだった本は『類猿人ターザン』と『ドリトル先生アフリカゆき』だった。

彼女は霊長類に囲まれて暮らし、彼らと話せるようになることを夢見た。成長するにつれ、その夢を追い続けることを決意するようになる。それはアフリカのジャングルで、チンパンジーの研究をすることだ。

グドールには大学に行くお金がなかったが、それでくじけることはなかった。秘書やウエイトレスという、1950年代のイングランドで女性にできる数少ない仕事をしながら、チンパンジーに関する本を読み続けた。

彼女はお金を貯めて、23歳のとき、ついにアフリカ行きの船のチケットを買う。

ケニアに上陸した後、グドールはあるディナーパーティの席で出会ったゲストに、動物への思いを打ち明けた。するとその人は、ルイス・リーキーに会うよう勧めた。

リーキーは、世界で最も著名な古人類学者の1人だった。彼はケニア生まれだが、イギリス人の血を引いていて、ケンブリッジ大学で博士号を取得していた。

その主要な研究テーマは人間とサルの進化だったので、グドールにとって、彼以上のメンターはいなかった。ただ1つの点を除いては。

ジェーン・グドールの困難

彼の奥さんが妊娠中に、リーキーは自分の本のイラストを手がけた21歳の女性と浮気をする。彼はその女性を連れてアフリカやヨーロッパを旅したばかりか、一緒に暮らすようになった。奥さんから離婚訴訟を起こされ、リーキーはこの女性と結婚し、彼女とケニアに戻った。ところがリーキーはまた懲りずに浮気に走る。今度の相手は彼のアシスタントだ。

リーキーの2番目の奥さんが浮気に気づき、彼は浮気をやめて、アシスタントはウガンダに移ってしまう。そしてリーキーの研究室が開設されたちょうどその頃、ジェーン・グドールは彼に電話をするのだ。

こうして2人は出会う。アフリカのジャングルでチンパンジーを研究することを夢見る23歳の女性と、そのカギを握る54歳の男。2人の夢と下心が衝突することになる。

グドールは、ナイロビの博物館内にあるリーキーの研究室に行った。2人は展示物を見て回りながら、アフリカの野生動物について話した。

リーキーはグドールの知識に感心して、当然のように彼女にアシスタントの仕事を与えた。グドールはリーキーと親密になり、彼からアドバイスをもらい、一緒に化石採集の探検に出た。

そしてチンパンジーを研究したいという夢が現実になってきたとき、グドールはリーキーに口説かれるのだ。

なぜかわからないが、ここで僕はグドールについて考えるのをやめて、自分の姉妹たちが同じ境遇に陥ったらと想像し始めてしまった。

姉のブリアナは24歳、妹のタリアは18歳だ。

もしどちらかに、同じことが起こったら。

最大の目標をかなえようと何年も努力して、成し遂げるために別の大陸まで出かけた。そして目標達成の直前に、カギを握るメンターからこう言われるのだ。

〝僕に抱かれたら、夢をかなえてあげるよ〟

そう想像しただけで、これまでにない怒りが込み上げてきた。

グドールは夢を失うことを恐れつつも、彼からの誘いを断ったそうだ。

「僕には姉と妹がいます」と言って、僕は彼女の方に体を向けた。

「リーキーから迫られたとき、どう対処したんですか?」

僕は自分の感情が爆発するのに備えた。グドールの返事は穏やかだった。

「彼は私の言葉を尊重してくれると思った。実際そうしてくれたわ」

それから〝その話は終わりよ〟と言わんばかりに彼女は座り直した。

ダイナマイトみたいな衝撃を予期していたのに、火花さえ生じなかった。

「どういう気分でしたか？」と僕は聞いた。「口説かれた瞬間ですが」

「まあ、すごく不安ではあったわ」とグドールは言う。

「彼の誘いを断ったら、チンパンジーの研究をする夢を失うかもしれないって。でも彼ははっきりそう言ったわけじゃないの。何事もはっきり言うような人じゃなかった。

もちろん、何とか私は断った。彼はちゃんとした人だったから、それを尊重してくれた。肉食動物じゃなかったのよ」

「彼は私の魅力に惹かれただけ」と彼女は続けた。

「そういう人は彼だけじゃなかった。だから私はそういうのには慣れていたの」

僕には、グドールがリーキーをかばっているようにも感じられた。僕からすれば、リーキーは彼女のメンターなんだから、そこは一線を引くべきだった。

彼のやったことは正義に反する行為だ。なのに、グドールの対応は……肩をすくめて「世の中そういうものでしょ」と言っているみたいに思えた。

グドールによると、リーキーは男女の仲にはならないという彼女の気持ちを尊重してくれたばかりか、チンパンジーを研究する資金も出してくれたそうだ。

いつだって、男ばかりだ

彼女はその後3カ月間、野生のチンパンジーがいるジャングルに住んで、茂みの背後で身をかがめて観察する。チンパンジーが人間のように道具を使う姿を。

グドールの研究以前には、僕ら人間だけが唯一道具を使う種だとされていた。だからグドールの発見は科学界に衝撃をもたらし、人間とサルとの関係に関する見方は永遠に書き換えられた。

グドールはその後も研究を続け、33冊の本を出版して50を超える名誉学位を受けた。さらに大英帝国勲章を授与され、国連の平和大使にもなった。

僕らは別の話題に移った。でも話に集中しようとしても、ルイス・リーキーのことが頭から離れなかった。僕は自分に腹が立ってきた。

〝グドールはたいしたことじゃないと言ってるじゃないか。彼女が気にしないことを、なんで僕が気にするんだ？〟

インタビューを終えて、僕らは別れた。僕はタクシーに乗り空港へ向かった。

車の窓に頭を押し付けて、ずっと考えていた。自分の姉妹たちが、グドールと同じ状況に陥ったらどうだろうか。彼女たちはどう感じるだろうかと。

このとき、予想もしていなかった発見があった。

〝インタビューが終わった後で、２人の姉妹と話したいと思ったのは、今回が初めてじゃないか？〟

インタビューが終わったとき、僕はいつも友だちやメンターに電話していたが、考えてみるとその相手は全員……男だ。

これまでのインタビューがすべて鮮やかによみがえってきた。ティム・フェリス、チー・ルー、シュガー・レイ・レナード、ディーン・ケーメン、ビル・ゲイツ、スティーヴ・ウォズニアック、ピットブル。

こうして振り返ると、ショックでもあり、恥ずかしくもあり、明らかなことがある。

男、男、男、男、男、男、男。

〝なんで今まで気づかなかったんだ？〟

インタビューリストを作ろうと思いついたとき、誰から学びたいかを一緒に考えた友人は、みんな男だった。インタビューの前にブレインストーミングをして、学ぶべき内容を一緒に考えてくれた友人も、みんな男だ。

僕の姉妹や女友だちが誰から何を学びたがっているかなんて、一度も考えたことがなかった。

僕は独りよがりな自分だけの「真実」という泡の中にどっぷりつかって、泡の外の世界に何があるのか、まったく見えていなかったんだ。

自分の偏見に気づいてなかった、なんて言いわけで許されることじゃない。

男女平等をわかっていると偉そうに言うくせに、心からそう考えているか、本当にそれを実行しているかを振り返りもしない男性。僕はその完璧な例だ。

僕みたいな男は数知れないだろう。

僕が男友だちと誰をリストに加えようかと考えていたように、企業の役員室では、男性の重役たちが集まって今も話していることだろう。誰を雇おうかとか、誰を昇進させようかと。

そして僕と友人たちみたいに、重役たちも気づいていないに違いない。そうとは知らずに、自分たちと同じ男性を優遇してしまっていることに。

何より危険なのは、偏見があるのに当人たちにその自覚がないことだ。

タクシーが空港の車寄せに止まり、僕はダッフルバッグを肩にかけた。以前より重くなったような気がした。

重い足取りでターミナルを通り、窓から景色を見ると、サンフランシスコの霧が立ち込めて暗くなってきた。ゲートに進みながら、こう考えずにはいられなかった。

〝こんなに明らかなことが、どうして僕には見えていなかったのか。僕も問題の張本人であることに、なぜ気づかなかったのか〟

答えはわからなかったが、やるべきことはわかっている。

僕はブリアナとタリアの元へ直行した。

31
闇を光に変える

たくさんの疑問を抱えて家へと急いだ。でも、いざリビングで姉妹たちと膝を突き合わせると、自分が何をわかってないのかさえわからないことに気づいた。

姉妹からの苦言

「あなたは世界で最も成功した女性の1人にインタビューしたのよ。なのにどうして、彼女がメンターに口説かれたことしか私たちに話せないわけ？」

そう言ったのは姉のブリアナだ。僕より3歳年上で、ロースクール（法科大学院）の3年生。

僕の知る限り、彼女は信念を貫いて戦ってきた。

「インタビューの最中に」とブリアナは続けた。

「あなたはそのことを蒸し返して聞いた。でも、たいしたことじゃないって受け流されたんでしょ。もし私がグドールと同じような目にあったら、私も彼女みたいに対処したいわ」

ブリアナはカウチから立ち上がった。

「あなたがなぜそんなに怒ってるのか知りたい？　女性を口説くことは侮辱の行為だと思ってるからよ。そういうときもあるけど、場合によるわね。

あなたとパパは、これまでずっとそんな態度だったわ。パパなんか、私やタリアに男性が興味を示すのは侮辱だってはっきり言ってた。だからあなたも敏感に反応したのよ」

「私に言わせれば、女性がこういう目にあってるってことに、あなたが今まで気づかなかったことの方が驚きよ。ずっと女性と暮らしてきたくせにね。

２人の姉妹とママと暮らしながら大きくなって、一番仲良くしてきた9人のいとこたちも女の子なのよ。あなたハイスクールのとき、マヤ・アンジェロウの『歌え、翔べない鳥たちよ』だって読んでたじゃない。あなたなら、もっと早くこのことを理解して当然だったのに」

僕は下を向いて足元を見つめた。妹のタリアに視線を移すと、静かに座って事態を理解しようとしている。彼女も何か言いたげだ。

「嫌な気持ちにさせるかもしれないけど」とブリアナは続けた。

「ずばり言いたいわ。女性に囲まれて育ってきたあなたでさえ、女性が抱える問題を理解してない。だったら女性に囲まれずに暮らしてきた男たちがどんなものか、想像してみて」

部屋中に沈黙が流れた。タリアが携帯を取り出し、フェイスブック上で拡散しているイラストを表示して僕に見せた。

僕がイラストを見ると、タリアが言った。

「きっと兄さんは、間違ったところにばかり目を向けてるのよ。私が頭にくるのは、女性ばかりに余計な障害があるのもそうだけど、イラストの下のこの言葉によく表れてるわ。

大半の男は、私たちの現実さえ認めてない。女性が直面している問題なんて、男には絶対わからない……みんなわかろうともしないからよ」

“What's the matter?
It's the same distance!”
≡manu.se
何か文句でもあるのか？　同じ距離だろ！

マヤ・アンジェロウの人生

どうしてブリアナが期待したように、マヤ・アンジェロウの自伝を読んだときに、僕はこの問題を理解できなかったのだろうか。

彼女の『歌え、翔べない鳥たちよ』をティーンエイジャーの頃に読んだとき、アフリカ系アメリカ人が味わった苛酷な経験に打ちのめされ、そればかりが僕の頭に残ってしまったのだ。

マヤ・アンジェロウは、黒人が木に吊るされたり、白人至上主義のKKK（クー・クラックス・クラン）が十字架に火をつけるような時代に生まれた。

彼女が3歳の頃、5歳になる兄とたった2人だけで南部に向かう列車に乗せられた。脚に名札が付いているだけで、荷物は何も持っていなかった。

アンジェロウと兄は祖母に出迎えられ、アーカンソー州スタンプスにある、祖母の自宅へと向かう。そこは黒人と白人がはっきりと線引きされた街だった。

今になって僕はマヤ・アンジェロウの回想録を再び手に取り、女性としての彼女の視点に注意して読んでみた。

アンジェロウが8歳のときのある午後、図書館に向かっていると、知り合いの男が彼女の腕をつかんで引っ張った。男は彼女のブルマを下ろして覆いかぶさり、このことをしゃべったら殺すぞと脅した。

アンジェロウが意を決してレイプされたことを訴えると、その男は逮捕された。そして裁判が終わった夜、遺体で見つかった。彼女の親せきたちに、食肉処理場の裏で殴り殺されたのだ。

それに衝撃を受けて心に傷を負った彼女は、自分の言葉が人を死なせたんだと考え、それを胸に刻んでしまう。それから5年間、彼女は殻に閉じこもった。

その先にも、彼女にはさらなる試練が待ち受けていた。16歳で妊娠し、売春婦として働き、家庭内暴力に悩まされた。

あるとき、湾岸のロマンチックな場所までボーイフレンドとドライブをした。その男は拳で彼女を殴って気絶させ、3日間彼女を拘束した。

でも僕らは彼女を、こうした悲惨な出来事に遭った人として覚えているわけじゃない。マヤ・アンジェロウは、暗闇を光に変えた存在として、人々の記憶に刻まれているのだ。

彼女は自分の経験を作品に残し、アメリカの文化に新風を巻き起こした。

彼女は歌手、ダンサー、作家、詩人、教授、映画監督、そして公民権運動の活動家となり、マーティン・ルーサー・キング・ジュニアやマルコムXらと行動を共にした。

20冊を超える本を書き、その自伝『歌え、翔べない鳥たちよ』は多くの読者の魂にダイレクトに訴えかけた。オプラ・ウィンフリーはこう語っている。

「ページをめくってマヤを知っていくことは、本当の自分に出会っていくような体験だった。若い黒人の女性として、生まれて初めて、あなたには生きる価値があると言われているようだった」

アンジェロウは2つのグラミー賞を受賞した。アメリカの歴史の中で、大統領の就任式で詩を朗読したのは、彼女が2人目だ。1人目は、ピューリッツァー賞を4度受賞した詩人のロバート・フロストだった。

そして今、僕は受話器を取って彼女に電話しようとしている。友人がインタビューのお膳立てをしてくれたのだ。彼女は85歳で最近退院したばかりだから、与えられた時間は15分だけだった。

僕の目標はすごくシンプルだ。ブリアナとタリアが考えた質問について尋ね、答えに耳を傾けて……そしてできるかぎり、それを理解することだ。

雲の中の虹

姉妹たちは聞きたいことを4つの試練という質問にまとめた。

1つ目の試練は、暗闇にどう対処するかだ。

マヤ・アンジェロウの言葉に「雲の中の虹」というものがある。人生の何もかもが暗くて、雲に覆われ、希望が見えないときでも、雲のすき間に虹を見つけると最高に救われた気分になるというものだ。

そこで僕はアンジェロウにこう聞いた。

「まだ若く、旅を始めたばかりの人が、前に進む勇気を求めて虹を探しているとしたら、どんなアドバイスをしますか?」

「私なら振り返るわ」。アンジェロウの声は、安らぎと知恵に満ちていた。

「家族とか、知人とか、本で読んだ人を思い返すのが好きなの。架空の人物のときもあるわ。『二都物語』の登場人物とかね。ずっと前に亡くなった詩人とか、政治家とか、アスリートってこともあるわ。

振り返って、こう気づくの。みんな人間だって。アフリカ人でもいいし、フランス人、中国人、ユダヤ人、イスラム教の人でもいい。そしてこう考えるの。『私は人間。彼女も同じ人間。彼女はあらゆる困難を克服してきた。彼女は今もがんばっている。すごいわ』って」

「自分の前を行く人たちから、できるだけ多くを吸収することね」と彼女は続けた。

「それがあなたにとって雲の中にある虹よ。あなたの名前を知らない人でも、あなたの顔を知らない人でもかまわない。何をした人でもいいの。彼らの描いた虹は、あなたのためにあるのよ」

虹を探しているのに、雲しか見えないときはどうしたらいいか聞いた。

「私にわかることは」と彼女は言った。

「事態は良くなっていくということ。悪い事態がさらに悪くなることもあるかもしれないけど、最終的に良い方向に向かうことが私にはわかるの。そう自分に言い聞かせたらいいわ。

最近のカントリーソングで、私が書きたかったと思うくらいのいい曲がある。こんな歌詞よ。『どんなひどい嵐でも、雨はいつか止む』。私があなただったら、この言葉をモットーにする。あなたもメモしておいてね。

今の人生がどんなに退屈で先が見えないようでも、必ず変わる。良くなっていく。でも努力はしないとだめよ」

それがいつか、天職になる

姉妹たちが聞きたがった2つ目の試練は、不安にどう対処するかだ。

アンジェロウはかつてこう書いている。

「書くことほど怖いものはないけれど、書くことほど自分を満足させるものもない」

この言葉を姉妹たちに伝えたところ、心に響いたみたいだった。それがどんな仕事であれ、自分の愛する仕事に当てはまる言葉だと。

ブリアナには法律を専門に学びたいという情熱があり、その分野で働くことは彼女の夢になった。でもその夢は、就職活動という冷たい現実に変わり、彼女は自分が法律に向いているのか自問していた。

僕はこの言葉を持ち出して、アンジェロウが不安にどう向き合っているか聞いた。

「いっぱい畏れて、たくさん祈ることね」と彼女は笑って言った。

「私がしているのは簡単なことじゃないって、いつも自分に言い聞かせているわ。そしてこう信じてる。自分のやりたいことを始めた人は、いつかそれを使命と感じるようになるって。ただの仕事じゃなくて、本当の天職だと思うようになるのよ」

「シェフだったらキッチンに入る前に、世界中の誰でも食事をするってことを自分に言い聞かせるべきね。料理を作ることは、異国の文化を紹介するような特別なことじゃない。誰だって塩や砂糖を使うし、できるなら肉とか野菜を食べたいと思うでしょ。

だからシェフとして本当にすごい料理を作ろうと思うなら、それまで誰もやったことのない方法でやってみせなくちゃいけない。それは何かを書くときにも言えるわ」

「料理と同じで、会話をする世界中の誰もが言葉を話すでしょ。あなただってみんなと同じように動詞、形容詞、副詞、名詞、代名詞を使う。でもあなたはそれを一つにまとめて、飛躍させないといけない。これは簡単なことじゃないわ。

だからこそあなたは、挑戦する勇気を持つんだって自分を励ますべきなのよ。そうでしょう?」

楽に書かれた本は読みにくい

3つ目の試練についての質問はこれだ。批判にどう向き合うか。

アンジェロウは自伝で、作家の組合に加わったときのことを書いている。彼女が自分の書いたものを声に出して読むと、組合のメンバーたちからこき下ろされた。

「あなたはそれをきっかけにわかったことがあると書いていました」と僕は言った。

「ものを書こうと思うなら、処刑されるつもりになって集中力を高めなければならない」と。

「インタビューはあと5分ね!」とアンジェロウはふたたび笑った。「そのとおりよ」

僕は聞いた。

「そのレベルまで集中力を高めて批判に向き合おうとする若者たちに、どんなアドバイスがありますか?」

「これを覚えておいて」と彼女は言った。

「これを書き留めておいてほしいの。(『緋文字《ひもんじ》』などの作品で知られる)作家のナサニエル・

ホーソーンが残した言葉よ。〝読みやすい本を書くには苦労が要る〟

逆も言えるわ。楽に書かれた本は読みにくいと。

書くこともそうだし、どんな仕事でも、自分自身に敬意を払い、以前に成し遂げた人たちにも敬意を払って取り組んでね。そして、できるだけ自分の生み出したものに触れるようにするのよ」

「今私がしていることを、若い作家にも勧めたいわ。1人で部屋に入って、ドアを閉め、書いたものを読んでみるの。声に出して読めば、言葉の中にメロディが聞こえてくる。言葉のリズムに耳を澄まして、しっかり聞くの。するといつの間にか『うーん、そんなに悪くない！　結構いいかも』と思えてくる。

やってみたら、自分をほめたくなるわ。楽しいとはいえ、こんな難しくて面倒なことをよくやってるわねって」

たいていのことは、学べる

4つ目の試練は、今仕事を探しているブリアナが直面しているものだ。

仕事のどの募集要項にも「経験者優遇」と書いてある。でもすべての仕事が「経験者優遇」だったら、どうやって彼女は経験を積めばいいのか。

アンジェロウの自伝には、彼女も同じような問題に直面したことが書いてあった。

「あなたが『アラブ・オブザーバー』誌の共同編集者として雇われたときのことを本で読んだの

ですが」と僕は聞いた。

「自分のスキルや経験値を大きく見せて、実際は雇われた後になって仕事を覚えたそうですね。そのときのことを教えてください」

「大変だったわ」とアンジェロウは言った。

「でも私ならできると思ったの。そう思ってみんなもがんばってほしい。自分には力がある、人から学ぶことだってできる、だからやればできるんだって。自分ならもっといい仕事をこなせるし、もっと高いポジションを目指せると思えばいい。あなたが自信を見せれば、周りの人はそれを見て安心するわ。

『ほら彼女よ。彼女に任せておけば大丈夫』って。

そう思わせておいて、みんなが休んでいる間に、夜遅くに図書館に行って、いろいろ詰め込んだり、プランを組み立てたりするの」

「私たちは高い芸術性を持って生まれてくるわけじゃないでしょ」と彼女は続けた。

「確かに目があれば、深さがわかるし、細かさや色がわかる。耳があれば、何かの音やハーモニーを聞くことができる。でもほとんどのことは、学んで身につけるものよ。普通の頭脳があれば、いいえ、多少普通じゃなくたって、学ぶことはできる。自分を信じるのよ」

あと1分残っていた。これからキャリアを積む若者に1つだけアドバイスするとすれば、何ですかと聞いた。

「小さな箱から出なさいと言いたいわ」と彼女は言った。

「たとえば中国の宗教に道教というのがあるけど、これは中国の人だけじゃなく、あなたにも役立つかもしれない。できるだけたくさんの知恵に出会うことね。孔子、アリストテレス、マーティン・ルーサー・キング、セザール・チャベス（公民権活動家）の本を読むといい。『彼らも自分と同じ人間なんだ。よし、全部はともかく、この部分は使えるかも』というところがきっとあるわ」

「自分の人生を狭めちゃだめ。私は85歳だけど、まだ始まったばかりよ！　どれだけ長生きしたって人生には限りがある。時間はそんなにないから、がんばらないとね」

時が経つにつれ、僕は彼女と話せたことへの感謝の思いが募っていく。もっと後だったら、インタビューは実現しなかっただろう。

この電話からほぼ1年が経ったとき、マヤ・アンジェロウは亡くなった。

32

死に向き合って

マヤ・アンジェロウと話してから数カ月が経ち、彼女からもらった慰めはすっかりどこかへ行ってしまった。

僕は想像もつかなかった深い悲しみに襲われていた。父が膵臓《すいぞう》ガンと診断されたのだ。

父はまだ59歳なのに、日に日にやせ細っていった。

髪がすっかり抜け落ち、30キロ以上もやせた父が夜中に泣いているのを聞くのは、言葉にならないほどの苦痛だ。

あまりに深い絶望と無力感に襲われていた。

海でおぼれ水を吐いている父に向かって、ボートから必死で手を伸ばしているのに、まったく届かないでいるような思いだ。

そんな思いにどれほど打ちのめされようとも、悲しみに沈んでばかりはいられない。

ジェシカ・アルバの第1歩

僕はオネスト・カンパニーの本社のロビーに座って、ジェシカ・アルバとのインタビューを数分後に控えていた。これから1時間は、死について考えるのをやめて、落ち着いてミッションに集中しなくてはいけない。

僕は通路を案内された。まばゆい光が広々とした仕事場にめいっぱい差し込んでいる。片方の壁にはブロンズ製の蝶が１００羽もとまっている。もう片方の壁にはまばゆい白のセラミック製のマグが数十個あって、「ＨＯＮＥＳＴＹ《誠実》」と書かれていた。

この会社のすべてがポジティブで活気にあふれている。インタビューも、それに合わせたノリで行かなければ。

角を曲がってジェシカ・アルバの部屋に近づきながら、僕は彼女が達成したことの大きさを振り返っていた。

数十億ドル規模の会社の創業者と主演女優。同時にその二つを成し遂げたのは、ハリウッド史上、彼女だけだ。彼女の会社は設立後に延べ３億ドルを売り上げ、彼女の映画は世界中で19億ドルのヒットとなった。

同じ月に経済誌『フォーブス』と美容雑誌『シェイプ』の表紙を飾ったのは、世界でも彼女ただ1人だ。彼女は1つの山を登ってから、次の山を目指したんじゃない。同時に2つの山に登ったんだ。

どうやってそれを成し遂げたのかを知るために、僕はここに来た。

彼女に挨拶してから、彼女の仕事場にあるL字型のカウチに座った。

インタビューの下調べをしているときに気づいたのだが、彼女は母親のことを話すときに最もテンションが上がるらしい。

数週間前、ラリー・キングの朝食の席に参加したとき、カル・フスマンから、彼の最も好きな質問は「父親から学んだ一番の教訓は何ですか?」だと聞かされた。

これを組み合わせて、「母親から学んだ一番の教訓は何ですか」と聞くことにしていた。この質問なら、すぐさまポジティブで深い話につながるはずだ。

彼女は少し考えて、破れたジーンズのひだを指でなぞった。

僕は座り直して、的を射た質問ができたと感じた。

「私が学んだのは」とアルバが切り出した。

「今この瞬間を懸命に生きることとね。母方の祖母は母が20代初めの頃に亡くなったから……」

〝パパのことは考えるな。考えるなよ〟

「私がやせっぽちの10代だった頃」とアルバは続けた。

「母が言ってたわ。『私に優しくしてね。いつまでもそばにいられるわけじゃないから』って」

彼女は自分の内面を探るかのように話をやめた。それからこう続けた。

「人生が終わるなんて決して考えないわよね。その時が来るまでは」

僕はこれ以上聞いていられなかった。軌道修正をしなくては。

アルバが頬を紅潮させながら、会社を立ち上げたきっかけをユーチューブで話していたのを思い出した。こんな話だった。

彼女は26歳で最初の子どもを妊娠した。それを祝うパーティでもらった赤ちゃん用の服を洗濯するとき、「子どもに優しい」洗剤にアレルギー物質が入っていることに気づいて、ショックを受けた。

そこで彼女は、安全で害のない製品にこだわった会社を立ち上げようと考えたのだ。

どの動画を観ても、より幸せで健康な生活への手助けをしたいと語る彼女の目は輝いていた。

これなら話題としては完璧だ。

ガンなんて、最っ低ね

「オネスト・カンパニーを立ち上げたきっかけは何ですか？」と僕は聞いた。

「死について考えていたの」と彼女は言った。「自分の死について」

「26歳で？」

「新たな命を授かると」と彼女は前かがみになって言った。

「嫌でも生と死が互いに背中合わせだって気づくのよ。

〝それまでになかった命が今ここにある。あっけなく死んじゃうことだってある〟

体にいい製品を使った方がいいのは赤ちゃんだけじゃない。みんなが使うべきなの。私もそう。私は早死にしたくない。アルツハイマーにもなりたくない。怖いのよ。母方の祖父がそうだったから。それに母はガンだった。おばもガン。大おばも。いとこの子どもも。だから……私は死にたくないの」

僕は言葉が出なかった。それにかまわず、アルバはガンと死について話し続けた。ガンと死、ガンと死。

僕は本当に吐きそうになって、ポツリと漏らした。

「父が膵臓ガンって診断されたんです」

僕が初めてこの言葉を発したときには、涙を流さずにはいられなかった。それから数週間が過ぎて、普通に話せるようにはなったが、まだ現実を受け入れられなかった。そしてこのときの僕は、もう感情がマヒしていた。

そんな僕の変化をよそに、このことを打ち明けた人からは、決まって同じような反応しか返ってこなかった。

みんな僕に腕を回してきて、「きっと何もかも大丈夫だから」と言ってくれたり、静かな口調で「お気の毒に」と言ってくれたり。

だからアルバも同じだろうと思っていた。ところが彼女はカウチをパシンと叩いてこう言ったのだ。

「ガンなんて、最っ低ね」

彼女の言葉を聞いて、僕は顔に冷たい水をかけられた気分になった。

何より不思議だったのは、自分でも気づかなかった肩の荷が下りたような気持ちになったことだ。ここから先はもうインタビューではなくなった。

2つの山頂に登るカギ

僕たちはそれから30分間、自分たちの家族のガンについて話した。

彼女は母親が緊急治療室に運ばれたときの話をしてくれた。3日間吐き通しで、医師から腸の一部を切除されたことを。

またアルバは両親のために特別なダイエットを用意した。つらい薬物治療をやめさせ、栄養士をつけたところ、両親とも体重が20キロほど落ちたそうだ。

僕も父にガン患者専門の栄養士をつけたが、父は彼女のアドバイスに従わず、2度と彼女に会おうとしなかった話をした。

「まったくどうしようもないよ」と僕は言った。

「私は両親に対して、ただこう言ったの。『ねえ、孫たちがハイスクールを卒業して結婚するのを見たければ、わかってほしい。そんなことではダメよ。必要なことは何でもやらないと』。そしたら言うことを聞いてくれたわ」

なぜか彼女の話を聞いていると、孤独な気持ちが和らいだ。

「病気は怖いわ」と彼女はため息をついて続けた。

「乳ガンとか子宮内膜症とか、そういう病気になる女性が増えていると聞くと、必ずこう思うの。〝いったいどうしてこんな目に?〟って。私だっていつそうなってもおかしくないし。もちろんいろんな原因が重なったからでしょうけど、私は最後にこう自問するの。『私にやれることはないか?』って。私がやれるのは、まずは家族とその周りを気遣うことね」

「最初にあなたの会社のウェブサイトから製品を購入したのは」と僕は言った。

「父の診断が下った後なんです。変な話、ガンのせいで父の便が臭くなって。かといって、よくある芳香剤だとどんな化学物質が入っているかわからないし。

あなたの会社は、そういうものが入っていない、エッセンシャルオイルだけの芳香剤を扱う数少ない会社ですよね。

父に言ったんです。『これ、パパの最高のパートナーだよ。毎日使ってよ』って。おかげで助かりました」

アルバは僕から贈り物をもらったみたいに、目を輝かせた。

「私たちは気づいているでしょ。自分の体に入ったものや、吸い込んだものや、環境が自分の健康に影響を及ぼしてるって」と彼女は言った。

「でも親たちは違う。『あのお店で買ったんだから平気。あそこで売っているものは大丈夫』って感じでしょ。だから私たちが『それはダメ』って言うのよ。両親の世代はなかなか新しいものを試そうとしないから、難しいんだけどね」

「僕の家もまったく同じです」と僕。

「おばあちゃんが最近、糖尿病だとわかったの」。アルバが続ける。

「私は、少し前からそうだろうなって思ったけど、おばあちゃんはどうしても医者に行こうとしなかった。発作とかがあってね、きっと病気のせいなのに、認めなかった。

昨夜もみんなで食事をしていたら、おじいちゃんが自分のケーキとかアイスクリームをみんなおばあちゃんにあげてるわけ。

『いつ発作が起きて、意識を失くしてもおかしくないのよ！　何やってるの』って叱ったわ。2人とも現実を受け止めようとしないのよ」

「ぞっとしますね」と僕も言った。

「うちは家族が大勢いるから、どうしたらいいかわからないですね。パパだけでもいっぱい、いっぱいなのに」

「お父様の場合は事情が違うと思うけど」と彼女は言った。

「テクノロジーが進化して、多くの人の命を救えるようになってきた反面」と僕は言った。

「僕らの命を脅かすものもとんでもなく強力になってきた。有害物質とか環境汚染とか」

「だから私たちの会社は共感を呼んでるのよ」とアルバは答えた。

「見てる人は見てるってことね」

「あなたの会社は赤ちゃんを救うってあなたは言ってるけど、僕の父のことも救ってくれたんです。傷ついた僕らを文字どおり救ってくれたんだ。本当にすごいですよ」

彼女が大きく目を見開いたときに、突然僕はひらめいた。

「すごすぎる！」と叫んで思わずカウチから立ち上がった。

「このすべてが」と言って僕は、ガラスのドアの向こうで仕事をしている500人の従業員の方を指さした。

「このすべてが、あなたが死を身近に感じて、それと向き合い、『自分の人生をどう生きようか』と自問した結果なんですね」

今度は彼女が冷たい水を浴びせられたようだ。

「そのとおりよ！」と彼女は言った。

「あなたは女優として成功を続けて、それに満足することもできた。それなのにあなたは――」

「そうよ！」と彼女は言った。

「びっくりです——ええ——もし——」

僕は興奮しすぎて、そう言い出すのがやっとだった。

「もし、このインタビューが2カ月前だったら、こんな話にはならなかったでしょう。僕は死について考えたことなんてなかった。でも今なら、あなたの会社がまったく違った視点で見えます」

香水とか洋服のブランドを立ち上げるセレブは数多くいる。それは、山の頂《いただき》に立った彼らの人生を誇らしげに映し出すものだ。

でもアルバは、彼女の内面を映し出すビジネスを立ち上げた。自分の人間性に踏み込んで、誰もが共感するものを生み出した。

それこそが、彼女が2つの山の頂上に登るカギだった。彼女は最初に、自分の中の最も深い谷まで下りてみたのだ。

「死に向き合うと」とアルバは言った。「人生がどれほどはかないものかが身に染みるのよ。何もかもがはかないの」と言って彼女は指をパチンと弾いた。

「そう感じた瞬間に、嫌でも自分のこれまでの決断を考え直すようになる。本当に大事なことは何だろうって。私は人生を何に捧げているんだろう。最大の不安が目の前に現れたときはどうしようってね」

置かれた場所で輝く

いつの間にか1時間が過ぎたが、僕たちはひたすら話し続けた。

僕は携帯を手に取り、妹のタリアが教えてくれたイラストを表示させた。男性と女性が同じスタートラインに立っているが、女性の行く手にだけ障害が立ちはだかっている画像だ。

「あなたがこれを見てどう思うかが知りたいです」と僕は言った。

アルバは僕の携帯を手に取って画像を見つめ、それから笑い出した。僕はこのイラストを大勢の人に見せたが、誰からもこんな反応はなかった。

僕の中でそう見えただけかもしれないが、アルバの笑いには、悲しみが宿っているようだった。

「笑っちゃうわ……だって当たってるもの」と彼女は言った。

「アメリカで白人男性として教育熱心な家庭に生まれることを選べるなら、みんなそれを望むでしょうね。その方がずっと楽だもの」

アルバは画像を見つめ続けた。「でもこういうハードルはいくらか撤去できるわよ。ちゃんとした人たちの中にいるようにすればね」と彼女は言った。

「一匹狼を貫こうとして、体制に対して怒りを向けて戦うばかりだと、誰も寄り付かないわ。最後まで戦い抜こうと気が張って、いつもピリピリしてるから。

でも柔軟性を持って相手を尊重し、誠実なレースをすれば、ゴールラインはぐっと近くなる」

「誰だって生まれてくる境遇を選ぶことはできない」と彼女は続けた。

「あなたの生まれた家族があなたの家族で、あなたの生まれた環境があなたの環境なの。だから自分の置かれた場所でなるべく多くのものを得られればそれで十分だし、他の人と自分を比べる必要なんかない。

自分の歩む道をちゃんと見ることよ。その先に何が待っているかとか、その先のゴールがどこにあるかはあなた次第。それを決めるのはあなたで、別の道を行こうなんて思わなくていい」

「でも誰だってつい他に気を取られるわよね」と彼女は続けた。

「この画像の左のレーンでスタンバイする男性は、自分のゴールラインだけを目指していて、周囲のことなんて気にしていないようね。

最初は女性に目をやるかもしれないけど、すぐにスタートを切ってしまうでしょうね。あなたも、この男性のことばかり気にしていたら、いつまで経ってもゴールできないわ。わかる？

女性にとっての障害は、むしろビジネスチャンスと思えばいい。だって対処の仕方も学べるわけだし。逆に左側の男性は何も得られないでしょうね。自分の体験からしか学べないんだから」

アルバは画像をもう1度見て、それから僕に携帯を返した。

「そもそもあなたがこのプロジェクトに関心を持ったきっかけは？」と彼女は聞いた。

寮のベッドで天井を見つめていた僕が、どんなふうにミッションの旅を始めたかを話した。すると彼女は、インタビューした人たちには何か共通するものはあった？と聞いた。

「わかってもらえるとうれしいんだけど」と僕は言った。「みんなに共通していたのは、人生やビジネスとの向き合い方が……ナイトクラブに入るときみたいだってことです」

彼女は少し笑った。サードドアについて話をする間、彼女はうなずき続けた。

「いいたとえね」と彼女は言った。

「そのとおりよ。私は共同創業者といつも話してるの。知性と集中力と夢を持ってる就職希望者なんて、めったに出会えないわねって。夢っていうのは、起業家精神のこと。このドアもあのドアもそのドアも閉ざされているなら、どうすればいい？

自分の力で解決するしかないじゃない。常識を働かせたり、人脈を作ったりしてね。どうやってドアを開けたかは問わないわ。とにかく中に入るしかないのよ」

「あなたは、まさにサードドアの精神で人を採用してるんですね」と僕は笑いながら言った。

「そうよ！　どの大学を出たかとか、どんな仕事をしてきたかなんて気にしないわ。大切なのは、どうやって問題を解決するか、困難に向き合ったときにどうするか、どうやって新しいやり方を生み出すかよ。つまり、前に進む力とやる気があるかどうかってこと。

ここにいる最高の仲間はそれを持ってる。みんな、サードドアをこじ開けてきたのよ」

33
僕は詐欺師？

以前、ＴＥＤの創設者、リチャード・ソール・ワーマンがこう言っていた。

「私の人生の教訓は２つだ。１つ目：人に教えを乞わなければ何も得られない。２つ目：大半のことはうまくいかない」

でも僕は今、かつてしたことがないすごい依頼をしているのに、それが予想以上にうまくいきつつある。

マイクロソフトのチー・ルーにメールでマーク・ザッカーバーグを紹介してくれませんかと言ったら、すぐに「喜んで」と返事をくれたのだ。

僕は収納部屋を見渡して、信じられないと首を振った。

ちょうど3年前、トイレにかがんでティム・フェリスに声をかけようとしていた僕が、今やたった1通のメールでマーク・ザッカーバーグにつながるなんて。

僕はチー・ルーのアドバイスに従って、自分のミッションを紹介し、来週のスタートアップ・セミナーに参加しますという内容の文章を書いた。

ザッカーバーグはこのセミナーでスピーチをすることになっていた。僕は、その会場で会えないでしょうかと書いた。チーは僕の書いた文章を、フェイスブックでザッカーバーグに送ってくれた。

ザッカーバーグの返事

16時間後に、チーからのメールを受け取った。

宛先：アレックス・バナヤン（CC：ステファン・ワイツ）
送信者：チー・ルー
件名：（なし）

マークから以下の返事が来た。

わかりました。僕のメールアドレスを彼に伝えてください。会場を出る前に、数分間でも彼と話す時間を作ろうと思います。必ずとは約束はできないけど、数分でも時間が作れたら彼に会います。

―――

彼のメールアドレスは＊＊＊＊＊＊だ。

よろしく　チー

―――

このニュースを最初に知らせたい人は彼に決まっている。

「すっげえな！」とエリオットは言った。

エリオットの興奮はすごくて、その話しぶりは、最高に華やかな勝利の曲を高らかに奏でるトランペットみたいになっていた。エリオットはこうアドバイスをくれた。

ザッカーバーグに「極力ご負担にならないようにします」という内容のメールを書けば、向こうも気楽に「いいですよ」と言ってくれるだろうと。

エリオットに手伝ってもらって、次のメールを送信した。

宛先：マーク・ザッカーバーグ（CC：チー・ルー）

送信者：アレックス・バナヤン
件名：土曜日にお会いしたいです

こんにちは、マーク
チー・ルーからあなたのお返事と、メールアドレスを教えてもらいました。チーは数年前から僕にとって守護神のような存在で、今回もとても感謝しています。彼は、あなたに会えるかもというすばらしい知らせをくれました。
スタートアップ・セミナーでのあなたのスピーチの後、数分間バックステージにお邪魔したいと思います。もしお話しする時間がないということになっても、もちろんかまいません。よろしいでしょうか？
いずれにせよ、ご厚意に感謝しています。こんなすごい機会をいただいて、ありがとうございます。

僕は収納部屋を行ったり来たりして、1時間ごとにメールをチェックした。でも返事がない。セミナーの2日前になり、僕はチーにメールして、ザッカーバーグに確認のメールを送ってもいいかどうか聞いた。
チーはなんの話だと言った。「マークから僕らにすぐ返事が来たじゃないか」

〝そんなバカな。待てよ……ひょっとして……〟
僕は迷惑メールのフォルダーをチェックした。

バイアグラ
バイアグラ
バイアグラ
マーク・ザッカーバーグ
バイアグラ
バイアグラ
バイアグラ

さすがのGメールも、まさかマーク・ザッカーバーグが僕にメールしてきたとは信じなかったんだ。このメールを開いてみた。

宛先：アレックス・バナヤン（CC：チー・ルー）
送信者：マーク・ザッカーバーグ
件名：RE：土曜日にお会いしましょう

会うのを楽しみにしています。チーはすばらしい人だから、あなたが彼の知り合いだと聞いてうれしいです。

土曜日にスタートアップ・セミナーでのスピーチが終わったら、数分間でも時間を作るつもりです。あまり時間はないけど、少しでも会えるのを楽しみにしています。


僕はザッカーバーグのメールとチーのメールをスタートアップ・セミナーの主催者に送った。事情を伝えて、どうやってバックステージに行けばいいかを聞いた。

それからエリオットに電話して、今回のいい知らせを伝えた。

「これ以上ザッカーバーグにはメールを送らない方がいい」とエリオットは言った。

「でも確認しなくていいのかな?」と僕は聞いた。

「いいよ。売り込み過ぎたらダメだ。彼はもうイエスって言ってるんだし、あとは現場に行くだけでいいよ」

それは違うんじゃないかという気がしたが、エリオットのアドバイスに従わず、結果的に彼が正しかったことがこれまで何度もあった。同じ失敗を繰り返すのはやめよう。

「おい、ミスター・ビッグ・ショット。おめでとう」とエリオットは言った。

「お前はあのザックと会談するんだぜ。メジャーリーグへようこそだ」

翌日、カリフォルニア州パロアルト

スタートアップ・セミナー前夜、僕はブランドンやコーウィンとディナーを食べていた。２人は、明日も一緒に来てくれる。

レストランは満席で、僕たちのテーブルにはピタ、フムス、チキンケバブがいっぱいに並べられた。

ウエイターが会計の伝票をテーブルに置いたとき、僕はメールをチェックした。すると、セミナーの主催者から返事が来ていた。

> こんにちはアレックス、
>
> 明日の件ですが、あなたの要望にはお応えできません。マークのチームからの依頼でなければ、応じられないのです。

彼のチームには誰も知り合いはいません。マイクロソフトのチー・ルーからの紹介です、と返したが、主催者からの返事はない。だんだん不安になってきた。

もう1度メールを送っても、返事はない。

その夜遅く、僕はサミットで知り合った友人に、状況を話して助けを求めた。彼はセミナーの主催者とも知り合いだ。翌朝、彼から返事が来た。

君が受け取ったのはザックの本物のアドレスかな？　セミナーの主催者から、君がザッカーバーグのメールを偽装してバックステージに入ろうとしてるってメールが来たけど。

コーウィンとブランドンと僕は、コーウィンの実家のキッチンにいて、僕のノートパソコンの前に集まった。

「ザックにメールして状況を話したらどうだ」とブランドンが言った。

「それはやめた方がいいと思う」と僕は答えた。「エリオットが冷静に振る舞えって「メールを送るだけだぜ」とコーウィン。

僕は渋って唇をかみしめた。

「ザックにメールする気がないなら」とコーウィンは続けた。

「せめてチー・ルーにメールしたらどうだ」

僕は首を横に振った。

「セミナーの主催者に直接会って、携帯のメールを見せれば解決するだろ。いちいちチーの手をわずらわせることもないよ」

ノートパソコンを閉じて、僕たちは車に向かった。30分後、コーウィンは角を曲がって、ディアンザ・カレッジの屋外駐車場に車を止めた。

僕たち3人は車から降りて、キャンパスのベージュの建物を見回した。数百人もの参加者がグラウンドに集まり、大半がノートパソコンやアイパッドを抱えている。

正面入り口に並ぶ人の列が延びて、建物を囲んでいる。僕は建物の裏に別の入り口を見つけた。きっとここからVIPがバックステージに入っていくのだろう。

僕は急いで受付に行き、主催者と話がしたいと言った。

数分待ったが、彼女とは面会できないと言われた。でもザッカーバーグに会って話をするチャンスを逃すわけにはいかない。急いで主催者の電話番号にかけると、彼女が出た。

「こんにちは、アレックス・バナヤンです。昨夜、マーク・ザッカーバーグに会う予定だとメールした者です。僕はただ――」

「手短に済ませましょう」と彼女は言った。

「あなたがメールを偽装したことはわかっています。マークのPRチームに確認したところ、打ち合わせを承認した人たちのリストにあなたの名前はないそうです。

フェイスブック社のセキュリティチームにも確認しました。こちらでも、あなたの履歴はないそうです。

それに、あなたが送ってきたマークのメールアドレスも正しいものではなかった。問題が大きくなる前に、手を引くべきではないですか。それでは」

僕はどうしていいかわからなかった。あまりしつこくして、土曜日の午後にチー・ルーの手をわずらわせたくなかった。でも助けが必要だ。そうだ、ステファン・ワイツに電話しよう。ワイツはチー・ルーの同僚で、マイクロソフトのインサイドマンだ。これまでに何度も僕を助けてくれた。ステファンはすぐに電話に出て、何とかすると言ってくれた。彼はさっそく、僕をCCに入れて主催者にメールを送ってくれた。

ステファンは彼女に対して、ザックのメールは100パーセント本物だし、もしまだ望みがあるなら自分の携帯に電話してほしい、と書いてくれた。

2時間が経った。セミナーの主催者からステファンの携帯にまだ連絡はない。僕はステファンに主催者の電話番号を送った。ステファンは電話したが、彼女は出ない。

僕には選択肢がなくなっていった。ザッカーバーグのスピーチまであと1時間なのに、僕には他に案がない。そこでザッカーバーグにメールを送った。

宛先：マーク・ザッカーバーグ（CC：チー・ルー）
送信者：アレックス・バナヤン
件名：RE：土曜日に会いましょう

セミナーの会場に到着しましたが、スタッフがバックステージまで行かせてくれません。

それでも数分間そこで待っている方がいいでしょうか？　もしくは少しお会いできるどこか別の場所はあるでしょうか？

少し経って腕時計をチェックした。あと30分だ。ザッカーバーグから返事はないから、もう自分で何とかするしかない。

ザッカーバーグは建物の裏のＶＩＰ専用の入り口に来ると考えるのが自然だろう。彼が車から出てきたときに、チー・ルーから紹介された者ですと彼に伝えられれば、ザッカーバーグが主催者に僕のことを説明してくれるかもしれない。

ＶＩＰ用入り口の前で

この案しか思いつかなかったので、ブランドン、コーウィンと３人でＶＩＰ用の入り口につながる車道へ向かった。大きな木陰を作っている木があったので、そこに座った。

３人でおしゃべりしたり、地面に落ちた枝をそわそわといじったりしていると、角の先から男性の顔が現れて消えた。すぐにまた同じ男が現れて無線にささやき、それからまた消えていった。

いつの間にか、女性と、彼女よりずっと大きな男の影が近づいてきて、数ヤード先で立ち止まった。２人はこちらを警戒しているみたいだ。手にトランシーバーを持っていることから、警備員に間違いない。

彼は1歩前に出て、僕をにらみつけた。

「ここで何をしてるの？」と女性が言った。声から彼女が主催者だとわかった。

「どうも、アレックスです」と言って僕は手を挙げて軽く振った。「僕が――」

「わかってるわ」と主催者は言った。

「どうして木の下に座ってるの？」

「ああ……そのう……車を停めて、外の空気を吸いたかったもので」

確かに僕の車がそこに停めてあったが、彼女も僕も、僕が木の下にいる本当の理由はわかっていた。勇気を出してこう言えばよかった。

「僕を詐欺師とでも思ってるんでしょう。あなたはご自分の仕事に忠実なだけだとわかっていますが、僕にも仕事があるんです。

マイクロソフトのプレジデントの1人が僕にフェイスブックの創業者を紹介してくれたんですよ。来ないわけにはいかないでしょう。

僕のメールが本物だと信じるかどうかはあなた次第です。マークが来たら、彼に確認してみてはいかがですか」

でも僕は何も言えず、ただ彼女を見つめた。

彼女の目は険しくなった。「あなたの企んでいることはわかるわ」と言って腕を組んだ。

「すぐにここを出ていって」

警備員が不気味に前に出た。

「出ていかないのなら」と彼は言った。

「警察を呼ぶぞ」

僕は想像した。車が停まってザッカーバーグが降りてくるところを。僕は腕を後ろに組まされて手錠をかけられ、その姿を彼に見られるところを。パトカーの青と赤のフラッシュを浴びて、連行されながらこう叫ぶシーンを。

「マーク！　お願いだ！　僕たちは今日会う予定だったと連中に伝えて」

僕はうつむいて、トラブルを起こすつもりはないんだと警備員に言って、その場を後にした。

痛恨のエラー

僕は自分が許せなかった。今回は、ゴミ箱を飛び越えたり、１００回もドアを叩いたりしなくてもよかった。サードドアをこじ開ける必要はなかったんだ。

チーにメールを1通送ったら、ザッカーバーグの方から「来てくれ！」と言ってくれた。でも、ナイトクラブの警備員に見つかって、腕をつかまれ、「ちょっと待て、このガキ」と言われて追い払われたのだ。

さらに後味が悪かったのは、チー・ルーの面目をつぶしたことだ。僕はいきさつをメールで説明した。数分足らずでチーは以下の返事をくれた。

ステファンから聞いた。うまくいかなかったことは残念に思う。ステファンから連絡をもらって、すぐにマークにフェイスブックでメッセージを送ったけど、彼からは返事がなかった。

今さらだけど、あの時点で僕に知らせてくれたら、セミナーの主催者に中に入れてくれるよう頼めたのに。

1つ提案だけど、スタートアップ・セミナーは来年も開催される。マークはすでに参加を承諾しているから、今回のことは延期と考えたらどうだろうか。

もしそれまで待てるなら、事前に僕からセミナーの主催者に連絡して、君を入れてもらえるよう手配してもいい。

もし来年まで待てなければ、マークにもう1度メッセージを送ってみてもいい。けど、彼から返事が来るかはわからない。前に送ったメッセージにも返事がなかったからね。

僕はチーに感謝して、もう1度連絡してもらえませんかと頼んだ。ザッカーバーグが忘れてしまわないうちにと思ったのだ。送るとすれば、今しかない。

チーはザッカーバーグに2度目のメッセージを送った。3日後、チーから返事が来た。

火曜日にフェイスブックでメッセージを送ったが、今のところ返事がない。

これまでのパターンからすると、返事がないということは、マークには会う気がなさそうだ。役に立てなくてすまない。彼に会う別の方法が見つかることを願っている。

それから数週間、僕は懸命に状況をよくしようとがんばった。フェイスブックの初期の従業員で、サミットで知り合った人が、ザッカーバーグのセキュリティチームに連絡してくれた。ビル・ゲイツのオフィスはザッカーバーグのアシスタントに連絡してくれた。エリオットが僕に紹介してくれたマット・ミケルセンは、ザッカーバーグの弁護士の1人を紹介してくれた。マットは、レディー・ガガのソーシャル・ネットワークを立ち上げた男だ。マットはそれから僕をフェイスブック本社に連れていき、CMO（最高マーケティング責任者）に会わせてくれた。だが肝心のザッカーバーグからの返事はまだない。

数カ月が過ぎた。今回の失敗で何よりこたえたのは、どのタイミングで撤退すべきかがわからなかったことだ。

事後分析もしなかった。そもそも戦略が甘かったと感じていたからだ。

今回はザッカーバーグへの正式なインタビューというわけでもなかった。彼からのメールを見ると、基本的に僕と握手してちょっと話すだけのつもりだったようだ。

それはそれで十分だったが、せめてチーに頼んで、ザッカーバーグの秘書を紹介してもらうべきだった。その人に同席してもらい、僕の目的を説明していれば、正式なインタビューをアレンジしてくれたかもしれない。

でも一方で、そういう問題ではないこともわかっていた。たとえわずか1分のインタビューであっても、チー・ルーは、それにつながる完璧なロングパスを僕に出してくれた。周囲にディフェンダーはいなくて、後はそのパスを受けて、ゴールまでわずかな距離を進むだけでよかった。

それなのに僕は、そのボールをちゃんと受け止められなかったんだ。

34

伝説の プロデューサー

僕は数週間もの間、あの木陰に座ったときのことやザッカーバーグに会えなかったことを思い、自分を責めた。

それから、靴なんかを贈ってバフェットに断られたことや、ビル・ゲイツに会えたのにまともな質問ができなかったことが頭をよぎった。

僕の旅は長くて、惨めな失敗の連続だ。

でもクインシー・ジョーンズと会ったとたん、こうした後悔は消えていった。

「君はどこの出身だ?」

81歳になる彼の深い声は、バリトンサックスのように僕の耳に届いた。くるぶしまで届くロイヤルブルーのガウンを羽織っている。

僕は高級住宅街ベル・エアにある彼の自宅を訪れ、円形のリビングルームにあるカウチで彼の隣に座っていた。

「生まれも育ちもロスです」と僕は答えた。

「そうじゃない」と彼は首を振った。

「祖国はどこかと聞いたんだ」

「ああ、両親はイランの出身です」

「だと思った」

「どうしてわかったんですか?」

直接その質問には答えずに、彼は波乱に富んだイランへの旅について語り始めた。

クインシー・ジョーンズ

それは彼が18歳のときだった。イラン国王が開催したパーティに参加したこと。夜にこっそりそこを抜け出し、アヤトラを脱獄させようと企てる若き革命家たちと会ったこと。それからペルシャの王女とデートしたことも話してくれた。

アヤトラは、イスラム教シーア派の最高指導者だ。

彼は笑って「ヘイリー・マムヌーン」と言った。〝どうもありがとう〟という意味のペルシャ語だ。「テヘラン、ダマスカス、ベイルート、イラク、カラチ、至るところに行ったよ。65年間、地球上の至るところに行った」

このインタビューの前に彼の経歴を調べてはいたが、僕は彼のことをまったくわかっていないんだと、このとき気づいた。

歴史上、彼ほどグラミー賞にノミネートされたプロデューサーはいないことは知っていた。史上最高の売れ行きとなったマイケル・ジャクソンのアルバム『スリラー』を彼がプロデュースしたことも。シングルとして史上最高の売れ行きとなった『ウィー・アー・ザ・ワールド』を手がけたのも彼だ。

彼は20世紀の最も偉大なミュージシャンたちとも一緒に活動した。フランク・シナトラ、ポール・マッカートニー、レイ・チャールズなどなど。映画の世界でも、スティーヴン・スピルバーグと共同で『カラーパープル』をプロデュースして、アカデミー賞10部門にノミネートされた。

テレビではコメディ番組『ベルエアのフレッシュ・プリンス』の音楽を担当し、エミー賞にノミネートされる。メンターとして、ウィル・スミスやオプラ・ウィンフリーらの成功を後押しした。クインシー・ジョーンズは紛れもなくエンターテインメント史上、最も重要な1人だ。その彼が僕に「ペンは持ってないか?」と聞いた。

僕がポケットからペンを出すと、彼はコーヒーテーブルの下にあった紙を1枚つかんだ。彼は曲がりくねった文字を書き始め、僕にアラビア語の書き方を教えた。それからマンダリン（中国の標準語）の書き方。それから日本語。

学校での外国語の授業は大嫌いだったけど、クインシーはそれが宇宙のなぞを解くカギであるかのように、僕に教えてくれた。

「見てごらん」と言って、彼はリビングルームのアーチ型の天井を指さした。

12本の大きな木の梁《はり》が中央から、太陽から出る光線のように伸びている。「風水だよ」と彼は言った。「音楽の12音階、聖書の12使徒、黄道帯の12宮を象徴しているんだ」

彼は部屋のあちこちを指さした。僕たちを取り囲んでいるのは、古代を髣髴《ほうふつ》とさせる何十個もの工芸品だ。馬に乗った少年を描いた中国の彫り物、エジプト女王の胸像など、そのどれにもエネルギーが渦まいている。

「向こうにはネフェルティティの像もある。古代エジプトの美女で王妃だ」とクインシー。

「ブッダもある。中国の唐王朝のもの、日本のもの。あれはピカソだ。向こうには、スペースX社製オリジナルのロケットがある。イーロン・マスクからもらったんだ。彼とは家が近所でね」

僕が頭をグルグルさせて見回すと、クインシーは笑顔になった。僕自身が気づいていない僕の何かに気づいたみたいに。

「外の世界はとんでもないところだよ」と彼は言った。

「君にも知っておいてほしいね」

啓示を受ける

僕たちの話はものすごい勢いで進んでいった。

瞑想について話したと思えば、次はナノテクノロジーで、その次は建築だ。

「建築家のフランク・ゲーリーが――彼も私も同じ魚座なんだが――いつも私に言うんだ。『建築が凍って固まった音楽だとしたら、音楽は建築を溶かしたものだね』と。偉大なアートはすべて感情の建築物だってことさ」

それから映画監督の話もした。

「スピルバーグが私のスタジオに来たとき、彼はこう言ったんだ。私はあなたと同じようにディレクションをしますと。彼はしっかりした構成を作り、そこにアドリブを加える。出演者たちに個性を発揮する余地を与えないといけないんだ」

知恵ある言葉がどんどん降ってくるので、僕はカウチに座り直し、1つずつ吸収していった。


私がメンターとなったミュージシャンたちに教えているのは、自分らしくいろということだ。自分を知り、自分を愛するように伝えている。自分を知り、自分を愛せ。私が気にかけるのはそれだけだ。

若者たちは絶えず何かを追い求める。何でも自分でコントロールできると思っているからだ。彼らは宇宙とつながっていることを知るべきだ。宇宙に身を委ねるだけでいいんだ。子ども時代のトラウマにはすべて時効がある。切り替えて、自分の人生を生きるんだ。

クインシーはコーヒーテーブルの下の本を手に取り、白黒写真のあるページをめくった。

「1930年代のシカゴだ」と言って写真を指さした。

「私はここで子どもの頃を過ごしたんだ。父は大工で、地球上で最も悪名高い黒人ギャングに仕えてた。ビシっとしてかっこよくてな。自分もギャングになりたいって当時は思ってたくらいだ。毎日のように銃や死体を見てたよ」

彼は袖をまくって、手の甲の傷を見せた。

「わかるか？　7歳の頃に、行っちゃいけない一角に行ったんだ。数人がナイフで脅してきて、私の手をフェンスに押さえつけ、それからアイスピックで手の甲を刺した。死ぬかと思ったよ」

夏のあるとき、彼は父親に連れられて、かつて奴隷だった祖母がいるルイビルに行った。彼女はクインシーに、川に行ってまだしっぽが動いているネズミをつかまえてくるよう言った。祖母はそのネズミを玉ねぎと一緒に石炭ストーブでフライにして、ディナーに出したそうだ。

クインシーが10歳の頃、一家はシアトルに移った。ある晩、食べ物を盗もうと、友人たちとレクリエーションセンターに忍び込んだ。

彼は偶然ピアノのある部屋に入った。ピアノを見るのはそれが初めてだった。指が鍵盤に触れると、クインシーは啓示を受けたような気分になった。

「私のすべてが変わったんだ」と彼は言った。

「音楽を大好きになって、血眼になって曲を書いたよ」

クインシーは手で演奏できる楽器なら何でも学んだ。バイオリン、クラリネット、トランペット、スーザフォン、Bフラット・バリトンホルン、Eフラット・アルトホルン、フレンチホルン、トロンボーン。

それから、街にやってくるジャズミュージシャンに会うために、ナイトクラブにもぐり込むようになる。

クインシーが14歳のとき、あるクラブで2歳年上の盲目のティーンエイジャーと出会う。2人は意気投合して、年上の彼はクインシーのメンターになり、親友になった。

その盲目のティーンエイジャーこそは、レイ・チャールズだ。

「ポール・マッカートニーに会ったのは、彼が22歳のときだった。エルトン・ジョンは17歳。ミック・ジャガーとか、いろんな連中に出会ったよ。レスリー・ゴーアに会ったのは、彼女が16歳のときだ」

レスリー・ゴーアの「イッツ・マイ・パーティ」はクインシーのプロデュースで、１９６３年を代表するヒットになった。

失敗は最高の贈り物

「どうやって彼女と知り合ったんですか」と僕は聞いた。

「彼女のおじを通じてね。マフィアだったんだ。彼がフォークシンガーのジョー・グレイザーに会いに行ったのがきっかけだ。グレイザーはアル・カポネと仕事をしていた。私が仕事を始めた頃、音楽業界はすべてマフィアが牛耳《ぎゅうじ》ってたんだ。

デューク・エリントン、ルイ・アームストロング、ライオネル・ハンプトンの音楽エージェンシーは全部マフィアだよ。黒人に対して信じられないような搾取があった。

当時、私が知ったのは、マスターテープやネガフィルム、著作権を持たなければ、音楽業界では生きていけないってことだ。私はそれを身をもって学んだ」

クインシーはオリジナル曲を10曲書いて、カウント・ベイシーという時代を象徴するバンドリーダーに提供した。音楽界の大物モリス・レヴィがクインシーを事務所に電話で呼び出し、著作権契約を結んだ。

契約書はテーブルに置かれていて、レヴィの後ろには彼の仲間がいた。

「望むものを何でも言ってくれ」とレヴィはクインシーに言った。

「ただし報酬は1パーセントだけだ」

「私は契約書にサインした」とクインシー。

「そして私があの部屋を出るときには、私の物は何もかも彼の物になったんだ」

クインシーは楽しい思い出を振り返るかのように穏やかに笑ったが、なぜか僕は体中がこわばるのを感じた。

「私はまだ若くて、そのときに教訓を学んだ」とクインシーは言った。

「2度目にベイシーのアルバムを手がけたとき、彼に聞かれた。『著作権契約はどうするつもりだ?』ってね。

そこでこう言ったんだ。『いらないよ。もう自分で持つから』

そしたら『賢くなってきたじゃないか! 最初からそう考えりゃよかったのに』って言われたんだ」

クインシーはさらに笑った。

「マフィアに根こそぎ持っていかれたよ」と彼は続けた。

「いまだに取り返しているところさ」

「最悪ですね」と言ったときの僕の怒りの強さに、僕自身もクインシーも驚いた。

今思えば、なぜあんなに怒ったのかがわかる。ザッカーバーグの件で、権力を持つ人間にコケにされたことをまだ根に持っていたのだ。

「それでいいんだよ」と言って、クインシーは僕の肩に手をかけた。

「そうやって人生を学ぶのさ」

クインシーとしっかり目と目を合わせたとき、僕の中で何かがひらめいた。空気を入れすぎてパンパンになったタイヤみたいだった僕の体のバルブをクインシーが開けて、余分な空気をちょうどよく抜いてくれたように感じた。

「失敗から学ぶしかない」と彼は言った。

「何度ノックダウンされても立ち上がるんだ。敗北して去っていく人もいる。用心深く臆病になる人もいる。情熱よりも不安が勝ってしまう人もいる。でもそれは間違いだ。

一見複雑なようで、実は割とシンプルなんだ。つまり、〝リラックスして神に委ねる〟ことさ」

「Fを取るんじゃないかとびびっていたら、Aなんか取れやしない」とクインシーは続けた。

「自分の得意分野で成長していくときに味わう気分は最高だよ。成長は失敗から生まれる。失敗を大事にすれば、そこから学べる。失敗は最高の贈り物なんだ」

成功と失敗は同じもの

僕たちはその夜、何時間にもわたって、あらゆることについて話した。

エジプトのピラミッドのことから、リオのカーニバルのダンサーのことまで。

クインシーのおかげでわかったことがある。

これまでの5年間、僕はずっと上ばかりを向いてきた。世界一の金持ち、最も成功した投資家、最も有名な映画監督など、上ばかりを見上げてきたのだ。

でも僕は今、無性に視野を横に広げたくなってきた。世界の隅々まで旅をし、探求して、まだ知らぬ魔法を吸収したい。

クインシーは僕に新たな欲求をインストールしてくれた。僕の人生の1つのステージが終わって、新たなステージが幕を開けようとしている気分だった。

会話が終わる頃に、「僕は生まれ変わったみたいです」と言った。

「今夜あなたは、僕が学べるとは思いもしなかったことを教えてくれました」

「それは何かな?」と彼は聞いた。

「完全な人間になること、この世界を知る1人の人間になることです」

「すばらしいな、そのとおりだよ。ナット・キング・コールはいつも私にこう言っていた。『クインシー、君の音楽には人間としての君がそのまま反映される』とね」

「それは世界を回って得られるものですよね」

「そうじゃない」と言ってクインシーは、僕の意見をこう正した。

「それは、失敗によって得られるものだ」

僕はクインシーがこの言葉を何度も繰り返しているみたいに感じた。僕の中にゆっくりとしみ込んでいくのを待ちながら。

この言葉が僕の中に行き渡って、さっと霧が晴れると、ビル・ゲイツのアドバイスは、僕にとっての聖杯では決してなかったことがわかった。

彼に会おうとしてしでかしたたくさんの失敗こそが、僕を大きく変えてくれたんだ。

僕は、成功と失敗は正反対のものだと常に思ってきた。でも今は違う。実はどちらも、挑戦した結果だという点で同じものなんだ。

もう成功にはこだわるまい、失敗にもこだわるまいと自分に言い聞かせた。

僕は挑戦し、成長することにこだわっていたい。

クインシーは僕の中でギアが入ったことがわかったようだ。

ゆっくりと僕の肩に手を置いてこう言った。

「そのとおり、わかってくれたね」

僕が返事を考える間もなく、彼は僕を見てこう言った。

「君は、すばらしくて、美しい、人間なんだよ。別のものになっちゃダメだ」

35

レディー・ガガ

3カ月後、テキサス州オースティン

僕たちはナイトクラブに向かい、暴徒化した群衆みたいに混乱している人たちの列に近づいた。レディー・ガガのソーシャル・ネットワークを立ち上げたマット・ミケルセンが、僕を近くに引き寄せ、人混みの列をすりぬけていく。

ビールのボトルが割れて地面に散乱し、月の光が破片を照らしていた。何人かの警備員が入り口をガードしている。

「もう満員だ」と警備員の1人が近づいてきて言った。

「俺たちはガガの連れだ」とマットが言った。

「彼女はもう中にいる。もう誰も入れない」

一瞬沈黙が流れ、マットが警備員の1人に近づいて何か耳打ちをした。その警備員は、ためらった後で脇によけた。

ドアが開くと同時に、テクノ・ミュージックの爆音に包まれて体中が振動した。

マットと僕はダンスフロアの人混みを押しのけて進んだ。数百人が1つの方向を向いて叫び声を上げ、携帯を宙に掲げて写真を撮っている。

高くなったVIP用のステージ上に立ち、ライトを浴びて輝いているのは、世界で最も有名なポップスターの1人、レディー・ガガだ。

プラチナブロンドの髪が腰の辺りでなびき、30センチはあろうかという高いヒールを履きこなしている。

VIP用のステージの上も人でいっぱいで、階段を守る警備員がこの先はダメだと言っていた。マットは、今回は耳打ちしようとはしない。僕たちはレディー・ガガが立つ真下まで行った。

「おーい、LG!」とマットが叫んだ。

彼女はこちらを見て、顔を輝かせた。

「上がってきて!」

「人が多すぎて無理だ」とマット。「警備員が……」

「いいから上がって！」

すると2人のボディガードが僕たちの腕をつかんで、ステージの上に引っ張り上げた。マットはまっすぐガガの方へ向かった。僕は2人の邪魔にならないように離れていた。

数分経って、マットが僕の方を指さした。ボディガードが僕の肩をつかみ、人混みを押しのけて、マットとレディー・ガガの隣に立たせた。

マットは僕たち2人に腕を回して引き寄せた。

「なあ、LG」と彼は音楽に負けないように叫んだ。

「俺が話したサードドアの話を覚えてるか？」

彼女はニッコリ笑ってうなずいた。

「それに『プライス・イズ・ライト』で賞金稼ぎをした子のことも？　友だちとウォーレン・バフェットの株主総会に押しかけたのも同じやつだ」

彼女の笑顔は大きくなり、またうなずいた。

「実は」とマットは僕を指さして言った。

「そいつが今、ここに立ってる」

ガガは大きく目を見開いた。そして僕の方を向いて、両手を広げて思い切りハグしてくれた。

ガガの苦悩

セントラルパークの野外コンサートで、エリオットが僕をマットに紹介してくれた後、マットは僕のメンターになってくれた。

彼のゲストハウスに数週間も泊めてくれたり、一緒にニューヨークやサンフランシスコを旅行して、ザッカーバーグとのトラブルのときはすぐさま助けてくれようとした。

そして僕から頼んだわけでもないのに、レディー・ガガとのインタビューまで手配してくれた。マットの方から企画し、やろうと言ってくれた。彼はそういう人だった。

ガガと会った翌日の午後、マットが泊まっているホテルのスイートルームで、カウチに座っていた。すると、電話を耳に当てながらマットが入ってきた。部屋を行ったり来たりしている。

彼が電話を切ると、誰と話していたのか聞いた。相手はガガだった。彼女は泣いていたそうだ。マットは座って、僕に状況を説明しはじめた。

最初の2枚のアルバムが大ヒットして、ガガは突然音楽業界のトップに躍り出た。だがそれから腰の骨を折って緊急手術を受け、車いす生活となった。それで25日分のツアーをキャンセルせざるをえなかった。

彼女はこのとき、長年連れ添ったマネージャーと今後の方向について言い争いになり、彼を解雇する。すると、それがニュースの見出しを飾った。

解雇された彼女のマネージャーは、過去に僕のインタビュー依頼を断った人だ。

それはともかく、彼は自分の言い分を一方的にマスコミに語り、ガガは沈黙を守った。それが余計に憶測を呼ぶことになった。

その数週間後、ガガはサードアルバムの『アートポップ』をリリースする。ところがこれが批評家からこき下ろされた。

『ローリング・ストーン』誌は「風変わりだ」と一蹴。『バラエティ』誌は何曲かについて「眠気を誘う」とレッテルを貼った。ガガの前作は発売1週目で100万枚を超えたのに、『アートポップ』はその4分の1にも届かなかった。

これが4カ月前までのことだ。

そして今、ガガは久しぶりにスポットライトの中に戻ろうとしていた。

彼女は2日後の午後に『ジミー・キンメル・ライブ!』の撮影に参加し、その夜にコンサートを行う予定だった。翌朝には、サウス・バイ・サウスウエスト・ミュージック・フェスティバルというイベントでトークをすることになっていた。

このトークが彼女にとって一番の悩みだった。

これは、ファンを前にした短いお喋りではなかった。パーティ会場で行われる1時間のインタビューで、参加者のほとんどが業界の重鎮やジャーナリストなのだ。

その多くは、ガガが解雇した元マネージャーの友人たちだった。だから、ガガに屈辱を味わわせようとしている人もいるだろう。こんな質問が飛び出すのが容易に想像できた。

「『アートポップ』は失敗では?」

「マネージャーを解雇したのは失敗では?」

「アルバムのセールスが落ちている今、奇抜な衣装はむしろマイナスでは?」

ガガが泣きながらマットに電話で助けを求めたのは、そういうことだったのだ。

彼女は自分が誤解されていると感じていた。『アートポップ』を制作しているときは、自分に正直だったはずなのに、今はアルバムのコンセプトを表現する言葉を見つけ出せなくなっていた。

これからの数日間は、ガガにとって、新たなキャリアの幕開けとなるチャンスだった。彼女は、前年の苦悩を引きずりたくなかった。

ゲームに飛び入る

僕にここまでのことを話した後で、マットは彼のスタッフの1人を電話で呼び出した。スタッフは1時間足らずでスイートルームにやってきて、僕の横に座った。

そしてみんなで、ガガが次のイベントで何を語るべきか、ブレインストーミングをした。

マットのスタッフは20代後半だった。

僕には、彼が大学でビジネスを専攻してきたことがわかった。彼の口から出てきたのが、意味のよくわからない流行語ばかりだったからだ。

『アートポップ』のテーマはコラボレーション、シナジー、いやコネクションだ！」

僕はこう叫びたかった。「そんな言葉じゃアーティストの魂は語れないって！」

でもここで発言するような立場にはないと感じていた。

マットは僕を手厚くもてなしてくれた。彼は今週末にガガとのインタビューを設定してくれただけでなく、スイートルームの空いている部屋に僕を泊めてくれた。

そんなことを思いながら、遠慮して黙っていた。

でも僕の中でいろんなアイディアが産声《うぶごえ》をあげていた。

ガガの自伝はすでに読んでいたし、彼女についての記事もむさぼるように読んだ。『アートポップ』の歌詞も細かく調べていた。

マットとスタッフのやりとりを聞きながら、僕はバスケットボールの控え選手になった気がしていた。ベンチに座って脚をよじらせ、ゲームに出たくてウズウズしている。

ブレインストーミングが始まって1時間が過ぎた。マットは苛立ちながら、僕を見て言った。

「君には何かこれはというのはないか？」

「ええと……」と言いながら僕は自分を抑えようとした。

ところがこらえきれずに、これまでの旅の教訓とガガに関する知識とが一緒になって、一気に口からほとばしり出た。

「アートはすべて感情の建築物なんだ！　その視点からガガを見ると、彼女の梁《はり》とか土台の部分は、すべて子ども時代にルーツがある。

彼女は子どもの頃、カトリックの学校に通ってて、息が詰まりそうな毎日を過ごしてた。彼女はルールに縛り付けられていた。修道女にスカートの長さを測られたりしてさ。

彼女が生肉のドレスを着たのは、今なお彼女たちに反抗してるんだ！」

「ガガの表現は、何もかもが、創作という名の反抗なんだ！」とマットは言った。

「まさにそう！　ＴＥＤカンファレンスの創設者が僕に言ったんだ。『天才とは、期待を裏切る存在だ』って。今ならその言葉が理解できる。音楽にせよ衣装にせよ、ガガは常にみんなの期待を裏切って、予想を超えてきたんだ」

僕はカウチから飛び上がった。これまでにないほど生気がみなぎった。

「ガガのヒーローはアンディ・ウォーホルだ」と僕は続けた。

「ウォーホルがキャンベルスープの缶を題材にしたのも、世間の期待を裏切るためだった！

『アートポップ』はメインストリームから外れすぎてて、前作みたいに大衆受けしないって批評家は一蹴したよね？

けど、むしろそこがポイントなんじゃないかな？　ガガのアルバムは出るべくして出たものだよ。彼女のアートは、何もかも、期待を裏切るものだってことさ。

トップ40の頂点に立ったなら、彼女がその逆を行くのは当然だろ？『アートポップ』は失敗作じゃない。『アートポップ』こそ、彼女そのものだ！」

僕はどんどんしゃべり続けて、息を整えるためにようやくカウチに腰を下ろした。そしてそっとマットを見上げた。

「でかしたぞ」と彼は言った。

「今君が言ったことを、24時間で文字にまとめてくれ」

シンク・ディファレント

夜の12時を過ぎていた。マットは何かのイベントに出ていった。

僕は1人スイートルームに残り、目はノートパソコンに釘づけになっていた。さっきの言葉の奔流《ほんりゅう》は干上がってしまった。

朝までには、マットがガガにプレゼンするためのパワポ資料と、その要点をまとめた1枚の文書を作って、マットに渡さなくてはいけない。

昼間にカウチに座ってマットとスタッフを見ていたときには、自分がゲームに出たらどうプレイするか、何もかも頭の中でイメージできていた。

でも実際にゲームに出てみたら、懸命にジャンプしようとしているのに、足がコートに釘付けになってしまったみたいだ。

数分が数時間みたいに長く感じられるようになった。朝にはインスピレーションが湧くだろうと期待してベッドに入ったけど、寝付けない。

頭の中は混乱したままで、なぜかわからないけれど、数年前にユーチューブで見たスティーヴ・ジョブズの動画を思い出していた。

その動画は、アップルの〝Think Different〟(発想を変える)というマーケティング・キャンペーンに関するものだった。

ジョブスはそこで、自分たちの価値観を明確に示すことが大事だと語っていた。

僕がこれまでに観た中で、最高のスピーチの1つだ。

ベッドから出て、ノートパソコンに向かった。このスピーチをあらためて見直し、またもや感動してこう考えた。

〝ガガにこのビデオを観せたい。僕には示せない魔法がここにある〟

でも僕は、明日の彼女との打ち合わせには参加できない。仮にできたとしても、レディー・ガガにこの動画を観るべきだなんてとても言えない。

そこでマットにメールを送った。

どうか僕を信じて、この7分のビデオを最後まで観てください。
https://www.youtube.com/watch?v=keCwRdbwNQY

少し経って、マットが部屋に帰ってきた。

「ビデオを観てくれた?」と僕は聞いた。

「まだだ。今から観るよ」

やっと事態がいい方向に向かい出したように思えた。

マットがベッドルームに入ると、開いたドアのすき間から、ビデオの音が聞こえてきた。

するとすぐにマットが歯ブラシをくわえたまま、手に携帯を持って出てきた。動画なんてほとんど観ていない。スピーチが終わったことにさえ気づいていないようだ。

彼は何も言わずに自分の部屋に戻っていった。

僕はベッドにもぐった。

僕の試みはうまくいかなかった。そしてゲームはもう終盤に入ったというのに、アイディアが出尽くしてしまった。

創作という名の反抗

夜明け前に起きてロビーに行き、作業を続けた。どんなにがんばっても、狙いどおりのインパクトを持つ言葉を出せない。

するとマットから電話がかかってきた。

「部屋に戻ってくれ」と彼は言った。

「ガガとの打ち合わせが前倒しになった。あと2時間しかない」

急いでスイートルームに戻ってドアを開けると、マットがいた。キッチンのカウンターでノートパソコンの前に立って、ヘッドフォンをしている。フルスクリーンで観ているのは、例のスティーヴ・ジョブズのスピーチだ。目は画面に釘づけだった。動画が終わると、マットはゆっくり振り返って言った。

「考えがある」

僕は何も言わなかった。

「ガガに……このビデオを観てもらおう」

「よっしゃあああ！」と僕は叫んだ。

僕は高揚感でいっぱいになり、さっとノートパソコンを取り出して、昨日作った文書を数分ですべて書き換えた。昨日僕が話した内容も漏れなく込めることができた。

僕よりもずっとガガのことをわかっているマットがそれを書き直すと、別次元の完成度になった。あとはパワポのスライドを仕上げるだけだ。

マットはあと1時間足らずでガガの家に着かなくちゃいけない。僕は資料を仕上げるためにスイートの部屋に残った。こういうプレッシャーはスリリングだ。

試合終了を告げる時計が10……9……8……とカウントダウンしているみたいだ。

ガガの家に着いたと知らせる電話をマットがかけてきたちょうどそのとき、僕は資料を送信した。

1時間後、僕の携帯が鳴った。マットからのメールだ。

ホームランだ。みんな感動してる。

それからの2日間は、目もくらむような体験ができた。

その日の夜遅く、僕はラッパーのスヌープ・ドッグのコンサートに行って、レディー・ガガとマットに合流した。

バーでレッドブルをもらって、VIP席のソファに座る2人を見つけた。マットが僕を手招きして、ガガの隣に座るよう合図した。

僕が腰を下ろすと、彼女は僕に腕を回してきた。彼女はもう一方の腕を伸ばして僕が飲んでいたレッドブルを手に取り、ぐっと飲んで僕に差し出した。

「アレックス」と彼女は言った。

「ときどき……ときどき、自分の中に深く眠ってるものを、自分ではうまく表現できないってことがあるでしょ。あなたが初めて、それを言葉にしてくれたわ」

「それにあのアンディ・ウォーホルのところ」と言って、彼女は笑って腕を宙で回した。

「すばらしかったわ」

ガガと僕が話を終えると、ラッパーのケンドリック・ラマーが来て僕の隣に座った。

スヌープ・ドッグがステージでパフォーマンスを続け、僕の好きな曲を歌っている。僕は立ち上がって踊り、これまでにない解放感を味わった。

次の日の夜、マットと一緒にガガのコンサートに向かっているとき、ツイッターをチェックした。彼女はプロフィールの名前を「CREATIVE REBELLION（創作という名の反抗）」に変えていた。そしてこうつぶやいた。

『アートポップ』は創作という名の反抗。修道女のルールなんてまっぴら。自分のルールは自分で作る。#MonsterStyle #ARTPOP

あっという間に時間が過ぎてコンサートが始まり、ガガがステージで踊り出すと、数千人のファンから雷鳴のような喝采が響き渡った。

彼女が歌っている最中、その隣で1人の女性が緑の液体が入ったボトルを一気飲みした。その女性は、ステージ上のガガに向かって、その液体をはきかけた。ガガはこれを「ボミットアート（ゲロアート）」と呼んだ。

女性の口から緑の液体がほとばしり、ガガの体にかかったのを見て、僕は思わず引いてしまった。マットは笑った。

「期待を裏切るって、君が言ったんだろ？」

その夜遅く、『ジミー・キンメル・ライブ！』でガガのインタビューが放映された。司会のキンメルはいきなりガガの衣装に難くせをつけ、『アートポップ』のことを批判した。ガガはそれをまともに相手にしなかった。「期待を裏切るってことよ」とやり返すと、客席から拍手が沸き起こった。

そして翌朝、僕はガガのスピーチ会場の最前列で、マットとガガの父親の間に座っていた。室内の照明が暗くなり、ガガはビニールシートで作った巨大なドレスを着てステージに立った。最初の質問は「ゲロアート」についてだ。

彼女はこれを思いついたいきさつをこう説明した。

「アンディ・ウォーホルはスープ缶だってアートに変えられると考えた。とても変だとか、すごく的外れと感じられることが、本当に世の中を変えることだってあるわ……。あれは、音楽産業の期待、それに現状維持の期待から自分を解放すること。私はスカートの丈の長さを測られたり、規則に従いなさいって言われたりするのがすごく嫌なの」

いつの間にか、室内が喝采に包まれた。スピーチが終わり、観客は立ち上がった。ガガへのスタンディングオベーションだ。

マットはそのまま空港へ向かい、僕は荷造りのためホテルに戻った。荷物をまとめていると、マットがガガから受け取ったばかりのメールを転送してくれた。

言葉にならないわ。あなたたちには何から何まで本当に感謝してる。あなたたちの支えがあって、今日、自分の翼で飛び立つことができた。あなたとアレックスに喜んでもらえる内容だったならうれしいんだけど。

ガガのメールを読み終えたときに、別のメールが届いた。USC（南カリフォルニア大学）の友人が、キャンパスのパーティに招待してくれたのだ。一緒に入学した友人たちが最終学期を迎え、卒業を祝う。僕もまた、僕なりの卒業を迎えた気分になっていた。

決断は自分の手の中に

飛行機の窓から外を見て、下に浮かぶ雲をながめていると、どうしてレディー・ガガとこんな体験ができたのかを振り返らずにはいられない。

ある意味、これは小さな決断の連続がもたらしたものだ。

数年前、僕はエリオット・ビズノーにコールドメールを出すことを決断した。それから一緒にロンドンに行くことを決めた。ニューヨークの野外コンサートについていこうと決めると、そこでエリオットはマットを紹介してくれた。

それからマットの家で過ごし、彼との関係を築くことを選んで決めた。

そうやって考え続けていったら、思わぬところにある一言にたどりついた。それは『ハリー・ポッター』シリーズの1冊にあった言葉だ。

重大な局面で、魔法使いのダンブルドアがハリーにこう言う。

「君が何者であるかは、君の持っている能力ではなく、君の選択によって決まるんだよ」

選択したもの……能力ではなく……。

僕はチー・ルーやシュガー・レイ・レナードとのインタビューを振り返った。

ダンブルドアのメッセージは、彼らとのインタビューから学んだ教訓と通じるものだ。

チー・ルーとシュガー・レイは共に際立った才能を持って生まれた。でも彼らに並外れた成功をもたらしたのは、彼らの決断だと僕は信じている。

チー・タイムはチーの決断によって生まれた。

レイがスクールバスを追いかけたのも、レイの決断によるものだ。

これまでのいろいろな場面が脳裏に浮かび、スライドショーのように目の前に現れてきた。

ビル・ゲイツは寮の部屋にいて不安を押し殺しながら、自分たちのソフトウェアを売り込むために受話器を取った。そう決断したのは彼自身だ。

スティーヴン・スピルバーグがユニバーサル・スタジオのツアーバスから飛び降りたのも、彼自身が決断したことだ。

ジェーン・グドールがアフリカ行きのお金を貯めようといろんな仕事に取り組んだのも、彼女自身が決めたことだ。

小さな決断によって、誰もが人生を大きく変えることができる。

みんなが並んでいるからと何となく行列に加わり、ファーストドア《正面入り口》の前で待つのも自由だ。行列から飛び出して裏道を走り、サードドアをこじ開けるのも自由だ。

誰もが、その選択肢を持っている。

これまでの旅で学んだ教訓が1つあるとすれば、どのドアだって開けられるということだ。

可能性を信じたことで、僕の人生は変わった。

可能性を信じられる人間になることで、可能性を広げることさえできるんだ。

飛行機がロサンゼルスに着いた。ダッフルバッグを抱えて、ターミナルをくぐると、これまでないほど穏やかな気分になった。

バゲッジクレームを抜けて外に出ると、父が車を寄せてきた。車から降りてきた父と、長いハグをした。ダッフルバッグをトランクに入れて、助手席に座った。

「それで、インタビューはどうだったんだ?」と父が聞いた。

「インタビューはできなかったんだよ」と僕は言った。

父にいきさつを話すと、父は満面の笑みを浮かべ、僕たちは自宅へと急いだ。

亡き父を偲《しの》んで

デヴィッド・バナヤン
1957–2017

謝辞

亡くなる4日前、父は人生で最も大切なことを僕に教えてくれた。

エリオットのサンタモニカのマンションにいたとき、父の担当医から電話がかかってきた。実家に往診したところ、父の容態が急変したそうだ。

「私の見たところでは、もってあと数日です」と彼女は言った。

僕には、この言葉を聞く心の準備がまったくできていなかった。

周囲のすべてがかすんで見えて、何も考えられない。

どうしようもない孤独と、不安と悲しみに包まれていくことだけが感じられた。

まるで人混みの駅で、突然両親とはぐれてしまった幼子になった気分だ。どうしていいかわからず、途方にくれてしまった。

その瞬間、姉のブリアナに電話した。僕にできることはこれしかないと感じたからだ。

医師の言葉を彼女に伝えて車に乗り、彼女を拾って一緒に実家に向かった。

家に着くと、父の介護士と母が静かにカウチに座っていた。父はお気に入りのアームチェアに座っていたが、いつもと様子が違っていた。

わずか2日前に一緒に朝食を食べたとき、父は料理を全部平らげ、なんの支障もなく動き回っていた。それなのに今は、目を閉じて動かない。

でも寝ていないのはわかる。肌は黄色がかっていて、息も絶え絶えだ。

救急車を呼びたくなったが、父は自宅で自然な最期を迎えようと決めていた。だから僕はその衝動を抑えた。

「パパ?」と僕は声をかけた。

反応がないので、近寄って自分の手を父の手に当て、ゆっくりと振ってみた。

「パパ?」

僕は母の方を向いた。母は僕を見て、少し首を振った。母は言葉が出なくなったみたいだった。

僕は姉の隣に座った。みんなで静かにカウチに座って、現実を受け入れ、父を見守った。

僕たちに命をくれた父が、昏睡状態になっている。

数分後、父の介護士が、鎮痛剤を飲ませる時間だわと言った。彼女は立ち上がって父に錠剤を飲ませようとしたが、父は口を開かない。

「デヴィッド」と介護士は声をかけた。

「お願い、口を開けて」

でも反応がない。

僕はパニックになりそうだった。この鎮痛剤を飲まなかったら、父の最期の日々は激しい苦痛を伴うことになる。

「デヴィッド、お願い」と介護士は繰り返した。

彼女は何度も何度も呼びかけた。父からの反応はないままだ。

すると母がゆっくり立ち上がった。

錠剤を手に取って靴を脱ぎ、父に近づきひざまずいて、やさしく父に触れた。

母が口を開いた瞬間──父の耳に、口を開けてとささやく母の声が届いた瞬間──父の口がすっと開いた。父は錠剤を口に含んだばかりか、それを楽に飲み込んだ。

僕は膝と顔がくっつきそうなほどうつむいた。そして涙があふれてきた。

それは悲しみの涙じゃなかった。2人の美しさに感動したんだ。

母が父のそばにひざまずくのを見たとき、僕は父が教えたかったことを悟った。

それは人生が終わるそのとき、お金も物も持てず、目を開くことができなくなってもなお、自分に残しておけるものがあるということだ。

それは自分自身の心臓の鼓動であり、呼吸であり、愛する人との魂のつながりだ。

本書の締めくくりに、最初にありがとうと伝えたいのはパパだ。

パパに伝えたいことは、100ページだって書けるほどある。それでも言い足りないくらいだ。だからここでは、これだけを言いたい。

愛してる。いなくなってさびしいよ……。

次にありがとうと言いたいのは母だ。

母はいつでも僕のスーパーヒーローだった。

父が亡くなる最後の年はさらに、僕がまったく知らなかった姿を見せてくれた。耐えがたい苦痛を経験したことで、母はさらにたくましい女性になった。

不安に押しつぶされるどころか、彼女はそれをはねのけた。

心を閉ざすどころか、彼女の心はそれまで以上にオープンになった。

ママ、僕はママの息子であることが誇りだよ。ママのおかげで今の僕があるんだ。

それから、姉のブリアナと妹のタリアにも感謝したい。

2人は僕の最も大事な友人であり、最高の教師でもある。

父が亡くなったとき、心に爆弾が落ちてくるような毎日を、僕たち3人は一緒に防空壕の中で過ごした。

僕の横にいる2人を見ると、最後は何もかもうまくいくと思えてくる。

2人と一緒に人生を歩んでいけることに感謝している。

祖父母と曽《そう》祖父母、おば、おじ、いとこたちにも感謝したい。大学の寮の部屋で天井を見つめていた僕だけど、それ以前は、夕食の席やカウチに座って、みんなの愛をたっぷり感じていた。マイク・エシャーシャンとA・J・シルヴァにも感謝したい。2人はゆるぎない気持ちとオープンな心で僕らの日々に加わってくれた。

祖母には、特に感謝の意を表したい。僕たちが愛情を込めてマミーナと呼ぶ彼女は、本書では「ジューネイマン」というフレーズでおなじみだろう。

旅の終わりに、僕は大学に戻らない決意をさらに固めることになった。するとカル・フスマンは僕を座らせ、約束を破ったことを祖母に謝っていないと諭《さと》してくれた。

僕は言い返した。祖母はそれをわかってくれているし、祖母との関係は良好だ。あえてはっきり口に出す必要なんかないと。

「でも君は、彼女の命にかけて誓った約束を破ったんだよ」とカルは言った。

「きちんと言うべきだ」

僕はためらったが、ある晩、祖母の家に話をしに行った。

夕食の途中でようやく、思い切って言った。

「覚えてないかもしれないけど」と僕は切り出した。

「前に誓ったよね。大学に戻って修士号をとるからって。ジューネイマンと」

祖母はフォークを置いて、何も言わずに僕を見た。何年も前から、僕がそう言うのを待っていたかのように。

「約束を破ったんだ」と言う僕の目から涙があふれた。

「ごめんなさい」

沈黙が流れ、僕はいっそう重い気持ちになった。すると祖母は、「そんな……いいのよ」と言って深く息を吐いた。

「心から……心から……願ってるわ……約束してって言った私の方がそもそも間違っていたことを」


父が亡くなるまでの数カ月間は、これまで経験したことがないような辛い日々だった。

でも僕は、それまで気づかなかった愛に包まれていることに気づいた。

エリオットは1日に何度も電話してきて、父の容態の変化や家族の様子を聞いてくれた。父の状態が悪化すると、何度もロスに訪ねてきて、父と一緒に裏庭のオレンジの木の下に座ってくれた。

エリオットと父はその木の下で絆を深めた。

エリオットはこの木をモチーフにしたウェブサイトを立ち上げ、彼の弟のオースティンはこの木を歌にし、エリオットの親友でソングライターのI-Qはこの木を詩にした。

エリオットは「MR. BANAYAN'S ORANGE TREE（ミスター・バナヤンのオレンジの木）」というロゴの付いた野球帽を24個作った。

父はどんなに痛みがあっても、エリオットと木の下にいると、元気を取り戻した。

エリオットに初めてコールドメールを送ったとき、僕はメンターを持つことを夢見ていた。運よくそういう人が見つかっただけでなく、その人は親友にもなってくれた。さらにまさか兄のような存在にまでなってくれるなんて、夢にも思わなかった。

ついにそのエリオットに電話して、父が昏睡状態になったことを伝えるときが来た。出張中だったエリオットは、できるだけ早く行くよと言った。

それから数日がゆっくりと過ぎていった。

4日目の午後、僕は姉妹たちとオレンジの木の下に座って、混乱した気持ちを落ち着かせようとしていた。

太陽が沈み始めたとき、おばが家から出てきて、父の枕元に来てと言った。僕が家の中に入ると同時に、エリオットが玄関から入ってきた。

彼は僕の目を見て、無言で僕と一緒に父の枕元に行った。

みんなで父の周りを取り囲んだ。僕、姉妹、母、おじ、おば、エリオットが手を取り合うなか、ほどなくして父は息を引き取った。

父が亡くなるのを目の当たりにしたときの気持ちを思い出すと、いろんな感情や思い、考えがあふれてくる。

そしていつも思うのは、エリオットが来て、僕の手を握ってくれるまで、父は待っていたのだろうかということだ。

埋葬される前に、父は最後の教訓を残してくれた。葬式の日のことだ。チャペルでの礼拝が終わり、6人の運び手が棺《ひつぎ》をかついで霊柩車まで運んだ。母、姉妹、僕は別の車に乗って、霊柩車の後ろについて墓地へと向かった。

墓地に着いて車から降りると、チャペルから父の棺を運び出した6人の姿が見えない。どうしたんだろう。お墓のところまで棺を運ばなくてはいけないのに。

僕は心配になったが、どこに行ったんだろうと考える間もなくイスラム教の牧師であるラビが家族に声をかけてきた。そして僕が目を離している間に、霊柩車のトランクが開く音がした。父の棺が運び出されたようだった。

僕はついに墓地の芝生に足を踏み入れ、棺の方を見た。運び手となって父の棺を担いでいたのは、僕の友人たちだった。

涙がこぼれないように天を見上げたが、僕は声を出して泣いてしまった。

このときも、悲しくて泣いたんじゃない。その美しさに感動して涙が出たんだ。

父は土の中に入る直前に、僕にこう言いたかったんだろう。人生には友がいる。最高の友人たちがいると。その彼らが、父の棺を運んでくれた。

ありがとう、ケヴィン・ヘクマット、アンドレ・ハード、ジョジョ・ハキム、ライアン・ネホレイ、ブランドン・ハキム、コーウィン・ガーバー。

君たちは友情の意味をあらためて教えてくれた。そして友情こそが、まさに世界で一番強い力だということを証明してくれた。

君たちを家族のように愛している。というか、君たちは家族だ。

そしてありがたいことに、僕の家族は彼らだけじゃない。

まず誰よりも、カル・フスマン。

カルは神様がいることを僕に教えてくれた。カルとの出会いは奇跡的だったし、彼が僕に与えてくれたものも、まさに奇跡だった。

カルはインタビューの仕方だけでなく、本の書き方も教えてくれた。4年間にわたって週2、3度、ひと晩に2時間もかけ、一文一文について、辛抱強く。

この本の一部の章は、カルと一緒に134回も書き直した。

カルの優しさはそれにとどまらなかった。彼は僕を家族として扱ってくれた。ありがとう、グロリア、ディラン、ケイラ、ブリジット。

彼の一番下の娘ブリジットの名前は、僕が付けさせてもらった。僕の人生で、何よりも名誉なことだ。カル、あなたにはどんなに感謝しても足りない。

ビズノーファミリーにも何から何までお世話になった。

オースティン、IN-Q、ニコル、ディーナ、マーク、マーゴット。みんなと一緒なら、世界のどこにいても、リラックスできる。

幼少期から大学、また現在に至るまで付き合ってくれている親友たちに感謝したい。みんなは人生のあらゆる場面で、生きる意味、愛、喜びをもたらしてくれた。

みんなのエネルギーが結集したおかげで、この本が完成したんだ。

アンドリュー・ホーン、アルトゥーロ・ヌニェス、ベン・ネムティン、ブラッド・デルソン、コーディ・ラップ、ダニー・ラール、ジェイク・ストローム、ジェイソン・ベレット、ジェシー・ストラク、ジョン・ローゼンブラム、カイラ・サイードバンド、マックス・ストッセル、マヤ・ワトソン、マイク・ポズナー、ミキ・アグラワル、ニア・バッツ、ノア・ティシュビー、オリヴィア・ダイアモンド、ペンニ・ソー、ラダ・アグラワル、ラミー・ユーセフ、ロス・バーンスタイン、ロス・ヒンクル、ショーン・カリフィアン、ソフィア・ズコスキー、タマラ・スクーツキー。

そして大好きな親友のマロリー・スミス。君は子どもの頃から、僕たちの心に火をともし、読書への情熱をかきたててくれた。君がいなくなって残念だけど、君は永遠に僕たちの心の中にいる。

ユダヤ人哲学者のラビ、アブラハム・ヨシュア・ヘッシェルが残したこの言葉が、特に僕の心に響いている。

「私は若い頃、賢い人々を尊敬していた。そして年齢を重ねた今、心優しき人々を尊敬する」

ステファン・ワイツに初めて会ったとき、僕は彼の知性と、1つの問題に10個の解決策を見出す力に魅了された。

でも今から振り返ると、何より僕を驚かせたのは、広くて私利私欲のないその心だ。

ステファン、あなたはたかだか18歳の若者の夢にすぎなかったミッションのために、せいいっぱい力を貸してくれた。

あなたのような人たちこそが、真の意味で世界を変える人たちだ。あなたへの感謝の思いを、僕は生涯忘れない。

マット・ミケルセンにもお礼が言いたい。

彼は僕をゲームに参加させてくれただけでなく、自分の世界に招き入れて、僕が最も助けを必要としているときに、そばにいて力を貸してくれた。

マット、あなたはまさにサードドアの人生を生きている。

マットと奥さんのジェニー、それに3人の息子さんへの感謝は言葉では表せない。マットの家族は、いつも両手を広げて自宅に招き入れてくれ、惜しみないサポートを与えてくれた。

ハイスクール時代からこのミッションの初期にかけて、メンターとなってくれた次の人たちに感謝したい。彼らは僕以上に僕を信じ、僕の中に火をともしてくれた。最高の感謝をみなさんに。

カルヴィン・バーマン、セザール・ボカネグラ、ダン・ラック、インドラ・ムコパディヤーイ、ジョン・アルメン、キース・フェラッツィ、クリスティン・ボレッラ、ミシェル・アリミ、リチャード・ウォーターズ。

スチュワート・アルソップ、ギルマン・ルイ、アーネスティン・フーをはじめとする、アルソップ・ルイ・パートナーズのチームのみなさんにもお世話になった。

みなさんは僕をベンチャー投資の世界に招き入れただけでなく、本書の執筆を最初から最後まで応援してくれた。

「大本命」の著作権エージェント、ボニー・ソロウへの感謝は決して忘れない。

僕が「午前3時に考えたこと」と題したメールを送ったとき、あなたはくだらないと一笑に付して片づけることはしなかった。

ボニー、あなたは僕が初めて電話してからずっと、ミッションの本質を理解してくれた。あなたが僕の夢を、ただのアイディアから出版契約へと導いてくれたおかげで、今こうしてこの本を手にすることができるんだ。

編集者のロジャー・ショールにも、そして出版者のティナ・コンスタブルにも感謝したい。今思い出すだけでも感情がこみ上げてくる。

ロジャーとティナ、あなたたち2人は、父が亡くなる間際に、計り知れない思いやりと優しさで僕に接してくれた。

僕の気持ちが落ち着くまで、休みを取って母と姉妹と一緒にいさせてくれてありがとう。あなたたちがすばらしいのは、出版のプロであることはもちろん、人としての心があるからだということを、世間に知ってもらいたい。

ロジャーとティナに加え、クラウン・パブリッシング・グループのチームのみんなにお礼が言いたい。

キャンベル・ワートン、ミーガン・ペリット、アイアレット・グルエンスペクト、ニコル・マッカードル、オーウェン・ヘイニー、エリン・リトル、ニコール・ラミレス、メアリ・レイニクス、ノーマン・ワトキンス、アンドレア・ラウら大勢の人たち。

あなたたちのおかげで本書は輝きを増した。

特に、リック・ホーガンに感謝したい。彼は僕をクラウンファミリーに招き入れ、当初から本書のビジョンを形にするのを助けてくれた。

アダム・ペネンバーグの巧みな編集にも感謝したい。おかげで原稿が簡潔にすっきりまとまった。ケヴィン・マクドネルは、丹念に事実関係をチェックし、ベン・ハンナニは初期のインタビューをふるいにかけてくれた。

執筆作業の終盤に来たとき、親愛なる友人たちの中には、すばらしいフィードバックと編集を行ってくれた人もいた。ブリーガン・ハーパー、ケイシー・ロッター、シャプラン・ケヴィン、クレア・シュミット、ダニ・ヴァン・デ・サンデ、ジュリー・ピラット、ミシェル・ゾージグ、サム・ハンナニ。

あなたたちは本の推敲を手伝ってくれただけでなく、なぜこの本を書くのか、その動機をあらためて確認させてくれた。

感謝の言葉を伝えたい、いや声を大にしてありがとうと伝えたいのは、魔法の力で本書のカバーを手がけてくれたデヴィッド・クリーチだ。彼には最大級の、ハレルヤ級の感謝を伝えたい。

そしてそれを可能にしてくれた僕の仲間、アルトゥーロ・ヌニェスにも大きな感謝を。

以下の作家のみなさん、全員に感謝したい。僕が良く知っている人もいれば、メールを交わすにとどまった人もいるし、出版プロセスまで惜しみなく導いてくれた人もいる。みなさんは、世の中には良き人が本当にいることを証明してくれた。

アダム・ブラウン、アダム・ペネンバーグ、バラトンド・サーストン、ベン・カスノーカ、ベン・ネムティン、ブレンドン・バーチャード、カル・フスマン、クレイグ・マラニー、ダン・ピンク、デイヴ・リングウッド、デイヴ・ローガン、デヴィッド・イーグルマン、ダイアン・シェイダー・スミス、エマーソン・スパーツ、エスター・ペレル、ゲイリー・ヴェイナーチャック、ジーナ・ルダン、ガイ・カワサキ、ジェイク・ストローム、ジェイムズ・マーシャル・ライリー、ジャネット・スウィッツアー、ジョン・アルメン、ジョシュ・リンクナー、ジュリアン・スミス、キース・フェラッツィ、ケント・ヒーリー、ルイス・ハウズ、マルコム・グラッドウェル、マスティン・キップ、ニール・ストラウス、リッチ・ロール、ルーマ・ボース、サム・ホーン、セス・ゴーディン、サイモン・シネック、スタンリー・タング、ティム・フェリス、ティム・サンダース、トニー・シェイ、ウェス・ムーア。

何年も前から言いたかった言葉を、今ようやく述べることができる。

以下は僕のインタビューを受けてくれた人、またインタビューの実現に尽力してくれた人たちだ。この巨大なリストは、僕にとってかけがえのないものだ。そして、本書ができるまでどれほど多くの助けがあったのかを証明する、究極のリストでもある。

心の底から、以下のみなさん1人ひとりに感謝したい。

アドリアナ・アレン
アリ・ダラウル
アリー・ドミンゲス
アリソン・ウー
アマン・バンダリ
アメリア・ビリンジャー
エミー・ホッグ
アンドレア・レイク
アルトゥーロ・ヌニェス
アッシャー・ジェイ
バリー・ジョンソン
ベン・マダイ
ベン・シュヴェリーン
ベティ・クレイ
ビル・ゲイツ
ブレイク・マイコスキー
ボビー・キャンベル
ブレンナ・イズラエル・マスト
ブルース・ローゼンブラム
カル・フスマン
セザール・ボカネグラ
セザー・フランシア
チャールズ・ベスト
チャールズ・チャヴェス
チェルシー・ヘトリック
シェリ・チャンネル
コーリー・マクガイア
コートニー・マーフェルド
ダン・ラック
ダフネ・ウェイアンズ
ダーネル・ストローム
ディーン・ケーメン
デビー・ボサネック

デボラ・フォアマン
ドリュー・ヒューストン
ディラン・コンロイ
エリス・ワグナー
エリザベス・グレガーセン
エリオット・ビズノー
フランク・ヌイリガ
フレッド・モスラー
ジェリー・エラズム
ギルマン・ルイ
ハンナ・リチャート
ハワード・バフェット
ジェイコブ・ピーターセン
ジェイムズ・アンドリューズ
ジェイムズ・エリス
ジェーン・グドール
ジェイソン・ヴォン・シック

ジェイソン・ゾーン・フィッシャー
ジェニファー・ローゼンバーグ
ジェシー・バルガー
ジェシ・ストラック
ジェシ・ヘンペル
ジェシカ・アルバ
ジョー・ハフ
ジョーイ・レヴィーン
ジョニー・シュタインドルフ
ジョン・ローゼンブラム
ジョナサン・ホーリー
ジョーダン・ブラウン
ファン・エスピノザ
ジュリア・ラム
ジュリー・ホウセピアン
ジャスティン・ファルヴェイ
カーラ・バラード

ケイティ・カーティス
キース・フェラーツィ
ケリー・フォーゲル
ケヴィン・ワトソン
クリスティン・ボレラ
レディー・ガガ
ラリー・コーエン
ラリー・キング
リー・フィッシャー
リサ・ハート・クラーク
マリー・ドリトル
マスティン・キップ
マット・ミケルセン
マックス・ストッセル
マヤ・アンジェロウ
マヤ・ワトソン
マイケル・カイブス

ミシェル・リー
ミキ・アグラワル
ペンニ・ソー
ピーター・グーバー
フィリップ・リーズ
ピッパ・ビドル
ピットブル
QD3
チー・ルー
クダス・フィリップ
クインシー・ジョーンズ
ラダ・ラマチャンドラン
レベッカ・カンター
リック・アームブラスト
ロバート・ファーファファン

ロミ・カドリ
ルーマ・ボーズ
ライアン・ベセア
ライアン・ジュニー
サマンサ・クーチ
スコット・センドロウスキー
スコット・マクガイア
セス・ロンドン
シラ・ラザー
シミ・シング
ソールダッド・オブライアン
ソニア・ダーラム
ステファン・ワイツ
スティーヴ・ケース
スティーヴ・ウォズニアック

スチュワート・アルソップ
シュガー・レイ・レナード
スージー・レヴァイン
ティム・フェリス
トム・ムスキス
トニー・デニーロ
トニー・シェイ
トレイシー・ブリット
トレイシー・ホール
ヴァン・スコット
ヴィヴィアン・グローバード
ウォーレン・ベニス
ウェンディ・ウォスカ
ウィル・マクダナー
ザック・ミラー

最後に、この問いに答えるべきだろう。

〝僕たちはここからどこへ向かうのか〟

父が亡くなってから、僕はますますクインシー・ジョーンズのアドバイスに惹かれていった。世界の隅々まで旅をして、さまざまな文化の知恵や美に浸かった方がいいという教えだ。

昨年から最高の友人たちと、アルゼンチン、ブラジル、ケニア、インド、日本、南アフリカを訪れた。

この文章はオーストラリアで書いている。ケヴィンと2人で、グレート・バリア・リーフでスキューバダイビングを楽しみながら。

クインシー・ジョーンズとのインタビューは、僕の人生を変えた。つまり僕が人生に求めていたものを変えてくれたのだ。彼には感謝してもしきれない。

旅をすることで、これまでの数年間を新鮮な気持ちで振り返ることができた。旅を重ねるほどに、ミッションの魂とは何かが見えてきた。

ミッションを始めたとき、僕はもっぱら成功者の知恵を集めて、同世代の人たちのヒントにしたいと思っていた。

もちろんそうした面が消えたわけではないけれど、このミッションが時と共に深まっていくことを僕は今、実感している。本書、そしてサードドアというコンセプトの根本にあるのは、可能性を追い求めることだったんだ。

最高の知識と道具を与えられた人でさえ、人生の行き詰まりを感じることがあると僕は学んだ。でも自分の力はここまでだという、思い込みを変えてあげられたなら、その人の人生は大きく変わるんだ。

僕が思い描くのは、誰にでも等しく、より多くの人に可能性という贈り物が与えられる未来だ。できうるかぎりの力を捧げ、自分にできる役目を果たして、この夢を現実にしていきたい。この考えに共感してくれた人、世界にサードドアの考えを広げたいと思う人は、連絡してほしい。電話でもメールでもかまわない。

力を合わせれば大きなことができる。さあ、未来に進もう。

インタビューを追い求めてきた日々はもう終わる。でも、より大きなミッションは、まだスタートしたばかりなんだ。

著者紹介

アレックス・バナヤン（Alex Banayan）

1992年8月10日、カリフォルニア州ロサンゼルス生まれ。

大学1年生の期末試験の前日、アメリカの有名なテレビ番組『プライス・イズ・ライト』に出場して優勝し、賞品の豪華ヨットを獲得。それを売って得た金を元手に、世界で屈指の成功者たちから「自分らしい人生のはじめ方」を学ぼうと旅に出る。

インタビューを求めた著名人は、スティーヴン・スピルバーグ、ビル・ゲイツ、シュガー・レイ・レナード、ラリー・キング、スティーヴ・ウォズニアック、ピットブル、ジェシカ・アルバ、マヤ・アンジェロウ、クインシー・ジョーンズ、レディー・ガガなど。

19歳のとき、シリコンバレー史上最年少のベンチャー投資家として投資会社アルソップ・ルイ・パートナーズに参加。また、アメリカの大手出版社クラウン・パブリッシャーズの80年の歴史の中で、同社と契約した最年少の作家となる。

2012年、『フォーブス』誌が世界で活躍する30歳未満の起業家やアーティストなどを選ぶ「30歳未満の30人」に選出される。2015年には、『ビジネス・インサイダー』誌が選ぶ「30歳未満の最高にパワフルな人物」の一人に選出される。 同年に選出された著名人に、アリアナ・グランデ、エマ・ワトソン、マララ・ユスフザイ、テイラー・スウィフトなどがいる。

『ファスト・カンパニー』誌、『ワシントン・ポスト』紙、『アントレプレナー』誌、『テッククランチ』などに寄稿する一方、『フォーチュン』誌、『フォーブス』誌、『ブルームバーグ ビジネスウィーク』誌、ブルームバーグTV、FOXニュース、CBSニュースなどの主要メディアにも取り上げられた。

キーノート・スピーカーとして名を馳せ、世界中のビジネス・カンファレンスで講演するほか、アップル、ナイキ、IBM、Dell、MTV、ハーバード大学といった組織のリーダーシップチームにサードドアの精神をプレゼンしている。

本書『The Third Door』は、2018年6月の刊行後アメリカでベストセラーとなり、『フォーブス』誌で、「2018年に読むべきキャリア本トップ5」として紹介された。

【訳者紹介】
大田黒奉之（おおたぐろ　ともゆき）
京都大学法学部卒業。
洋楽好きが高じ、主にミュージシャンの伝記の翻訳を手掛けるようになる。主な訳書に『SHOE DOG（シュードッグ）』（東洋経済新報社）、『メタリカ公式ビジュアルブック バック・トゥ・ザ・フロント』（ヤマハミュージックメディア）、『ロック・コネクション』『ジョージ・ハリスン・コンプリート・ワークス』『デヴィッド・ボウイ・コンプリート・ワークス』『ザ・クラッシュ・コンプリート・ワークス』『イーグルス・コンプリート・ワークス』（以上、ティー・オーエンタテインメント）、『ミック・ジャガーの成功哲学』（スペースシャワーネットワーク）等。

The Third Door（サードドア）
精神的資産のふやし方

2019年9月5日　第1刷発行
2019年9月24日　第3刷発行

著　者——アレックス・バナヤン
訳　者——大田黒奉之
発行者——駒橋憲一
発行所——東洋経済新報社
〒103-8345　東京都中央区日本橋本石町1-2-1
電話＝東洋経済コールセンター　03(5605)7021
https://toyokeizai.net/

装　丁……………橋爪朋世
ＤＴＰ……………アイランドコレクション
印　刷……………図書印刷
プロモーション担当……笠間勝久
編集担当…………佐藤朋保
Printed in Japan　　ISBN 978-4-492-04653-1